U0949778

高职高专经管专业十二五规划教材

实用经济法教程

● 主　编　庄红蕾　杜　平
● 副主编　庄　园

WUHAN UNIVERSITY PRESS
武汉大学出版社

图书在版编目(CIP)数据

实用经济法教程/庄红蕾,杜平主编.—武汉：武汉大学出版社,2015.2
(2022.7 重印)
高职高专经管专业十二五规划教材
ISBN 978-7-307-14950-2

Ⅰ.实…　Ⅱ.①庄…　②杜…　Ⅲ.经济法—中国—高等学校—教材
Ⅳ.D922.29

中国版本图书馆 CIP 数据核字(2014)第 291175 号

责任编辑:陈　红　　责任校对:鄢春梅　　版式设计:马　佳

出版发行：**武汉大学出版社**　(430072　武昌　珞珈山)
(电子邮箱:cbs22@ whu.edu.cn　网址：www.wdp. com.cn)
印刷:武汉邮科印务有限公司
开本:787×1092　1/16　印张:17　字数:403 千字　插页:1
版次:2015 年 2 月第 1 版　2022 年 7 月第 4 次印刷
ISBN 978-7-307-14950-2　定价:35.00 元

前 言

《国务院关于加快发展现代职业教育的决定》（以下简称《决定》）指出：发展现代职业教育的一项基本原则是“服务需求、就业导向”；职业教育应当是“课程内容与职业标准对接，教学过程与生产过程对接，毕业证书与职业资格证书对接，职业教育与终身学习对接。重点提高青年就业能力”。在提高人才培养质量方面，《决定》要求“推行项目教学、案例教学、工作过程导向教学等教学模式”。但是，目前我国传统学科课程教学模式由来已久，真正与工作过程相结合、以工作任务驱动的高职教材建设还处于探索阶段。

本教材编写以学生就业创业为导向、以职业能力培养为本位，尝试走校企合作的道路。通过到企业走访、咨询，与一些企业经营管理人员、公司法律顾问等交流研讨，在充分了解经营管理岗位工作需求、工作过程及工作内容的基础上，合理设计学习性工作项目、工作任务，课程的知识体系结构与技能训练尽可能符合实际工作需求。本教材以虚拟公司的创办、运作为线索，按照公司组织运行的流程及公司经营需要设置教学内容。工作项目依次是：入门培训、选择企业类型、设立公司、公司治理、公司经营、公司终止。学生在完成一系列工作任务的过程中不仅将学到知识，更重要的是训练工作能力和培养职业素养。为了满足教学和企业经营管理工作的需求，教材包含部分民法内容，主要涵盖以下法律知识：个人独资企业法、合伙企业法、公司法、合同法、担保法、物权法、产品质量法、反不正当竞争法、保险法、商标法、专利法、破产法、票据法、税法等。

本教材的编写体例力求符合认知规律，并且为实施项目教学服务。教材把经济法的教学内容整合为 6 个工作项目，20 个工作任务。对于每一项工作任务，都设置“导入任务”、“法律快递”、“案例解读”、“课堂讨论”、“能力测试”、“任务简析” 等环节。“导入任务”以务实恰当的工作任务引领教学；“法律快递”传递最新的法律资讯；“案例解读”注重案例的真实性、典型性、新颖性；“课堂讨论”能激发学生的自主探究意识；“能力测试”的题型及内容贴近学生的理解能力；“任务简析”既析法明理，又有助于培养学生法律应用能力。本教材的特色还在于，为实施项目教学提供了大量的案例素材，非常适合开展课堂教学活动。

全书由庄红蕾、杜平担任主编，庄园担任副主编。庄红蕾编写“工作任务 1、2、4、7、8、9、10、12、19”。杜平编写“工作任务 3、11、13、14、15、16、20”。庄园编写

“工作任务5、6、17、18”。全书由庄红蕾制定编写大纲、完成统稿工作。

本书在编写过程中得到了武汉大学出版社的大力支持和指导，在此深表谢意。另外，本书在编写过程中研读了大量的学术资料和民商判例，吸收了一些案例资料，在此对这些作者表示衷心的感谢。

由于编者水平有限，尽管我们几易书稿，但书中难免会有不足之处，敬请读者提出宝贵建议，以便进一步修订和完善书稿。

编　者

2014年11月10日

目　录

工作项目一　入门培训

工作任务1　认识经济法律关系

学习目标

探究知识：经济法的概念、经济法的渊源、经济法律关系的构成、法律事实、代理。

获取能力：能够界定债权，理解占有、使用、收益、处分的含义，理解代理的含义及代理的适用范围。

导入任务

小王原是某旅行社的一名员工，2012年在旅行社工作期间曾借用了公司经理吴女士17000元钱，后吴女士多次向其追寻要求返还借款。小王无力偿还，后离开了公司。2013年8月吴女士多次找到小王的家里，要求返还借款，后与小王父母发生争执，双方到该地派出所解决问题。在派出所里，小王父母对于儿子欠款事实全部承认，可是实在无力偿还，要求推迟到2013年年底替儿子还清，吴女士对此表示同意。当日小王父母出具了欠条给吴女士，小王父母承诺在2013年底前还清借款。可是，直到2014年7月吴女士起诉之日，小王父母仍然没有还款。问：

1. 本案中有哪些经济法律关系发生？分析经济法律关系的主体、客体与内容。

2. 现在吴女士根据欠条起诉小王父母要求还款，法院该不该支持呢？

法律快递

《中华人民共和国民法通则》：1986年4月12日由第六届全国人民代表大会第4次会议通过，自1987年1月1日起施行。

《最高人民法院关于贯彻执行〈中华人民共和国民法通则〉若干问题的意见（试行）》：1988年4月2日颁布，自1988年4月2日起实施。

《中华人民共和国物权法》：2007年3月16日由第十届全国人民代表大会第五次会议通过，自2007年10月1日起施行。

一、经济法的概念与调整对象

“经济法”这一概念起源于法国，1755年法国空想社会主义者摩莱里在其著名的《自然法典》中使用这个词语来解释社会运动的规则和未来社会的分配法则。第一次世界大战以后，当时的魏玛共和国直接以经济法命名，颁布了《煤炭经济法》和《钾盐经济法》。之后，德国出版了很多以经济法为题的学术著作和教科书，这时经济法概念才有了较为完整的含义。

经济法是调整国家在管理与协调经济运行过程中发生的经济关系的法律规范的总称。

经济法的调整对象具体包括：市场主体调控关系、市场运行调控关系、宏观经济调控关系、社会分配调控关系。根据现有的经济立法可以将我国的经济法律体系分为四个部分。

1. 市场主体调控法

经济法主体中最重要的就是市场主体。我国针对市场主体的立法成果很多，例如：《个人独资企业法》、《合伙企业法》、《公司法》、《中外合资经营企业法》、《中外合作经营企业法》、《外资企业法》、《商业银行法》等。

2. 市场运行调控法

市场运行法是指规范市场行为、保障市场交易安全、维护市场秩序的法律。这方面的现行法律主要有：《合同法》、《担保法》、《产品质量法》、《消费者权益保护法》、《反垄断法》、《反不正当竞争法》、《保险法》、《商标法》、《专利法》、《著作权法》、《企业破产法》、《票据法》、《证券法》等。

3. 宏观经济调控法

我国目前的宏观经济调控法主要集中在税法、金融法与自然资源法方面。税法方面的主要法律法规有：《个人所得税法》、《企业所得税法》、《税收征管法》、《增值税暂行条例》、《消费税暂行条例》、《营业税暂行条例》、《进出口关税条例》、《房产税暂行条例》、《印花税暂行条例》、《车船使用税暂行条例》、《土地增值税暂行条例》、《资源税暂行条例》等。金融法主要有：《人民银行法》、《商业银行法》、《银行业监督管理法》等。自然资源法主要有：《土地管理法》、《矿产资源法》、《草原法》、《森林法》、《渔业法》、《水法》、《水土保持法》等。另外，现有的宏观调控法还有：《会计法》、《审计法》、《预算法》、《统计法》、《农业法》、《电力法》、《煤炭法》、《节约能源法》、《城市房地产管理法》等。

4. 社会分配调控法

社会保障是一种国民收入分配与再分配形式。社会保障也是国家依法对社会成员的基本生活予以保障的社会安全制度。有关社会保障的法律有：《劳动法》、《社会保险法》、

《最低工资规定》等。

二、经济法的渊源

经济法的渊源是指经济法律规范借以存在和表现的形式，它主要表现在各国家机关根据其权限范围所制定的各种规范性文件之中。经济法的渊源有：

（一）宪法

宪法是国家的根本大法，由全国人民代表大会制定和修改，具有最高的法律效力，是经济法的基本渊源，是经济立法的基础。

（二）法律

法律是由全国人民代表大会及其常务委员会制定的规范性文件，其效力仅次于宪法，是经济法的主要渊源，它规定的多是基本经济关系。以法律形式表现的经济法律规范是经济法的主体组成部分。

（三）法规

法规包括行政法规、地方性法规，其效力次于宪法和法律。

行政法规是由国务院制定的规范性文件；地方性法规是由省、自治区、直辖市以及较大的市的人民代表大会及其常务委员会制定的规范性文件。其中，较大的市的人民代表大会及其常务委员会制定的地方性法规需报省、自治区的人民代表大会常务委员会批准后施行。经济特区所在地的市的人民代表大会及其常务委员会也可以根据全国人民代表大会的授权决定制定法规，并在经济特区范围内实施。

经济法大量以法规的形式存在，法规是经济法的重要渊源。

（四）规章

规章包括由国务院部委及具有行政管理职能的直属机构依据法律、行政法规制定的国务院部门规章以及由省、自治区、直辖市和较大的市的人民政府根据法律、法规制定的地方政府规章。

（五）民族自治地方的自治条例和单行条例以及特别行政区的法律文件

民族自治地方的自治条例和单行条例以及特别行政区的法律文件也是经济法的渊源之一。

（六）司法解释

根据1981年6月全国人大常委会《关于加强法律解释工作的决议》，全国人大赋予司法机关司法解释权，最高人民法院和最高人民检察院分别就审判工作和检察工作中具体应用法律的问题进行解释。司法解释是最高人民法院、最高人民检察院制定的具有普遍效力的法律适用方面的文件。

（七）国际条约、协定

我国作为国际法主体缔结或参加的国际条约、双边或多边协定等也是经济法的渊源之一。

三、经济法律关系

（一）经济法律关系的概念

经济法律关系是指经济关系被经济法律规范确认和调整之后所形成的权利和义务关系。

（二）经济法律关系的要素

经济法律关系的要素是指构成经济法律关系的必要因素，由主体、内容、客体构成，三者缺一不可。

1. 经济法律关系的主体

经济法律关系的主体简称经济法主体，是指在经济法律关系中享有权利、承担义务的当事人。享受经济权利的一方称为权利主体，承担经济义务的一方称为义务主体。当事人在多数情况下既享受经济权利又承担经济义务。

我国经济法主体的范围如下：

（1）国家机关。作为经济法主体的国家机关主要是指国家行政机关中的经济管理机关。经济管理机关可分为三类：一是综合性经济管理机关，如国家发展和改革委员会、商务部、财政部、中国人民银行等，主要负责对国民经济全局进行宏观调控；二是行业性经济管理部门，如工业和信息化部、水利部、农业部等；三是专门职能部门，如国家工商行政管理总局、国家税务总局、审计署等。

在某些情况下，国家也可作为主体参加经济法律关系，如发行国债、以政府名义与外国签订经济贸易协定等。

（2）企业和其他社会组织。企业是指依法设立的以营利为目的的从事生产经营活动的独立核算的经济组织。其他社会组织主要是指事业单位和社会团体。

企业按法律地位的不同，可分为法人企业和非法人企业；按组织形式的不同，可分为独资企业、合伙企业、公司制企业等；按出资者的不同，可分为内资企业、外资企业。

（3）公民，包括个体工商户、农村承包经营户。

（4）法律规定的其他类型。

作为法律关系的主体，享有权利和承担义务，就必须具有相应的权利能力和行为能力。一般来说，法人与社会组织的权利能力与行为能力是统一的，均随法人或社会组织的成立而产生，随其终止而消灭。法人的行为能力一般通过其法定代表人来实现。但对自然人来说，有权利能力，不一定就有行为能力。法律一般以年龄和精神、智力状况作为确定和判断自然人行为能力的依据。根据我国《民法通则》的规定，自然人分为完全行为能力人、限制行为能力人和无行为能力人三种。

在一些经济法律关系中，经济法主体从事特定经济活动时，还需依法取得特定资格。例如，根据《中华人民共和国会计法》的规定，公民从事会计工作，必须具备会计资格，取得会计从业资格证书。

2. 经济法律关系的内容

经济法律关系的内容是指经济法主体享有的经济权利和承担的经济义务。权利是指主体依法能够作为或不作为一定行为以及要求他人作为或者不作为一定行为的资格。义务是指为满足权利主体的要求，必须作为或不作为一定行为。在经济法律关系中，一个经济法主体享有一定权利，必定以其他经济法主体负有一定义务为前提，没有对应的义务主体时，权利主体的权利便没有保障，是不可能实现的。同时，经济权利和经济义务具有对等性。

经济权利主要有：

（1）经济职权。指国家机关及其工作人员在行使经济管理职能时依法享有的权利。经济职权具有一定的行政权力性质。

（2）所有权。指所有人依法对自己的财产享有的占有、使用、收益和处分的权利。

所有权是一种不依赖、不从属于其他权利而独立存在的自主权利。所有权是最充分的物权。所有权具有四项权能，一是占有权，指对财产的实际控制权能；二是使用权，指按照财产的性能与用途加以利用的权能；三是收益权，指获取财产所产生的利益的权能；四是处分权，指决定财产在事实上和法律上命运的权能。所有权的占有、使用、收益、处分四项权能可以在一定条件下与所有人分离，这种分离是所有人行使其财产权的一种方式。

（3）债权。指按照合同约定或法律规定，在当事人之间产生的特定的权利。债权是请求他人为一定行为（作为或不作为）的民法上权利。基于权利义务相对原则，相对于债权者为债务，即必须为一定行为（作为或不作为）的民法上义务。债权是一种请求权，其义务主体是特定的。

案例解读

【案情概述】 刘某找徐某帮忙借款。徐某找到龚某借款。龚某借款200000元给徐某，徐某于2012年12月14日以自己名义向龚某出具借条一张，并口头约定利息每个月2分。之后徐某将所得借款转贷给朋友刘某。此后龚某多次催讨徐某还款，徐某辩称此借款是刘某所借应由刘某偿还。龚某无奈诉至法院，请求判决徐某偿还借款本金和利息共计244000元。

【处理结果】 江西省瑞昌市人民法院开庭审理了龚某诉徐某民间借贷纠纷一案，并一审判决徐某在判决生效后五日内偿还龚某借款本息。

【解读意见】 徐某向龚某借款200000元，有徐某出具的借条为凭，徐某应该承担及时还款的责任。如果徐某在向龚某借款后，又将钱借给了刘某，徐某应该另行向刘某主张债权。

（资料来源：中国法院网）

债发生的原因主要可分为合同、侵权行为、不当得利和无因管理；债的消灭原因则有清偿、提存、抵消、免除等。

合同是债权产生最主要的原因。

侵权行为可分为一般侵权行为和特殊侵权行为。

不当得利是指既没有法律上的原因，也没有合同上的原因，取得了不当利益，而使他人受到损失的行为。在不当得利的情况下，受到损失的当事人有权要求另一方返还不当利益。

无因管理的含义是指，没有法定或者约定的义务，为避免他人的利益受损失而进行管理和服务，提供管理和服务的一方有权要求他方支付必要的费用。

（4）知识产权。即商标权、专利权、著作权等，是智力成果的创造人依法所享有的权利。

3. 经济法律关系的客体

经济法律关系的客体是指经济法主体权利和义务所指向的对象。根据我国经济法律法规的有关规定，经济法律关系的客体包括物、经济行为和非物质财富。

（1）物。物是指能够为人控制和支配的、具有一定经济价值的具体物质形态。物包括自然物、劳动产品以及货币、有价证券等。

（2）经济行为，包括经济管理行为、完成一定工作的行为和提供一定劳务的行为。

（3）非物质财富，如发明、商标、著作；荣誉称号、嘉奖表彰等。

此外，在现实经济生活中，权利也可能成为经济法律关系的客体。

课堂讨论

【材料】2014年8月30日甲公司与消费者乙签订购买家具合同一份，合同约定乙向甲购买雕人物大沙发11件，美人榻1件，家具材质为老挝红酸枝，无辅料、边料，全手工雕刻，有假包退，全部价款30万元。签订合同当日乙支付了全部货款。2014年9月底甲将家具送至乙家中。经乙验收，发现甲提供的11件雕人物大沙发家具中，存在边料、辅料，与合同约定的家具质量不符。乙要求退货、退还货款并赔偿其所受到的损失。

【问题】甲乙之间的经济法律关系的内容是什么？

（三）经济法律关系的发生、变更和消灭

经济法律规范本身并不能必然在经济法主体间形成权利与义务关系，只有在一定的经济法律事实出现后，才能使经济法律关系以经济法律规范为依据而发生、变更和消灭。据此，经济法律关系的发生、变更、消灭需要具备以下三个条件：

（1）经济法律规范。即经济法律关系发生、变更和消灭的法律依据。

（2）经济法主体。即权利与义务的实际承担者。

（3）经济法律事实。经济法律事实是指由经济法律规范所规定的，能够引起经济法律关系发生、变更和消灭的客观现象。经济法律事实是客观事实的一部分，那些不为法律

规范所规定，不能引起任何法律后果的客观事实不是经济法律事实。经济法律事实可以分为两类：

①事件。是指不依经济法主体的主观意志为转移的，能引起经济法律关系发生、变更和消灭的现象。它包括自然现象和社会现象两种。自然现象又称绝对事件，如自然灾害；社会现象又称相对事件，相对事件虽由人的行为引起，但其出现在特定经济法律关系中并不以当事人的意志为转移，如人类战争导致合同无法履行，人的死亡导致合伙关系终止等。

②行为。是指以经济法主体意志为转移的，为达到一定经济目的而进行的有意识的活动。按其性质可分为合法行为和违法行为。

有的经济法律关系的发生、变更和消灭，只需一个法律事实出现即可成立；有些经济法律关系的发生、变更或消灭则需要两个以上的法律事实同时具备。引起某一经济法律关系发生、变更或消灭的数个法律事实的总和，称为事实构成。如保险赔偿关系的发生，需要订立保险合同和发生保险事故两个法律事实出现才能成立。

四、代理

（一）代理的含义与适用范围

1. 代理的含义

代理，是代理人在代理权限内，以被代理人的名义与第三人实施法律行为，由此产生的法律后果直接由被代理人承担的一种法律制度。

2. 代理的适用范围

（1）民事法律行为。如买卖、承揽、租赁、债务履行等。

（2）诉讼行为，如代理诉讼当事人起诉、应诉。

（3）其他具有实体法律意义的行为，如代理他人进行房屋产权登记、法人登记、专利申请、商标注册等行为。

依照法律规定或者双方当事人约定，应当由本人亲自进行的民事法律行为，不得通过代理人进行。如立遗嘱、婚姻登记、收养子女、演出、撰稿、讲演等行为不适用代理。另外，根据法律规定，只有特定的民事主体才能代理的行为，他人不得代理。如保险代理行为，《保险法》第一百一十九条和第一百二十四条规定，保险代理机构应当具备国务院保险监督管理机构规定的条件，取得保险监督管理机构颁发的经营保险代理业务许可证，向工商行政管理机关办理登记，领取营业执照，并缴存保证金或者投保职业责任保险。

（二）代理的种类

根据代理权产生的依据，可以将代理区分为委托代理、法定代理和指定代理。

1. 委托代理

委托代理，是基于被代理人的委托授权所发生的代理。委托代理按照被代理人的委托行使代理权，民事法律行为的委托代理，可以用书面形式，也可以用口头形式。法律规定用书面形式的，应当用书面形式。委托代理是最常见、最广泛适用的一种代理形式。书面委托代理的授权委托书应当载明代理人的姓名或者名称、代理事项、权限和期间，并由委托人签名或者盖章。委托书授权不明的，被代理人应当向第三人承担民事责任，代理人负连带责任。

2. 法定代理

法定代理指基于法律的直接规定而发生的代理，法定代理人依照法律的规定行使代理权。法定代理主要适用于被代理人为无民事行为能力人或限制民事行为能力人的情况。《民法通则》第十四条规定："无民事行为能力人、限制民事行为能力人的监护人是他的法定代理人。"

3. 指定代理

按照人民法院或者有权机关的指定而产生的代理，为指定代理。在没有法定代理人和委托代理人的情况下，人民法院或者有权机关可以依法为不能亲自处理自己事务的人指定代理人。

讨论提示

甲乙之间的经济法律关系的内容是买卖双方的权利与义务。乙已支付了全部货款，履行了合同义务，甲交付的家具不符合合同约定的质量，在此情况下，乙是债权人，甲是债务人。乙有权要求甲按照合同的约定退货退款，甲应当履行合同义务；而且甲还应当赔偿不当履行合同给乙造成的损失。进一步而言，乙可以按照《消费者权益保护法》要求甲承担赔偿责任。

能力测试

1. 经济权利是指经济法主体在国家协调本国经济运行过程中，依法具有的自己为或不为一定行为和要求他人为或不为一定行为的（　）。

A. 责任　　B. 要求　　C. 资格　　D. 利益

2. 下列各选项中，不能成为经济法律关系客体的是（　）。

A. 修理手表　　B. 摩托车　　C. 专利权　　D. 空气

3. 法律上的处分是指依照所有人的意志，通过某种法律行为对物进行处置，它意味着什么？（　）

A. 物的消耗　　B. 所有权客体的消灭

C. 权利的变动　　D. 权利义务的消失

4. 甲国家机关根据乙网站发布的信息，通过丙中介机构介绍，与丁企业签订了采购一批办公用品的合同，该合同关系的主体有（　）。

A. 甲国家机关　　B. 乙网站　　C. 丙中介机构　　D. 丁企业

5. 下列各项中，可以作为法律关系客体的有（　）。

A. 阳光　　B. 房屋　　C. 保管货物　　D. 非专利技术

6. 下列属于法律行为的是（　）。

A. 订立合同　　B. 成立公司　　C. 录取员工　　D. 爆发战争

7. 下列选项中，属于法律事实中的事件的有（　　）。

A. 再过一年，小华9岁了

B. 张某侵犯了李某的专利权

C. 甲意外出车祸死亡，留有财产

D. 黄某受伤后一直住院，两年都未向施害人主张权利

8. 下列各项中，可以成为经济法律关系主体的有（　　）。

A. 个体工商户　B. 某县卫生局　C. 某市艺术团　D. 某大学

9. 下列情形中，一般适用法定代理的有（　　）。

A. 被代理人身体有残疾　B. 被代理人是无行为能力人

C. 被代理人是限制行为能力人　D. 被代理人不能亲自处理事务

10. 下列行为中，可以适用代理的有（　　）。

A. 购买彩票　B. 婚姻登记　C. 收养子女　D. 出庭应诉

正确答案：1. C　2. D　3. C　4. AD　5. BCD　6. ABC　7. AC　8. ABCD　9. BC　10. AD

任务简析

1. 本案起初的经济法律关系是小王与吴女士因借款而形成的。该经济法律关系的主体是小王与吴女士，客体是17000元钱，内容是借款与还款的权利与义务。后来小王父母在派出所出具欠条、承诺还款给吴女士，吴女士对此也同意，这些行为使原来的经济法律关系发生了变更。新的经济法律关系的主体是小王父母与吴女士，客体是17000元钱，内容是欠款与还款的权利与义务。

2. 法院应当判决小王父母返还吴女士借款17000元钱。虽然小王父母与吴女士之间根本就不存在借款事实，但是小王父母自愿为其儿子向吴女士承担还款义务并出具欠条予以证明，此行为属于当事人之间的意思自治，不违反法律规定。

工作项目二 **选择企业类型**

工作任务2 认识个人独资企业

学习目标

探究知识：个人独资企业的特征、个人独资企业的设立条件和设立程序、个人独资企业的事务管理、个人独资企业的解散和清算规则。

获取能力：能够进行个人独资企业设立的准备工作，能够依法解决个人独资企业事务管理中出现的问题。

导入任务

王某，大学毕业后，2014年7月准备到工商行政管理机关注册成立一家主营咨询服务的个人独资企业，取名为“××信息咨询有限公司”，注册资本为一元。准备先聘用员工2名，对此王某认为自己开办的是私人小企业，并不需要与员工签订劳动合同，也不准备为员工办理社会保险。朋友李某得知王某的设想后，与王某协议以劳务出资参加该个人独资企业的经营。

请你分析判断王某、李某的创业设想。

法律快递

《中华人民共和国个人独资企业法》：由第九届全国人民代表大会常务委员会第十一次会议于1999年8月30日通过，自2000年1月1日起施行。

《个人独资企业登记管理办法》：根据2014年2月20日国家工商行政管理总局令第63号修订，自公布之日起施行。

一、个人独资企业的概念

个人独资企业，是指依法在中国境内设立，由一个自然人投资，财产为投资人个人所有，投资人以其个人财产对企业债务承担无限责任的经营实体。

个人独资企业是非法人企业。个人独资企业虽然不具有法人资格，但却是独立的民事主体，可以自己的名义从事民事活动。

投资人承担企业债务的责任范围不限于其出资，其责任财产包括个人独资企业的全部财产和投资人的其他个人财产。个人独资企业投资人在申请企业设立登记时明确以其家庭共有财产作为个人出资的，应当依法以家庭共有财产对企业债务承担无限责任。根据我国《婚姻法》的规定，如果夫妻双方未对财产作出各自所有的书面约定，夫妻一方取得的财产即为双方的共同财产，对于夫妻一方在经营个人独资企业的过程中所形成的债务也应该以共有财产清偿。

案例解读

【案情概述】被告A水泵厂系个人独资企业，在2000年至2002年多次向原告购买配件。2002年6月，双方结欠货款57259元，在支付2万元后，被告投资人李某以A水泵厂名义和原告于2002年8月达成还款计划，约定余款于2003年5月前还清。2002年11月8日，李某（甲方）与王某（乙方）达成转让协议，甲方决定将A水泵厂转让给乙方，协议约定：(1) 转让之后所发生的债权债务由乙方承担。(2) 乙方自签字之日方能有自由经营权。(3) 本协议自签字之日起生效。协议签订的当日，A水泵厂即在工商部门办理了企业投资人变更登记。后原告依还款计划要求被告A水泵厂偿还到期债务，但被告以投资人变更为由拒绝偿还。原告诉至B县人民法院，要求A水泵厂承担到期债务的清偿责任，在审理期间，原告又申请追加李某为被告。

【处理结果】B县人民法院于2003年12月18日作出判决：(1) 被告A水泵厂在本判决生效后十日内向原告支付货款18629.50元。(2) 驳回原告对李某的诉讼请求。判决作出后，原告、被告均未提出上诉。

【解读意见】本案的争议焦点为二被告应由谁履行还款义务。A水泵厂工商登记为个人独资企业，其所负债务应首先以企业财产偿还，在其财产不足偿还的情况下原告有权请求现在的投资人以个人所有的其他财产偿还，若由此而致现投资人利益受损，现投资人可依其与李某签订的企业转让协议向其追偿。

（资料来源：中国法院网）

二、个人独资企业的设立

（一）设立条件

(1) 投资人为一个自然人。此处所称的自然人只能是中国公民。外商独资企业不适用《中华人民共和国个人独资企业法》。我国现行法律、行政法规禁止从事营利性活动的人包括：法官、检察官、警察、现役军人、国家公务员。

（2）有合法的企业名称。企业名称应当符合企业名称登记管理规定。个人独资企业的名称应当与其责任形式及从事的营业相符合，可以叫厂、店、部、中心、工作室等，名称中不得使用“有限”、“有限责任”或者“公司”字样。

（3）有投资人申报的出资。

（4）有固定的生产经营场所和必要的生产经营条件。

（5）有必要的从业人员。

（二）设立程序

1. 提出申请

申请设立个人独资企业，应当由投资人或者其委托的代理人向个人独资企业所在地的登记机关申请设立登记。申请设立登记，应当向登记机关提交投资人签署的个人独资企业设立申请书、投资人身份证明、企业住所证明、国家工商行政管理总局规定提交的其他文件，委托代理人申请设立登记时，应当提交投资人的委托书和代理人的身份证明或者资格证明。

从事法律、行政法规规定须报经有关部门审批的业务，应当在申请设立登记时提交有关部门的批准文件。

个人独资企业设立申请书应当载明下列事项：企业的名称和住所；投资人的姓名和居所；投资人的出资额和出资方式；经营范围。个人独资企业投资人以个人财产出资或者以其家庭共有财产作为个人出资的，应当在设立申请书中予以明确。

2. 登记成立

登记机关应当在收到《中华人民共和国个人独资企业法》第九条规定的全部文件之日起 15 日内，作出核准登记或者不予登记的决定。予以核准的发给营业执照；不予核准的，发给企业登记驳回通知书。

个人独资企业的登记事项应当包括：企业名称、企业住所、投资人姓名和居所、出资额和出资方式、经营范围。

个人独资企业的营业执照的签发日期，为个人独资企业成立日期。个人独资企业设立分支机构，应当由投资人或者其委托的代理人向分支机构所在地的登记机关申请设立登记。分支机构的民事责任由设立该分支机构的个人独资企业承担。

3. 变更登记

个人独资企业变更企业名称、企业住所、经营范围，应当在作出变更决定之日起 15 日内向原登记机关申请变更登记。

个人独资企业变更投资人姓名和居所、出资额和出资方式，应当在变更事由发生之日起 15 日内向原登记机关申请变更登记。

个人独资企业因转让或者继承致使投资人变化的，个人独资企业可向原登记机关提交转让协议书或者法定继承文件，申请变更登记。

个人独资企业改变出资方式致使个人财产与家庭共有财产变换的，个人独资企业可向原登记机关提交改变出资方式文件，申请变更登记。

（三）个人独资企业违反登记管理规定的法律责任

提交虚假文件或采取其他欺骗手段，取得个人独资企业登记的，责令改正，处以五千元以下的罚款；情节严重的，并处吊销营业执照。

个人独资企业使用的名称与其在登记机关登记的名称不相符合的，责令限期改正，处以两千元以下的罚款。

涂改、出租、转让营业执照的，责令改正，没收违法所得，处以三千元以下的罚款；情节严重的，吊销营业执照。

伪造营业执照的，责令停业，没收违法所得，处以五千元以下的罚款。构成犯罪的，依法追究刑事责任。

个人独资企业成立后无正当理由超过6个月未开业的，或者开业后自行停业连续六个月以上的，吊销营业执照。

未领取营业执照，以个人独资企业名义从事经营活动的，责令停止经营活动，处以三千元以下的罚款。

个人独资企业登记事项发生变更时，未依法办理有关变更登记的，责令限期办理变更登记；逾期不办理的，处以两千元以下的罚款。

课堂讨论1

【材料】2012年12月5日，胡某出资20万元设立甲个人独资企业。胡某聘请王某管理企业事务，同时约定，凡王某签订标的额超过3万元以上的合同，需经胡某同意。2013年3月20日王某未经胡某同意，以甲企业名义向乙企业购买价值3.7万元的办公设备。4月20日，乙企业将货物发至甲企业，但胡某以王某的购买行为超越其权限为由拒绝支付货款。

【问题】王某购买货物的行为是否有效？为什么？

三、个人独资企业的事务管理

个人独资企业投资人可以自行管理企业事务，也可以委托或者聘用其他具有民事行为能力的人负责企业的事务管理。受托人或者被聘用的人员应当履行诚信、勤勉义务。投资人委托或者聘用的人员管理个人独资企业事务时违反双方订立的合同，给投资人造成损害的，承担民事赔偿责任。投资人对委托人或者被聘用的人员职权的限制，不得对抗善意第三人。

个人独资企业应当依法设置会计账簿，进行会计核算。

个人独资企业招用职工的，应当依法与职工签订劳动合同，并按照国家规定参加社会保险，为职工缴纳社会保险费。

四、个人独资企业的解散和清算

（一）个人独资企业的解散事由

个人独资企业有下列情形之一时解散：

（1）投资人决定解散；

（2）投资人死亡或者被宣告死亡，无继承人或继承人决定放弃继承；

（3）被依法吊销营业执照；

（4）法律、行政法规规定的其他情形。

（二）个人独资企业的清算程序

1. 清算人的产生

个人独资企业解散，由投资人自行清算或者由债权人申请人民法院指定清算人进行清算。

2. 通知、公告与债权申报

投资人自行清算的，应当在清算前15日内书面通知债权人，无法通知的，应当予以公告。债权人应当在接到通知之日起30日内，未接到通知的应当在公告之日起60日内，向投资人申报其债权。

3. 清算与清偿

清算人应在债权人申报债权后清理企业的债权债务。

清算期间，个人独资企业不得开展与清算目的无关的经营活动。

个人独资企业解散的，财产应当按照下列顺序清偿：所欠职工工资和社会保险费用；所欠税款；其他债务。

个人独资企业财产不足以清偿债务的，投资人应当以其个人的其他财产予以清偿。

4. 办理注销登记

投资人或者清算人应当于清算结束之日起15日内向原登记机关申请注销登记。

经登记机关注销登记，个人独资企业终止。

5. 投资人的法律责任

个人独资企业及其投资人在清算前或清算期间隐匿或转移财产，逃避债务的，应当依法追回其财产，并按照有关规定予以行政处罚；构成犯罪的，依法追究刑事责任。

投资人应当承担民事赔偿责任和缴纳罚款、罚金，其财产不足以支付的，或者被判处没收财产的，应当先承担民事赔偿责任。

个人独资企业解散后，原投资人对个人独资企业存续期间的债务仍应承担偿还责任，但债权人在5年内未向债务人提出偿债请求的，该责任消灭。

课堂讨论2

【材料】 王某于2014年3月初申请登记设立一家个人独资企业——服装加工厂。该厂在王某向朋友李某借款购买设备，赊购一批布料后便匆匆开业。由于王某不善管理及营销，加工的产品质量差，大量积压，连续三个月出现亏损，工人工资也没有发放，于是王某决定解散企业。在清算前王某决定写信通知借款人及赊销人，因李某等人在外地打工没有留下通信地址，王某便不再理会。经清算后发现，其加工厂剩余资产仅够支付职工工资及税款，于是王某暗地里卖掉部分设备及家中值钱用品，并将现金以其子女的名义秘密存入银行，后经工人举报而事发。

【问题】王某的哪些行为违反法律规定？应当如何处理？

讨论提示1

1. 乙企业是否知情（胡某与王某的约定）？

2. 个人独资企业的投资人与受托人或者被聘用的人员之间有关权利义务的限制只对受托人或者被聘用的人员有效，对第三人并无约束力，受托人或者被聘用的人员超出投资人的限制与善意第三人的有关业务交往应当有效。

讨论提示2

1. 王某没有按时足额发放职工工资，违反了《中华人民共和国个人独资企业法》、《中华人民共和国劳动法》的有关规定。所欠职工工资，应当列为第一清偿顺序，并且王某应当受到相应的处罚。

2. 王某因债权人无通信地址便不再理会是错误的，无法通知债权人的，王某应当公告其解散企业的事项。

3. 王某在清算中转移、隐匿了个人独资企业及其个人的财产，逃避债务，违反了《中华人民共和国个人独资企业法》的有关规定，首先应依法追回其财产，列入清算财产进行分配，并按有关规定予以行政处罚；构成犯罪的，依法追究刑事责任。

能力测试

1. 下列关于个人独资企业的说法，不正确的是：(　　)。

A. 企业名称中不得有“有限”、“有限责任”、“合伙”字样

B. 公务员不得作为出资人

C. 可以不设置会计账簿

D. 投资人可以自行管理企业事务，也可以委托他人管理

2. 甲个人独资企业准备设立分支机构，下列说法不正确的是：(　　)。

A. 甲企业对分支机构的经营承担无限责任

B. 应当向分支机构所在地的登记机关申请登记，领取营业执照

C. 甲企业的投资人最终对分支机构承担无限责任

D. 应当向甲企业的登记机关申请登记，领取营业执照

3. 下列关于个人独资企业的表述中说法正确的是：(　　)。

A. 个人独资企业应依法缴纳企业所得税

B. 个人独资企业成立时需缴足法定最低注册资本

C. 个人独资企业对被聘用人员的限制不得对抗善意第三人

D. 个人独资企业投资人的配偶对个人独资企业债务承担无限连带责任

4. 王某投资设立了甲个人独资企业，由于经营困难，2009 年 5 月 1 日解散了该公司，并发出公告。乙公司是甲企业的债权人，由于没有看到公告，所以未申报债权。2009 年 8 月 1 日清算结束，2009 年 8 月 6 日王某到企业登记机关注销了企业登记。关于乙公司的债权，以下说法正确的是：（ ）。

A. 甲企业清算结束，王某对乙公司的责任消灭

B. 乙公司如在 2014 年 5 月 1 日前不对王某提出偿债请求，王某对乙公司的责任消灭

C. 乙公司如在 2014 年 8 月 1 日前不对王某提出偿债请求，王某对乙公司的责任消灭

D. 乙公司如在 2014 年 8 月 6 日前不对王某提出偿债请求，王某对乙公司的责任消灭

5. 王某设立甲个人独资企业，聘请李某为企业的总经理。后由于王某的决策失误，欠乙公司 30 万元，王某决定解散甲企业。下列说法不正确的是：（ ）。

A. 王某有权委托李某清算

B. 王某有权自行清算

C. 清算结束后，应当由清算人办理注销登记

D. 乙公司有权请求法院指定清算人进行清算

6. 赵某设立了个人独资企业后，准备在其他地方设立分支机构以适应市场需求。该分支机构的民事责任应当由谁来承担？（ ）

A. 分支机构独立承担

B. 设立分支机构的个人独资企业承担

C. 赵某或个人独资企业承担

D. 赵某和个人独资企业共同承担

7. 某个人独资企业由王某以个人财产出资设立，后来该企业因经营管理不善被解散，其财产不足以清偿债务。对尚未清偿的债务，下列处理方式中，符合法律规定的是（ ）。

A. 不再清偿

B. 以王某其他财产予以清偿，仍不足清偿的，以其家庭共有财产清偿

C. 以王某的家庭共有财产清偿，仍不足清偿的，以王某个人其他财产清偿

D. 债权人在企业解散后 5 年内未提出偿债请求的，王某不再承担清偿责任

8. 郭某准备投资设立一从事锅炉加工的生产性个人独资企业，下列各项中，不可以作为郭某出资方式的是（ ）。

A. 锅炉配件　　B. 房屋

C. 办公用品　　D. 修理劳务

9. 下列关于个人独资企业的表述中，正确的是（ ）。

A. 个人独资企业的投资人可以是自然人、法人或者其他组织

B. 个人独资企业的投资人对企业债务承担无限责任

C. 个人独资企业不能以自己的名义从事民事活动

D. 个人独资企业具有法人资格

10. 根据《中华人民共和国个人独资企业法》的规定，能够成为个人独资企业投资人的是（　　）。

A. 某国有企业下岗工人　　B. 某外国公司外籍人员

C. 某国家机关公务员　　D. 某派出所警察

正确答案：1. C　2. D　3. C　4. D　5. A　6. B　7. D　8. D　9. B　10. A

任务简析

1. 根据《中华人民共和国个人独资企业法》，自然人可以单独投资设立个人独资企业，设立时法律仅要求投资人申报出资额和出资方式，并无缴纳最低注册资本金的要求。不过，实际上投资人申报的出资额应当与企业的生产经营规模相适应。

2. 个人独资企业的名称应与其责任形式相符合，投资人个人对个人独资企业负无限责任，王某将其取名为“××信息咨询有限公司”违反法律规定，不可能得到工商行政管理部门的核准。

3. 《中华人民共和国个人独资企业法》规定“个人独资企业招用职工的，应当依法与职工签订劳动合同”，并“按照国家规定参加社会保险，为职工缴纳社会保险费”。因此王某的理由不成立。

4. 如果王某、李某共同投资经营企业，就失去了个人独资企业的法定条件，他们可以考虑合伙或者创办公司。

5. 设立个人独资企业可以货币出资，也可以实物、土地使用权、知识产权或者其他财产权利出资，但不能以劳务出资。劳务出资是合伙企业特有的出资方式。

工作任务3　认识合伙企业

学习目标

探究知识：合伙企业的概念、种类和特征；不同类型合伙企业的设立条件；合伙企业事务的执行；合伙企业的入伙和退伙；合伙企业的解散和清算。

获取能力：能够分析不同类型合伙企业投资人的权利和责任；能够进行合伙企业设立的准备工作；能够解决合伙企业经营管理中出现的法律问题。

导入任务

王某、张某、李某三人商议共同成立一个合伙企业，从事商贸活动。他们商定：王某、张某用货币出资，李某因经济困难，部分以货币，部分以劳务出资，王某因能力强被委托负责执行合伙企业事务，李某只参加具体劳动工作，而张某考虑风险，只愿意出资并且仅以所出资本对合伙企业负责。三人商定了经营范围，出资期限及利润分配和亏损分担办法、入伙与退伙等事项，并为拟设立的合伙企业取名为“G贸易有限责任公司”。至于经营场所，他们决定待取得营业执照后再去确定。三人作出商议后，前往工商行政管理局申请办理合伙企业设立登记，并向工商局说明了他们口头商议的内容。工商局承办人员听完后，指出他们的设立登记申请部分内容违反了《合伙企业法》某些规定，需作出修正。

经过修正后，合伙企业顺利成立。在执行合伙企业事务过程中，为提高管理水平，王某自行决定聘请甲某担任合伙企业经营管理人员。因合伙企业发展良好，李某打算让其朋友乙某入伙。在征得王某的同意后，李某即安排乙某参与合伙事务。

要求：根据上述情况和合伙企业法律制度的相关规定，回答下列问题：

1. 王某、张某、李某三人设立合伙企业的申请登记违反了哪些法律规定？

2. 王某聘请甲某担任经营管理人员是否符合法律规定？简要说明理由。

3. 乙某是否已经成为合伙企业的合伙人？简要说明理由。

法律快递

《中华人民共和国合伙企业法》：1997 年 2 月 23 日由第八届全国人民代表大会常务委员会第二十四次会议通过，自 1997 年 8 月 1 日起施行；2006 年 8 月 27 日，第十届全国人民代表大会常务委员会第二十三次会议修订，自 2007 年 6 月 1 日起施行。

一、合伙企业概述

（一）合伙企业的概念和特征

1. 合伙企业的概念

合伙企业是指自然人、法人和其他组织依法在中国境内设立的普通合伙企业和有限合伙企业。

普通合伙企业由普通合伙人组成，各合伙人订立合伙协议，共同出资、共同经营、共享收益、共担风险，并对合伙企业债务承担无限连带责任。

有限合伙企业由普通合伙人和有限合伙人组成，普通合伙人对合伙企业债务承担无限连带责任，有限合伙人以其认缴的出资额为限对合伙企业债务承担责任。

2. 合伙企业的特征

（1）有两个以上合伙人。该合伙人可以是自然人，也可以是法人或者其他组织。

（2）合伙企业以合伙协议为其存在和运行的法律基础。

（3）合伙企业具有较强的稳定性。有自己的名称，领取营业执照，从事特定的经营。

（4）合伙企业不具备法人资格。

（5）普通合伙人对企业债务承担无限连带责任，有限合伙人以其认缴的出资额为限对合伙企业债务承担责任。

（二）不适用《合伙企业法》的合伙

1. 不具有企业形态的契约型合伙

合伙企业与契约型合伙的主要区别在于：

（1）目的不同。合伙企业以营利为目的；而契约型合伙不一定以营利为目的，如合伙租房。

（2）稳定性不同。合伙企业较为长期地稳定经营；而契约型合伙往往是临时性的，如一次性临时贩运。

（3）名称不同。合伙企业必须具有自己的名称；而契约型合伙通常没有名称。

（4）手续不同。合伙企业必须在企业登记机关注册登记；而契约型合伙无需登记，只要订立合伙合同即为成立。

2. 企业法人之间的合伙联营

企业法人之间的合伙联营不适用《合伙企业法》而由《民法通则》、《合同法》等调整。

（三）合伙企业的设立程序

1. 申请人与登记机关

设立合伙企业，应由全体合伙人指定的代表或者共同委托的代理人向企业登记机关申请设立登记。登记机关为工商行政管理部门。

2. 申请时应提交的材料

申请设立合伙企业，应当向企业登记机关提交登记申请书、合伙协议书、合伙人身份证明等文件。

合伙企业的经营范围中有属于法律、行政法规规定在登记前须经批准的项目的，该项经营业务应当依法经过批准，并在登记时提交批准文件。

3. 登记

申请人提交的登记申请材料齐全、符合法定形式，企业登记机关能够当场登记的，应予当场登记，发给营业执照。

如不能当场登记的，企业登记机关应当自受理申请之日起20日内，作出是否登记的决定。予以登记的，发给营业执照；不予登记的，应当给予书面答复，并说明理由。合伙企业领取营业执照之前，合伙人不得以合伙企业的名义从事合伙业务。

合伙企业可以设立分支机构。合伙企业设立分支机构的，应当向分支机构所在地的企业登记机关申请登记，领取营业执照。

合伙企业登记事项发生变更的，执行合伙事务的合伙人应当自作出变更决定或者发生变更事由之日起15日内，向企业登记机关申请办理变更登记。

二、普通合伙企业

（一）普通合伙企业设立的条件

1. 有两个以上合伙人

合伙人为自然人的，应当具有完全民事行为能力，法律法规规定不得从事营利性活动的人除外，如：法官、检察官、警官、国家公务员等不能成为合伙人。

对于法人合伙人，为防止因承担无限连带责任风险，而使国家利益、公共利益以及广大股民利益遭受太大的损失，我国法律规定国有独资公司、国有企业、上市公司以及公益性的事业单位、社会团体不得成为普通合伙人。

2. 有书面合伙协议

合伙协议是调整合伙关系，规范合伙人之间权利义务的自治规范，是合伙企业设立和从事经营管理活动的基本依据。全体合伙人在自愿、平等、公平、诚信原则下协商一致，以书面形式订立，经全体合伙人签名、盖章后生效。合伙人按照合伙协议享有权利，履行义务。

合伙协议应当载明以下事项：①合伙企业的名称和主要经营场所的地点；②合伙目的和合伙经营范围；③合伙人的姓名或者名称、住所；④合伙人的出资方式、数额和缴付期限；⑤利润分配、亏损分担方式；⑥合伙事务的执行；⑦入伙与退伙；⑧争议解决办法；⑨合伙企业的解散与清算；⑩违约责任。

合伙协议经全体合伙人签名、盖章后生效。修改或者补充合伙协议，应当经全体合伙人一致同意；但是，合伙协议另有约定的除外。合伙协议未约定或者约定不明确的事项，由合伙人协商决定；协商不成的，依照《合伙企业法》和其他有关法律、行政法规的规定处理。

3. 有合伙人认缴或者实际缴付的出资

《合伙企业法》第十六条规定："合伙人可以用货币、实物、知识产权、土地使用权或者其他财产权利出资，也可以用劳务出资。合伙人以实物、知识产权、土地使用权或者其他财产权利出资，需要评估作价的，可以由全体合伙人协商确定，也可以由全体合伙人委托法定评估机构评估。合伙人以劳务出资的，其评估办法由全体合伙人协商确定，并在合伙协议中载明。"

合伙人以货币、实物、土地使用权、知识产权或其他财产权利缴纳出资的，合伙人对于自己缴纳出资的财产或财产权，应当拥有合法的处分权，合伙人不得将自己无权处分的财产或财产权用于出资。

合伙人按照合伙协议的约定或者经全体合伙人决定，可以增加或者减少对合伙企业的出资。

合伙人应当按照合伙协议约定的出资方式、数额和缴付期限，履行出资义务。

以非货币财产出资的，依照法律、行政法规的规定，需要办理财产权转移手续的，应当依法办理。

4. 有合伙企业的名称和生产经营场所

合伙企业的名称具有唯一性和排他性。合伙企业的名称中应当标明"普通合伙"的字样。

合伙企业一般只有一个经营场所，即在企业登记机关登记的营业地点。经营场所的法律意义在于确定债务履行地、诉讼管辖、法律文书送达等。

此外，普通合伙企业的设立还需满足法律、行政法规规定的其他条件。

（二）合伙企业财产

1. 普通合伙企业财产的构成

合伙企业财产指合伙企业存续期间，合伙人的出资和所有以合伙企业名义取得的收益和和依法取得的其他财产。

2. 合伙企业财产的管理与使用

（1）在合伙企业存续期间，合伙人之间可以转让在合伙企业中的全部或者部分财产份额，但应通知其他合伙人。

（2）在合伙企业存续期间，合伙人向合伙人以外的人转让其在合伙企业中的全部或部分财产份额时，除合伙协议另有约定外，须经其他合伙人一致同意，并且在同等条件下其他合伙人有优先受让的权利。合伙人以外的人依法受让合伙财产份额后，经修改合伙协议即成为合伙企业的合伙人，新的合伙人依照修改后的合伙协议享有权利、承担责任。

（3）在合伙企业存续期间，合伙人以其在合伙企业中的财产份额出质的，须经其他合伙人一致同意。否则，出质行为无效，因此给善意第三人造成损失的，由行为人依法承担赔偿责任。

（4）在合伙企业存续期间，除依法退伙等法律有特别规定的外，合伙人不得请求分割合伙企业财产，也不得私自转移或者处分合伙企业财产。为了保护第三人的利益，如果合伙人私自转移或者处分合伙企业财产的，合伙企业不得以此对抗不知情的善意第三人。

（三）合伙企业事务执行

1. 合伙人对合伙企业事务的执行方式及规则

合伙事务的执行是指为实现合伙目的而进行的业务活动。《合伙企业法》第二十六条第一款对此有明确的规定："合伙人对执行合伙事务享有同等的权利。"

合伙人享有同等的权利并不意味着每一个合伙人都必须同样地执行合伙事务。事实上，合伙事务的执行可以采取灵活的方式，只要全体合伙人同意即可。具体方式包括：

（1）由全体合伙人共同执行

合伙企业的事务可以由全体合伙人共同执行，合伙人对执行合伙事务享有同等的权利，各合伙人都可以对内部事务进行管理，并可以合伙企业的名义对外从事经营活动。

（2）由各合伙人分别单独执行合伙事务

合伙人分别执行合伙事务的，执行事务合伙人可以对其他合伙人执行的事务提出异议。提出异议时，应当暂停该项事务的执行。如果发生争议，依照《合伙企业法》第三十条的规定作出决定。

受委托执行合伙事务的合伙人不按照合伙协议或者全体合伙人的决定执行事务的，其他合伙人可以决定撤销该委托。

（3）委托一个或者数个合伙人对外代表合伙企业，执行合伙事务

其他合伙人不再执行合伙事务，但有权监督执行事务合伙人执行的情况。执行事务合伙人应当定期向其他合伙人报告事务执行情况以及合伙企业的经营和财务状况，其执行合伙事务所产生的收益归合伙企业，所产生的费用和亏损由合伙企业承担。

合伙人为了解合伙企业的经营状况和财务状况，有权查阅合伙企业会计账簿等财务资料。

2. 合伙事务的表决

《合伙企业法》第三十条规定，合伙人对合伙企业有关事项作出决议，按合伙协议约定的表决办法办理。合伙协议未约定或者约定不明确的，实行一人一票并经全体合伙人过半数通过的表决办法。

《合伙企业法》第三十一条规定，除合伙协议另有约定外，合伙企业的下列事项应当经全体合伙人一致同意：(1) 改变合伙企业名称；(2) 改变合伙企业的经营范围、主要经营场所的地点；(3) 处分合伙企业的不动产；(4) 转让或者处分合伙企业的知识产权和其他财产权利；(5) 以合伙企业名义为他人提供担保；(6) 聘任合伙人以外的人担任合伙企业的经营管理人员。

除了上述《合伙企业法》第三十一条规定的关于执行合伙事务方面的全票决情形，根据《合伙企业法》的其他条文的规定，还需注意须经全体合伙人一致同意才能作出决议的下列事项：(1) 修改或者补充合伙协议；(2) 合伙人向第三人转让其在合伙企业中的全部或者部分财产份额；(3) 吸收新的合伙人。

3. 合伙人行为的限制

(1) 合伙人负有竞业禁止的义务，即合伙人不得自营或者同他人合作经营与本合伙企业相竞争的业务。

(2) 合伙人负有交易禁止的义务，除合伙协议另有约定或者经全体合伙人一致同意外，合伙人不得同本合伙企业进行交易。

合伙人违反法律规定或者合伙协议的约定，从事与本合伙企业相竞争的业务或者与本合伙企业进行交易的，该收益归合伙企业所有；给合伙企业或者其他合伙人造成损失的，依法承担赔偿责任。

(3) 合伙人不得从事损害本合伙企业利益的活动。合伙人执行合伙事务，或者合伙企业从业人员利用职务上的便利，将应当归合伙企业的利益据为己有的，或者采取其他手段侵占合伙企业财产的，应当将该利益和财产退还合伙企业；给合伙企业或者其他合伙人造成损失的，依法承担赔偿责任。构成犯罪的，依法追究刑事责任。

4. 聘任合伙人以外的经营管理人员

聘任合伙人以外的经营管理人员应当经全体合伙人一致同意。非合伙人受聘担任合伙企业的经营管理工作，并未因此取得合伙人的资格。被聘任的经营管理人员应当在合伙企业授权范围内履行职务。其履行职务行为所产生的法律后果由合伙企业承担；超越合伙企业授权范围履行职务，或者在履行职务过程中因故意或者重大过失给合伙企业造成损失的，依法承担赔偿责任。

5. 合伙企业的利润分配、亏损分担

《合伙企业法》第三十三条规定，合伙企业的利润分配、亏损分担，按照合伙协议的约定办理；合伙协议未约定或者约定不明确的，由合伙人协商决定；协商不成的，由合伙人按照实缴出资比例分配、分担；无法确定出资比例的，由合伙人平均分配、分担。

合伙协议不得约定将全部利润分配给部分合伙人或者由部分合伙人承担全部亏损。

案例解读1

【案情概述】1998年2月，王某与其他四人合伙成立了一家会计师事务所，在核准经营范围中包括税务代理业务这一项。有着硕士学历的王某是一名税务师，他不甘心仅仅在这家事务所中充当一个部门的负责人，于是2001年初，他与另外两人又申请成立了税务师事务所有限公司，该公司的主要业务是税务代理，王某为公司的法定代表人及董事长。

2002年7月，会计师事务所的其他合伙人以王某违反合伙协议及《合伙企业法》的竞业禁止规定为由，将其告上法庭。

一审法院驳回了原告合伙人的诉讼请求。宣判后，合伙人不服，向北京市第一中级人民法院提起上诉。

【处理结果】北京市第一中级人民法院经审理，判决王某赔偿会计师事务所其他合伙人174800元。

【解读意见】《合伙企业法》第三十条规定：合伙人不得自营或者同他人合作经营与本合伙企业相竞争的业务。法律之所以这样规定就在于对合伙人而言，他们在企业中有着特殊身份或地位。企业基于信任将整个企业或部分托付于他们，他们也必须忠实于企业。他们手中掌握着企业业务的决策权和执行权，他们的身份、地位使他们必定了解企业的商业秘密或核心利益，若允许他们从事竞业活动，势必难以避免他们利用这些优势为自己获取利益。

（资料来源：中国法院网）

（四）合伙企业与第三人关系

1. 与善意第三人的关系

善意第三人是指与合伙企业善意进行民事行为的人，包括善意取得合伙财产和善意与合伙企业设定其他法律关系的人。《合伙企业法》第三十七条规定："合伙企业对合伙人执行合伙事务以及对外代表合伙企业权利的限制，不得对抗善意第三人。"

2. 合伙企业与其债权人的关系

合伙企业对其债务，应先以其全部财产进行清偿。合伙企业财产不足清偿其债务的，各合伙人应当承担无限连带清偿责任。以合伙企业财产清偿合伙企业债务时，其不足的部分，由各合伙人按照合伙协议约定的比例，用其在合伙企业出资以外的财产承担清偿责任；合伙协议未约定比例的，由各合伙人用其在合伙企业出资以外的财产平均分担清偿责任。合伙人由于承担连带责任，所清偿的数额超过其应当承担的数额时，有权向其他合伙人追偿。

3. 合伙企业与合伙人个人债权人之间的关系

（1）合伙人发生与合伙企业无关的债务，相关债权人不得以其债权抵消其对合伙企业的债务；也不得代位行使合伙人在合伙企业中的权利。

（2）合伙人的自有财产不足清偿其与合伙企业无关的债务的，该合伙人可以其从合伙企业中分取的收益用于清偿；债权人也可以依法请求人民法院强制执行该合伙人在合伙企业中的财产份额用于清偿。

人民法院强制执行合伙人的财产份额时，应当通知全体合伙人，其他合伙人有优先受让的权利。其他合伙人未购买，又不同意将该财产份额转让给他人的，依照法律规定为该合伙人办理退伙结算，或者办理削减该合伙人相应财产份额的结算。

（五）入伙、退伙

1. 入伙

入伙是指在合伙企业存续期间，合伙人以外的第三人加入合伙企业取得合伙人资格的法律行为。新合伙人入伙，除合伙协议另有约定外，应当经全体合伙人一致同意，并依法订立书面入伙协议。订立入伙协议时，原合伙人应当如实告知原合伙企业的经营状况和财务状况。

新合伙人与原合伙人享有同等权利，承担同等责任，入伙协议另有约定的除外。新合伙人对入伙前合伙企业的债务承担无限连带责任。

合伙人死亡或者被依法宣告死亡的，对该合伙人在合伙企业中的财产份额享有合法继承权的继承人，按照合伙协议的约定或者经全体合伙人一致同意，从继承开始之日起，取得该合伙企业的合伙人资格。

有下列情形之一的，合伙企业应当向合伙人的继承人退还被继承合伙人的财产份额：（1）继承人不愿意成为合伙人；（2）法律规定或者合伙协议约定合伙人必须具有相关资格，而该继承人未取得该资格；（3）合伙协议约定不能成为合伙人的其他情形。

合伙人的继承人为无民事行为能力人或者限制民事行为能力人的，经全体合伙人一致同意，可以依法成为有限合伙人，普通合伙企业依法转为有限合伙企业。全体合伙人未能一致同意的，合伙企业应当将被继承合伙人的财产份额退还该继承人。

2. 退伙

退伙是指在合伙企业存续期间，合伙人退出合伙企业，从而丧失合伙人资格的法律行为。基于退伙的原因不同，退伙可以分为自愿退伙、法定退伙和除名退伙三种情形。

（1）自愿退伙

自愿退伙，又称声明退伙、协议退伙，是指合伙人按照自己的意愿退出合伙企业的退伙形式。

合伙协议约定合伙企业的经营期限的，有下列情形之一时，合伙人可以退伙：①合伙协议约定的退伙事由出现；②经全体合伙人一致同意；③发生合伙人难以继续参加合伙的事由；其他合伙人严重违反合伙协议约定的义务。

合伙协议未约定合伙期限的，合伙人在不给合伙企业事务执行造成不利影响的情况下，可以退伙，但应当提前30日通知其他合伙人。

合伙人在不符合以上两种自愿退伙的法定条件时，擅自退伙的，应当赔偿由此给其他合伙人造成的损失。

（2）法定退伙

法定退伙，又称当然退伙，是指合伙人因出现法律明确规定的事由而使原合伙人丧失合伙人资格的退伙形式。

合伙人有下列情形之一的当然退伙：①作为合伙人的自然人死亡或者被依法宣告死亡；②个人丧失偿债能力；③作为合伙人的法人或者其他组织依法被吊销营业执照、责令关闭、撤销，或者被宣告破产；④法律规定或者合伙协议约定合伙人必须具有相关资格而丧失该资格；⑤合伙人在合伙企业中的全部财产份额被人民法院强制执行。

合伙人被依法认定为无民事行为能力人或者限制民事行为能力人的，经其他合伙人一致同意，可以依法转为有限合伙人，普通合伙企业依法转为有限合伙企业。其他合伙人未能一致同意的，该无民事行为能力或者限制民事行为能力的合伙人退伙。

退伙事由实际发生之日为退伙生效日。

（3）除名退伙

除名退伙是指经其他合伙人一致同意，将符合法律规定除名条件的合伙人强制清除出合伙企业的退伙形式。

合伙人有下列情形之一的，经其他合伙人一致同意，可以决议将其除名：①未履行出资义务；②因故意或者重大过失给合伙企业造成损失；③执行合伙事务时有不正当行为；④发生合伙协议约定的事由。

对合伙人的除名决议应当书面通知被除名人。被除名人接到除名通知之日，除名生效，被除名人退伙。

被除名人对除名决议有异议的，可以自接到除名通知之日起30日内，向人民法院起诉。

3. 退伙的法律后果

（1）合伙人退伙，其他合伙人应当与该退伙人按照退伙时的合伙企业财产状况进行结算，退还退伙人的财产份额。退伙人对给合伙企业造成的损失负有赔偿责任的，相应扣减其应当赔偿的数额。退伙时有未了结的合伙企业事务的，待该事务了结后进行结算。

（2）退伙人在合伙企业中财产份额的退还办法，由合伙协议约定或者由全体合伙人决定，可以退还货币，也可以退还实物。

（3）退伙人对基于其退伙前的原因发生的合伙企业债务，承担无限连带责任。

（4）合伙人退伙时，合伙企业财产少于合伙企业债务的，退伙人应当依照《合伙企业法》第三十三条第一款的规定分担亏损。

（六）特殊的普通合伙企业

以专门知识和技能为客户提供有偿服务的专业服务机构可以设立为特殊的普通合伙企业。例如律师事务所、会计师事务所、医师事务所、设计师事务所等。特殊的普通合伙企业必须在其企业名称中标明“特殊普通合伙”字样，以区别于普通合伙企业。

在特殊的普通合伙企业中，一个或数个合伙人在执业活动中因故意或重大过失造成合伙企业债务的，应承担无限责任或无限连带责任，其他合伙人以其在合伙企业的财产份额为限承担责任。

合伙人在执业活动中非因故意或者重大过失造成的合伙企业债务以及合伙企业的其他债务，由全体合伙人承担无限连带责任。

合伙人执业活动中因故意或重大过失造成的合伙企业债务，以合伙企业财产对外承担责任后，该合伙人应按合伙协议的约定对给合伙企业造成的损失承担赔偿责任。

特殊的普通合伙企业应当建立执业风险基金、办理职业保险。执业风险基金用于偿付合伙人执业活动造成的债务。执业风险基金应当单独立户管理。

课堂讨论

【材料】甲、乙、丙三人共同出资成立一家从事汽车修理的普通合伙企业，甲、丙各出资人民币5万元，而乙以设备和修理工具出资。甲、丙委托乙执行合伙企业事务，其他合伙人不再执行合伙企业事务。三个合伙人订立了一份合伙协议，协议做出如下规定：(1) 甲、丙的出资以人民币现款出资，于合伙企业成立后1月内，第1期出资2万元，6个月内全部缴付。(2) 甲、丙不参与企业的事务管理，全部委托乙执行企业事务。乙在执行事务中所产生的收益与另外两个合伙人按4比6的比例分成，如发生亏损则由乙承担。(3) 甲和丙以出资额为限对合伙企业的债务负责，乙负无限责任。另外，甲个人对赵某负有债务1万元，合伙企业曾替赵某大修汽车1次，赵某欠合伙企业1万元的修理费。赵某提出以对甲的债权抵消其对合伙企业的债务。

【问题】

1. 合伙协议的三项约定是否符合法律规定？

2. 赵某的请求是否符合法律规定？

三、有限合伙企业

（一）有限合伙企业设立的条件

1. 合伙人

有限合伙企业由两个以上五十个以下合伙人设立，但法律另有规定的除外。有限合伙企业至少应当有一个普通合伙人。

2. 书面合伙协议

有限合伙企业的合伙协议除需要记载普通合伙企业协议应当载明的事项外，还需要载明以下特殊事项：(1) 普通合伙人和有限合伙人的姓名或者名称、住所；(2) 执行事务合伙人应具备的条件和选择程序；(3) 执行事务合伙人权限与违约处理办法；(4) 执行事务合伙人的除名条件和更换程序；(5) 有限合伙人入伙、退伙的条件、程序以及相关责任；(6) 有限合伙人和普通合伙人相互转变程序。

3. 有合伙人认缴或者实际缴付的出资

有限合伙企业登记事项中应当载明有限合伙人的姓名或者名称及认缴的出资数额。有限合伙人可以用货币、实物、知识产权、土地使用权或者其他财产权利作价出资但不得以劳务出资。

有限合伙人应当按照合伙协议的约定按期足额缴纳出资；未按期足额缴纳的，应当承担补缴义务，并对其他合伙人承担违约责任。

4. 企业名称

有限合伙企业名称中应当标明“有限合伙”字样。

（二）有限合伙企业的事务执行

有限合伙企业的事务由普通合伙人执行。执行事务合伙人可以要求在合伙协议中确定执行事务的报酬及报酬提取方式。有限合伙人不执行合伙事务，也不得对外代表有限合伙企业。

第三人有理由相信有限合伙人为普通合伙人并与其交易的，该有限合伙人对该笔交易承担与普通合伙人同样的责任。有限合伙人未经授权以有限合伙企业名义与他人进行交易，给有限合伙企业或者其他合伙人造成损失的，该有限合伙人应当承担赔偿责任。

有限合伙人的下列行为不视为执行合伙事务：（1）参与决定普通合伙人入伙、退伙；（2）对企业的经营管理提出建议；（3）参与选择承办有限合伙企业审计业务的会计师事务所；（4）获取经审计的有限合伙企业财务会计报告；（5）对涉及自身利益的情况，查阅有限合伙企业财务会计账簿等财务资料；（6）在有限合伙企业中的利益受损时，向有责任的合伙人主张权利或者提起诉讼；（7）执行事务合伙人怠于行使权利时，督促其行使权利或者为了本企业的利益以自己的名义提起诉讼；（8）依法为本企业提供担保。

（三）有限合伙人的特殊规定

（1）有限合伙企业不得将全部利润分配给部分合伙人；但是，合伙协议另有约定的除外。

（2）有限合伙人可以同本有限合伙企业进行交易；但是，合伙协议另有约定的除外。

（3）有限合伙人可以自营或者同他人合作经营与本有限合伙企业相竞争的业务；但是，合伙协议另有约定的除外。

（4）有限合伙人可以将其在有限合伙企业中的财产份额出质；但是，合伙协议另有约定的除外。

（5）有限合伙人可以按照合伙协议的约定向合伙人以外的人转让其在有限合伙企业中的财产份额，但应当提前30日通知其他合伙人。

（6）有限合伙人的自有财产不足清偿其与合伙企业无关的债务的，该合伙人可以以其从有限合伙企业中分取的收益用于清偿；债权人也可以依法请求人民法院强制执行该合伙人在有限合伙企业中的财产份额用于清偿。人民法院强制执行有限合伙人的财产份额时，应当通知全体合伙人。在同等条件下，其他合伙人有优先购买权。

（四）有限合伙人的入伙和退伙

1. 有限合伙人的入伙

《合伙企业法》对有限合伙人入伙没有进行特别规定，新入伙的有限合伙人对入伙前有限合伙企业的债务，以其认缴的出资额为限承担责任。

作为有限合伙人的自然人死亡、被依法宣告死亡或者作为有限合伙人的法人及其他组织终止时，其继承人或者权利承受人可以依法取得该有限合伙人在有限合伙企业中的资格。

2. 退伙

出现下列情形之一时，有限合伙人当然退伙：（1）作为合伙人的自然人死亡或者被依法宣告死亡；（2）作为合伙人的法人或者其他组织依法被吊销营业执照、责令关闭、撤销，或者被宣告破产；（3）法律规定或者合伙协议约定合伙人必须具有相关资格而丧失该资格；（4）合伙人在合伙企业中的全部财产份额被人民法院强制执行。

作为有限合伙人的自然人在有限合伙企业存续期间丧失民事行为能力的，其他合伙人不得因此要求其退伙。

有限合伙人退伙后，对基于其退伙前的原因发生的有限合伙企业债务，以其退伙时从有限合伙企业中取回的财产承担责任。

（五）合伙企业形式及合伙人性质的变化

1. 合伙企业形式的变化

有限合伙企业仅剩有限合伙人的，应当解散；有限合伙企业仅剩普通合伙人的，转为普通合伙企业。

2. 合伙人性质的变化

普通合伙人转变为有限合伙人，或者有限合伙人转变为普通合伙人，应当经全体合伙人一致同意；但是，合伙协议另有约定的除外。

有限合伙人转变为普通合伙人的，对其作为有限合伙人期间有限合伙企业发生的债务承担无限连带责任。

四、合伙企业的解散、清算

（一）合伙企业解散的原因

合伙企业有下列情形之一的，应当解散：（1）合伙协议约定的经营期限届满，合伙人不愿继续经营的。（2）合伙协议约定的解散事由出现。（3）全体合伙人决定解散。（4）合伙人已不具备法定人数满30天。（5）合伙协议约定的合伙目的已经实现或者无法实现。（6）被依法吊销营业执照、责令关闭或者被撤销。（7）出现法律、行政法规规定的合伙企业解散的其他原因。

（二）合伙企业的清算

1. 确定清算人

合伙企业解散，应当由清算人进行清算。清算人由全体合伙人担任；经全体合伙人过半数同意，可以自合伙企业解散事由出现后15日内指定一个或者数个合伙人，或者委托第三人，担任清算人。

自合伙企业解散事由出现之日起15日内未确定清算人的，合伙人或者其他利害关系人可以申请人民法院指定清算人。

清算人在清算期间执行下列事务：（1）清理合伙企业财产，分别编制资产负债表和财产清单；（2）处理与清算有关的合伙企业未了结事务；（3）清缴所欠税款；（4）清理债权、债务；（5）处理合伙企业清偿债务后的剩余财产；（6）代表合伙企业参加诉讼或者仲裁活动。

2. 通知和公告

清算人自被确定之日起10日内将合伙企业解散事项通知债权人，并于60日内在报纸上公告。

债权人应当自接到通知书之日起30日内，未接到通知书的自公告之日起45日内，向清算人申报债权。债权人申报债权，应当说明债权的有关事项，并提供证明材料。清算人应当对债权进行登记。

清算结束，清算人应当编制清算报告，经全体合伙人签名、盖章后，在15日内向企业登记机关报送清算报告，申请办理合伙企业注销登记。

清算期间，合伙企业存续，但不得开展与清算无关的经营活动。

3. 清偿和分配

合伙企业财产在支付清算费用和职工工资、社会保险费用、法定补偿金以及缴纳所欠税款、清偿债务后的剩余财产，依照《合伙企业法》第三十三条第一款的规定进行分配。

合伙企业注销后，原普通合伙人对合伙企业存续期间的债务仍应承担无限连带责任。

4. 合伙企业的破产

合伙企业不能清偿到期债务的，债权人可以依法向人民法院提出破产清算申请，也可以要求普通合伙人清偿。合伙企业依法被宣告破产的，普通合伙人对合伙企业债务仍应承担无限连带责任。

案例解读2

【案情概述】原告谭某与被告覃某系远房亲戚。双方经协商于2004年11月18日签订了一份《合伙协议》，约定：双方共同出资修建E水电站，经营水电能源开发，合伙期限不限。2005年9月1日，工商行政管理部门核准颁发了《合伙企业营业执照》，执行合伙企业事务的合伙人为被告覃某。

2005年10月24日，原、被告双方对合伙投资款项进行了确认，其中原告谭某投资总额为118013.19元，被告覃某投资总额为127483.61元。2006年12月11日，被告覃某与F电力开发有限责任公司签订《转让E水电站设备协议书》，转让价款共计人民币19万元。2008年1月3日，被告经原告之父谭某某的农行账户支付给原告5万元。同年7月30日，原告以被告擅自转让水电站且仅支付给其5万元，造成其经济损失为由向法院提起诉讼，要求被告一次性赔偿经济损失68013.19元。

【处理结果】广西河池市金城江区人民法院一审驳回了原告的诉讼请求。

【解读意见】原告、被告在平等自愿的基础上签订的《合伙协议》，是双方的真实意思表示，且内容未违反法律和行政法规的强制性规定，为有效合同。在合伙经营过程中，被告作为执行合伙企业事务的合伙人与他人签订水电站转让协议，现原告主张被告擅自转让水电站，但未能提供相关的充分证据；且因原告、被告投资修建的水电站已经转让，双方约定经营水电能源开发的目的已无法实现，根据《合伙企业法》第八十五条、第八十六条的规定，该企业应当解散并进行清算，现原告在合伙企业尚未依法解散并进行清算的情况下即要求被告赔偿损失，其诉讼请求理由不充分。

（资料来源：中国法院网）

讨论提示

1. （1）合伙人可以在合伙协议中约定出资期限。（2）合伙企业可以选择委托一名合伙人执行合伙企业事务，该约定有效。但合伙协议不得约定将全部利润分配给部分合伙人或者由部分合伙人承担全部亏损。因此，亏损由乙一人承担的约定不符合法律规定。（3）普通合伙企业的责任形式是所有合伙人均对企业债务承担无限连带清偿责任。乙一人负无限责任，甲和丙以出资额负有限责任的规定不符合法律规定。

2. 赵某的请求不合法。合伙企业中某一合伙人个人的债权人不得以其债权抵消其对合伙企业的债务。

能力测试

1. 合伙人死亡或者被依法宣告死亡的，对该合伙人在合伙企业中的财产份额享有合法继承权的继承人，依照合伙协议的约定或者经全体合伙人同意，从（　　）起，即取得该合伙企业的合伙人资格。

A. 全体合伙人同意之日　　B. 合伙企业协议作出明确规定之日

C. 继承开始之日　　D. 法院依法裁定之日

2. 根据《合伙企业法》的有关规定，普通合伙企业存续期间，下列行为中，必须经全体合伙人一致同意的有（　　）。

A. 合伙企业存续期间，合伙人向合伙人以外的人转让其在合伙企业中的全部或部分财产份额

B. 合伙人之间转让在合伙企业中的全部或者部分财产份额

C. 处分合伙企业的动产

D. 合伙人以自己名义为他人提供担保

3. 下列关于合伙企业经营积累的财产性质的说法，正确的是（　　）。

A. 为各合伙人个人所有　　B. 为全体合伙人共同共有

C. 为全体合伙人按份共有　　D. 可以是以上任何一种，由合伙人自行约定

4. 甲、乙、丙成立一合伙企业。其合伙合同中约定：“合伙企业的事务由甲全权负责，乙、丙不得过问也不承担企业亏损的民事责任。”对该约定的效力认定正确的是（　　）。

A. 该约定全部有效

B. 该约定全部无效

C. 事务执行约定无效，责任承担约定有效

D. 事务执行约定有效，责任承担约定无效

5. 甲将其在某普通合伙企业中的财产份额转让给合伙人之外的乙，双方签订转让协

议。后甲的债权人丙请求对该财产份额强制执行。以下判断中，正确的是（　　）。

A. 如果转让协议已经取得其他合伙人的一致同意，则丙无权请求强制执行

B. 如果转让协议尚未取得其他合伙人的一致同意，丙只有在其他合伙人表示不同意的情况下，才有权请求强制执行

C. 无论转让协议是否取得其他合伙人的一致同意，丙都无权请求强制执行

D. 无论转让协议是否取得其他合伙人的一致同意，丙都有权请求强制执行

6. 某合伙企业的合伙人共同委托合伙人甲执行合伙企业事务，但对甲执行合伙事务的权利作了一定的限制。在经营过程中，甲超越权限与G公司签订了一份合同，G公司并不知道甲超越了权限，对签约行为的效力如何认定？下述表达正确的是（　　）。

A. 该行为对合伙企业及全体合伙人有效，其产生的民事责任由全体合伙人承担

B. 该行为对合伙企业及全体合伙人不生效，其产生的民事责任由甲承担

C. 该行为属于可撤销的民事行为，全体合伙人可申请人民法院予以变更或撤销

D. 该行为属于效力待定的民事行为，经全体合伙人追认，可产生效力

7. 新合伙人入伙时，除合伙协议另有约定外，应当经（　　）同意并依法订立书面入伙协议。

A. 半数以上合伙人　　　　B. 全体合伙人

C. 2/3 以上多数合伙人　　　D. 合伙事务执行人

8. 甲是某有限合伙企业的有限合伙人，持有该企业15%的份额。在合伙协议无特别约定的情况下，甲在合伙期间未经其他合伙人同意实施了下列行为，其中哪一项违反《合伙企业法》的规定？（　　）

A. 将自购的机器设备出租给合伙企业使用

B. 以合伙企业的名义购买汽车一辆归合伙企业使用

C. 以自己在合伙企业中的财产份额向银行提供质押担保

D. 提前一个月通知其他合伙人将其部分合伙份额转让给合伙人以外的人

9. 普通合伙企业的合伙人张某因车祸遇难，生前遗嘱指定16岁的儿子张某某为其全部财产继承人。下列哪项是错误的？（　　）

A. 张某某有权继承其父在合伙企业中的财产份额

B. 如其他合伙人均同意，张某某可以取得有限合伙人资格

C. 如合伙协议约定合伙人必须是完全民事行为能力人，则张某某不能成为合伙人

D. 应当待张某某成年后由其本人作出其是否愿意成为合伙人的意思表示

10. 甲、乙、丙、丁成立一普通合伙企业，一年后甲转为有限合伙人。此前，合伙企业欠银行债务30万元，该债务直至合伙企业因严重资不抵债被宣告破产仍未偿还。对该30万元银行债务的偿还，下列哪项是正确的？（　　）

A. 乙、丙、丁应按合伙份额对该笔债务承担清偿责任，甲无须承担责任

B. 各合伙人均应对该债务承担无限连带责任

C. 乙、丙、丁应对该笔债务承担无限连带责任，甲无须承担责任

D. 合伙企业已宣告破产，债务归于消灭，各合伙人无须偿还债务

正确答案：1. C　2. A　3. B　4. D　5. A　6. A　7. B　8. B　9. D　10. B

任务简析

1. 王某、张某、李某三人设立合伙企业的申请登记中违反法律规定的内容如下：(1) 违反了合伙企业的成立，必须有书面合伙协议的法律规定，王某、张某、李某只是口头上达成协议，没有形成书面协议。(2) 违反了合伙企业名称的法律规定，合伙企业应与企业的责任形式一致，在名称中标明“普通合伙”或“有限合伙”字样，但不得在合伙企业名称中使用“有限责任”、“股份”、“公司”等字样。(3) 违反了法律关于经营场所的规定。王某、张某、李某在未确定经营场所的情况下，是不能申请设立登记的。

2. 不符合法律规定。根据《合伙企业法》的规定，聘任合伙人以外的人担任合伙企业的经营管理人员，须经全体合伙人一致同意。

3. 乙尚不是合伙人。根据《合伙企业法》的规定，新合伙人入伙时，应当经全体合伙人同意，并依法订立书面入伙协议。

工作任务4　认识公司

学习目标

探究知识：公司的特征、公司基本制度概况，母公司与子公司、总公司与分公司、人合公司与资合公司、有限责任公司与股份有限公司的区别。

获取能力：理解有限责任的含义，能够在个人独资企业、合伙企业、公司之间选择适合投资者的企业类型。

导入任务

小陈只有2万元人民币，想成立一家企业，可以选择哪些企业类型？

法律快递

《中华人民共和国公司法》：1993年12月29日第八届全国人民代表大会常务委员会第五次会议通过，自1994年7月1日起施行；第十届全国人民代表大会常务委员会第十八次会议于2005年10月27日修订通过，自2006年1月1日起施行；2013年12月28日，第十二届全国人民代表大会常务委员会第六次会议决定，对《中华人民共和国公司法》作出12处修改，自2014年3月1日起施行。

《企业名称登记管理规定》：1991年5月6日经国务院批准、1991年7月22日国家工商行政管理局令第七号发布，根据2012年11月9日中华人民共和国国务院令第628号公布自2013年1月1日起施行的《国务院关于修改和废止部分行政法规的决定》修正。

一、《公司法》的适用范围

我国《公司法》的适用范围是依法在中国境内设立的有限责任公司和股份有限公司；外商投资的有限责任公司和股份有限公司也适用《公司法》，有关外商投资的法律另有规定的，适用其规定。

二、公司的基本特征和类型

（一）公司的特征

公司是依法设立的具有独立的法人财产，享有法人财产权，并以其全部财产对公司的债务承担责任的企业法人。

公司的基本特征是：

（1）公司具有法人资格。公司有独立的法人财产，使公司财产与公司成员的个人财产区别开来，从而使公司能够以自己的名义独立地从事民事活动，享有民事权利和履行民事义务。

（2）公司独立承担民事责任，公司以其全部财产对公司的债务承担有限责任。

（3）公司以营利为目的，追求利润最大化是公司经营管理的出发点。由于公司逐步成为现代社会中占主导地位的商事主体，公司的行为不仅关系其自身及利害关系人的利益，也对市场经济秩序和社会公共利益发挥着重要的影响。因此，《公司法》明确了公司在从事经营活动追逐利润的同时，要承担社会责任。

（4）股东对公司债务负有限责任。有限责任公司的股东以其认缴的出资额为限对公司承担责任；股份有限公司的股东以其认购的股份为限对公司承担责任。

《公司法》确立的公司法人地位和股东有限责任制度，是市场经济的基石。

案例解读

【案情概述】被告阎某是原告佛山某减速机有限公司的大股东，但被告不在原告公司担任任何职务。因原告公司属转制企业，遗留问题颇多，引起股东间纠纷。2007年1月，被告纠集社会闲杂人员十多人到原告公司闹事，强行拿走了公司的公章及财务专用章。当日，被告于原告公司大门口张贴有其亲笔签名的通知，凡公司一切事情须经被告同意，需要盖章的直接找被告。同年3月，被告再次纠集社会闲杂人员到原告公司抢走了公司总经理用车的车钥匙一套。原告经请示政府相关部门协调无果后，起诉至法院。

【处理结果】本案经佛山市两级法院审理，认定被告的行为构成对原告公司的侵权；被告应返还拿走的公章及财务专用章，并赔偿原告经济损失（包括原告重新刻章的费用、公告费用、汽车换锁费用等）。

【解读意见】股东一旦把自己的财产投入公司，所投入的资产就与股东发生分离，形成公司的财产，公司就享有股东投资形成的全部法人财产权，股东丧失财产权取得的是对公司的股权。

（资料来源：华律网）

（二）公司的类型

1. 有限责任公司和股份有限公司

《公司法》第二条明确规定："本法所称公司是指依照本法在中国境内设立的有限责任公司和股份有限公司。"

有限责任公司，也称有限公司，是指由50个以下股东共同出资设立，股东以出资额为限对公司承担责任，公司以其全部资产对其债务承担责任的公司。

除一般有限责任公司外，我国还有两种特殊形式的有限责任公司，即一人有限责任公司和国有独资公司。国有独资公司，是指国家单独出资、由国务院或者地方人民政府授权本级人民政府国有资产监督管理机构履行出资人职责的有限责任公司。

股份有限公司是指将全部资本划分为等额股份，股东以其认购的股份为限对公司承担责任，公司以全部财产对公司债务承担责任的法人。

进一步而言，有限责任公司相对封闭，即有限责任公司的股份不公开发行；股份转让受到一定的限制；股东人数受到一定限制，因而公司成员相对稳定。而股份有限公司具有开放性，发行股票，实行股份等额化，并允许股份自由转让；公司信用基础主要是资本，对股东人数、股东身份没有限制，因而能够广集资金，扩大规模。

2. 本公司与分公司

本公司在实践中常常被称为总公司，是指一个公司法人的总机构，而分公司则是本公司管辖之下的法人的分支机构，不具有法人资格。分公司的财产属于本公司所有，经营所得也归属于本公司，分公司可以在本公司授权范围内以自己的名义进行业务活动，也可以代表本公司进行诉讼，但其民事责任由本公司承担。设立分公司，应当向公司登记机关申请登记，领取营业执照。

3. 母公司与子公司

当一个公司通过持有其他公司的相对多数股份或者通过协议的方式，能够对其进行实际上控制时，前者为母公司，后者为子公司。子公司具有法人资格，依法独立承担民事责任。

4. 本国公司与外国公司

本国公司，是指依照中国法律在中国境内登记成立的公司。外国公司，是指依照外国法律在中国境外登记成立的公司。

5. 人合公司、资合公司、人合兼资合公司

人合公司是指公司的设立和经营活动是以股东个人的信用为基础的公司。资合公司是指公司的设立和经营活动是以资本为基础的公司。上市公司是典型的资合公司。有限责任公司体现更多的人合性，股份有限公司体现更多的资合性。人合兼资合公司指信用基础兼具股东个人信用及公司资本和资产信用的公司，公司既有人合性质又有资合性质。

课堂讨论

【材料】2011 年，李某、王某与孙某三人各出资 50 万元成立 L 电器有限公司。至 2014 年，因经营不善，L 电器有限公司宣告破产。经清算，公司剩余资产价值 31 万元，而拖欠外部债务总计已达 98.2 万元。债权人向法院请求判令李某等三人承担剩余债务。

【问题】法院会支持原告的诉求吗？

三、公司的名称、住所和法定代表人

（一）公司的名称

1. 预先核准公司名称

设立公司应当申请名称预先核准。法律、行政法规规定设立公司必须报经批准，或者公司经营范围中属于法律、行政法规规定在登记前须经批准的项目的，应当在报送批准前办理公司名称预先核准，并以公司登记机关核准的公司名称报送批准。

设立有限责任公司，应当由全体股东指定的代表或者共同委托的代理人向公司登记机关申请名称预先核准；设立股份有限公司，应当由全体发起人指定的代表或者共同委托的代理人向公司登记机关申请名称预先核准。预先核准的公司名称保留期为 6 个月。预先核准的公司名称在保留期内，不得用于从事经营活动，不得转让。

2. 公司名称的组成

一个公司只能有一个名称。

有限责任公司，必须在公司名称中标明有限责任公司或者有限公司字样。股份有限公司，必须在公司名称中标明股份有限公司或者股份公司字样。

公司的名称一般依次由以下四个部分组成：行政区划、商号（字号）、行业、组织形式。公司名称冠以或中间使用“中国”、“中华”、“全国”、“国家”、“国际”等字样，都必须由国家工商行政管理总局负责核准。公司名称应当使用符合国家规范的汉字，不得使用外国文字、汉语拼音字母、阿拉伯数字。

（二）公司的住所

公司以其主要办事机构所在地为住所。公司的住所以公司的登记为依据。

公司的住所的法律效用主要有：据以确定公司的诉讼管辖地；公司的诉讼文书等法律文书的送达地；在一定情况下确定合同履行地。

（三）公司法定代表人

依照公司章程的规定，公司法定代表人由董事长、执行董事或者经理担任，并依法登记。公司法定代表人变更，应当办理变更登记。

四、公司章程

公司章程是依法制定的关于公司组织和行为的自治规范。

（一）公司章程的基本特征

（1）法定性。所谓法定性是指公司章程的制定、内容、效力和修改均由《公司法》明确规定。公司章程的法定性，反映了国家对于公司治理行为的干预。

（2）自治性。自治性主要表现在：不同公司则章程不同。每个公司都可以在《公司法》允许的范围内，针对本公司的成立目的、所处行业、股东构成、资本规模、股权结构等不同情况来制定本公司的章程。公司章程的自治性，强调了公司章程的对内效力。

（3）公开性。公司章程须经登记本身就是公开性的一种表现。公开性主要是对股份有限公司而言。公司章程的内容不仅要对投资人公开，还要对包括债权人在内的一般社会公众公开。公司章程也是公司公开发行股票或者公司债券时必须披露的文件之一。另外，股东在公司日常经营过程中有权查阅公司章程，公司也应该将章程置备于公司。

（二）公司章程的效力

（1）公司章程对公司、股东、董事、监事、高级管理人员具有约束力。

（2）公司章程是公司进行经营、议事等活动的基本依据。

五、公司财务会计

（一）建立财务会计制度

公司应当依照法律、行政法规和国务院财政部门的规定建立本公司的财务、会计制度。

公司应当在每一会计年度终了时编制财务会计报告，并依法经会计师事务所审计。

财务会计报告应当依照法律、行政法规和国务院财政部门的规定制作。

有限责任公司应当依照公司章程规定的期限将财务会计报告送交各股东。股份有限公司的财务会计报告应当在召开股东大会年会的20日前置备于本公司，供股东查阅；公开发行股票的股份有限公司必须公告其财务会计报告。

公司聘用、解聘承办公司审计业务的会计师事务所，依照公司章程的规定，由股东会、股东大会或者董事会决定。

公司股东会、股东大会或者董事会就解聘会计师事务所进行表决时，应当允许会计师事务所陈述意见。

公司应当向聘用的会计师事务所提供真实、完整的会计凭证、会计账簿、财务会计报告及其他会计资料，不得拒绝、隐匿、谎报。

公司除法定的会计账簿外，不得另立会计账簿。

对于公司资产，不得以任何个人名义开立账户存储。

（二）公司的收益分配制度

1. 公司的收益分配顺序

（1）公司提取公积金

公司分配当年税后利润时，应当提取利润的10%列入公司法定公积金。公司法定公积金累计额为公司注册资本的50%以上的，可以不再提取。

公司的法定公积金不足以弥补以前年度亏损的，在依照上述规定提取法定公积金之前，应当先用当年利润弥补亏损。

公司从税后利润中提取法定公积金后，经股东会或者股东大会决议，还可以从税后利润中提取任意公积金。

（2）股东分配利润

公司弥补亏损和提取公积金后所余税后利润，有限责任公司依照股东实缴的出资比例或者全体股东的约定分配；股份有限公司按照股东持有的股份比例分配，但股份有限公司章程规定不按持股比例分配的除外。

股东会、股东大会或者董事会违反上述规定，在公司弥补亏损和提取法定公积金之前向股东分配利润的，股东必须将违反规定分配的利润退还公司。

公司持有的本公司股份不得分配利润。

2. 公积金的用途

公司的公积金用于弥补公司的亏损、扩大公司生产经营或者转为增加公司资本。但是，资本公积金不得用于弥补公司的亏损。

股份有限公司以超过股票票面金额的发行价格发行股份所得的溢价款以及国务院财政部门规定列入资本公积金的其他收入，应当列为公司资本公积金。

法定公积金转为资本时，所留存的该项公积金不得少于转增前公司注册资本的25%。

六、公司应当维护职工的合法权益

（一）公司应当遵守《劳动法》、《工会法》等有关规定

公司应当与职工签订劳动合同，参加社会保险，加强劳动保护，实现安全生产。公司应当采用多种形式，加强公司职工的职业教育和岗位培训，提高职工素质。

公司应当为本公司工会提供必要的活动条件。公司工会代表职工就职工的劳动报酬、工作时间、福利、保险和劳动安全卫生等事项依法与公司签订集体合同。

在公司中，根据《中国共产党章程》的规定，设立中国共产党的组织，开展党的活动。公司应当为党组织的活动提供必要条件。

（二）公司实行职工民主管理

1. 职工代表大会是公司实行职工民主管理的重要形式

公司依照《宪法》和有关法律的规定，通过职工代表大会或者其他形式，实行民主管理。

公司研究决定改制以及经营方面的重大问题、制定重要的规章制度时，应当听取公司工会的意见，并通过职工代表大会或者其他形式听取职工的意见和建议。

2. 职工代表加入公司董事会或者监事会

两个以上的国有企业或者两个以上的其他国有投资主体投资设立的有限责任公司，其董事会成员中应当有公司职工代表；其他有限责任公司董事会成员中可以有公司职工代表。董事会中的职工代表由公司职工通过职工代表大会、职工大会或者其他形式民主选举产生。

国有独资公司的董事会成员中应当有公司职工代表。董事会成员中的职工代表由公司职工代表大会选举产生。

股份有限公司的董事会成员中可以有公司职工代表。董事会中的职工代表由公司职工通过职工代表大会、职工大会或者其他形式民主选举产生。

公司监事会应当包括股东代表和适当比例的公司职工代表，其中职工代表的比例不得低于1/3，具体比例由公司章程规定。监事会中的职工代表由公司职工通过职工代表大会、职工大会或者其他形式民主选举产生。

讨论提示

股东以出资额为限对公司承担责任，公司以其全部资产对其债务承担责任。

能力测试

1. 依照我国《公司法》的规定，某股份有限公司在发行股票时以超过股票票面金额的发行价格发行，则该股票发行所得的溢价款，应当列为公司财产的哪一部分？（ ）

A. 利润　　B. 资本公积金

C. 盈余公积金　　D. 法定公益金

2. 依照我国《公司法》，公司的住所应当是（ ）。

A. 总公司所在地　　B. 主要股东住所地

C. 主要办事机构所在地　　D. 公司设立发起地

3. 下列关于分公司和子公司的说法中，正确的选项是：（ ）。

A. 分公司可以自己的名义进行法律行为

B. 子公司只能在母公司的经营范围内进行经营活动

C. 分公司有独立的财产

D. 子公司的行为后果由母公司承担

4. N公司由甲、乙、丙3个股东组成，其中丙以一项专利出资。丙以专利出资后，自己仍继续使用该专利技术。下列哪一选项是正确的？（ ）

A. 乙认为既然丙可以继续使用，则自己和甲也可以使用

B. 甲认为丙如果继续使用该专利则需向N公司支付费用

C. 丙认为自己可在原使用范围内继续使用该专利

D. 丙认为甲和乙使用该项专利应取得自己的书面同意

5. 某公司注册资本为500万元，该公司年终召开董事会研究公司财务问题。在该董事会的决议内容中，下列哪一项是不合法的？（　　）

A. 鉴于公司历年的法定公积金已达300万元，决定本年度不再提取法定公积金

B. 鉴于公司连年盈利，决定本年度税后利润依公司章程全部由股东按持股比例分配

C. 为扩大生产，将该公司历年的法定公积金全部用于转增股本

D. 公司合法转增部分的股本由各股东按原持股比例无偿取得

6. 下列关于公司分类的哪一表述是错误的？（　　）

A. 一人公司是典型的人合公司

B. 上市公司是典型的资合公司

C. 非上市股份公司是资合为主兼具人合性质的公司

D. 有限责任公司是以人合为主兼具资合性质的公司

7. 关于法人制度中的有限责任的理解，下列哪一项是正确的？（　　）

A. 法人对其所负债务承担有限责任

B. 法人的工作人员对法人债务承担有限责任

C. 法人的出资人以出资为限对法人债务承担清偿责任

D. 法定代表人对法人债务承担有限责任

8. 子公司以自己的名义对外签订合同，其效力（　　）。

A. 有效，其责任由子公司独立承担，母公司负连带责任

B. 无效，因为子公司不具有法人地位

C. 有效，其责任由母公司承担

D. 有效，其责任由子公司独立承担

9. 关于公司名称、章程、住所、经营范围等的陈述，以下说法正确的是（　　）。

A. 有限责任公司必须在公司名称中标明“有限责任公司”的字样，股份有限公司必须在公司名称中标明“股份有限公司”的字样

B. 公司章程对公司所有员工都具有约束力

C. 甲公司在A市工商局登记设立，但其主要办事机构所在地是B市，则甲公司的住所地在B市

D. 某公司章程规定该公司经销塑胶产品，但该公司向一家网络公司销售电脑配件，则该公司与网络公司的销售合同无效

10. 李某与合伙企业“D采石场”各出资30万元组建了D贸易有限责任公司，经营建筑材料，聘请营销专家王某担任经理。这里谁负“有限责任”？（　　）

A. “D采石场”对合伙企业债务

B. D贸易有限责任公司对公司所负债务

C. 李某和“D采石场”对D贸易有限责任公司债务

D. 王某对D贸易有限责任公司债务

11. 甲、乙、丙、丁拟共同组建一有限责任公司，以商品批发为主。甲、乙、丙、丁分别为未来的公司取一个名称，其中可以采用的是？（　　）

A. 南京大地商贸公司

B. 南京888商品贸易有限责任公司

C. 中国南京商品贸易国际发展有限责任公司

D. 南京汇通商品贸易有限责任公司

12. 以下说法错误的是（　　）。

A. 董事会中的职工代表由董事长指定

B. 董事会中的职工代表由公司职工民主选举产生

C. 股份有限公司的董事会成员中可以没有公司职工代表

D. 国有独资公司的董事会成员中应当有公司职工代表

正确答案： 1. B　2. C　3. A　4. B　5. C　6. A　7. C　8. D　9. C　10. C　11. D　12. A

任务简析

1. 可选择的企业类型：成立个人独资企业；和他人成立合伙企业；和他人共同出资成立一般有限责任公司；成立一人有限责任公司。

2. 选择企业类型应当考虑的因素：不同类型的企业中投资人对企业债务承担的责任、企业的经营方式、资金情况等。

工作项目三 设立公司

工作任务5　制定公司章程

学习目标

探究知识：公司章程的内容、公司章程的制定与修改程序。

获取能力：能够审查公司章程是否合法，能够拟定公司章程，为公司治理奠定基础。

导入任务

2014年6月1日，H财务顾问有限公司对公司章程进行了修订，修订后的公司章程有以下内容：股东身份必须首先是员工身份；股东有下列行为之一时，必须全部转让其在公司的股份，由股东会强制取消其股东身份：（1）利用职权收受贿赂或者其他非法收入者；（2）私自动用公司资金或者将公司资金借贷给他人或者用本公司资产为个人债务提供担保者；（3）违反公司同业禁止约定者；（4）受公司除名处分者。

请审查这份公司章程，评析上述内容是否合法有效。

法律快递

《上市公司章程指引（2014年修订）》：由中国证券监督管理委员会于2014年10月20日公布，自公布之日起施行。

一、公司章程的内容

拟定公司章程的内容，首先要遵循合法性原则。这就要求：一是应当记载的事项不要遗漏；二是法律规定的强制性条款不要突破；三是依法对公司章程进行个性化设计，为公司自治预留适当的空间。

（一）公司章程应当载明的事项

1. 有限责任公司章程应当载明的事项

公司名称和住所；公司经营范围；公司注册资本；股东的姓名和名称；股东的出资方式、出资额和出资时间；公司的机构产生办法、职权、议事规则；公司法定代表人。

2. 股份有限公司章程中应当载明下列事项

公司名称和住所；公司经营范围；公司设立方式；公司股份总数、每股金额和注册资本；发起人的姓名或者名称、认购的股份数、出资方式和出资时间；董事会的组成、职权和议事规则；公司法定代表人；监事会的组成、职权和议事规则；公司利润分配方法；公司的解散事由与清算办法；公司的通知和公告办法。

（二）《公司法》不作具体规定由公司章程规定的内容

（1）公司的经营范围由公司章程规定。公司的经营范围用语应当参照国民经济行业分类标准。1999 年 12 月最高人民法院颁布的《关于适用〈中华人民共和国合同法〉若干问题的解释（一）》第十条规定，当事人超越经营范围订立合同，人民法院不因此认定合同无效。但违反国家限制经营、特许经营以及法律、行政法规禁止经营规定的除外。

（2）公司法定代表人依照公司章程的规定，由董事长、执行董事或者经理担任。

（3）公司向其他企业投资或者为他人提供担保，依照公司章程的规定，由董事会或者股东会、股东大会决议；公司章程对投资或者担保的总额及单项投资或者担保的数额有限额规定的，不得超过规定的限额。

（4）公司章程规定股东会定期会议的召开时间。

（5）董事会设董事长一人，可以设副董事长。董事长、副董事长的产生办法由公司章程规定。董事任期由公司章程规定，但每届任期不得超过 3 年。

（6）执行董事的职权由公司章程规定。

（7）监事会应当包括股东代表和适当比例的公司职工代表，其中职工代表的比例不得低于 1/3，具体比例由公司章程规定。国有独资公司监事会成员不得少于 5 人，其中职工代表的比例不得低于 1/3，具体比例由公司章程规定。

（8）公司聘用、解聘承办公司审计业务的会计师事务所，依照公司章程的规定，由股东会、股东大会或者董事会决定。有限责任公司章程可以对公司财务会计报告送交给股东的期限作出规定。

（9）公司章程规定营业期限或者公司自行解散事由。

（10）除公司的经理、副经理、财务负责人、上市公司董事会秘书外，公司章程还可以规定公司的其他人员是高级管理人员。

（三）允许公司章程的规定作为《公司法》规定事项的补充

（1）有关股东会、董事会、监事会或监事的职权，有关股东会、董事会、监事会的议事方式、表决程序，《公司法》在作出规定之后，分别用“公司章程规定的其他职权”、

“除本法有规定的外，由公司章程规定”做兜底。

(2) 有关在两个月内召开临时股东大会，除了《公司法》列举的情形外，还可以有“公司章程规定的其他情形”。

(四) 允许公司章程另行规定的内容

(1)《公司法》第四十一条规定“召开股东会会议，应当于会议召开十五日前通知全体股东；但是，公司章程另有规定或者全体股东另有约定的除外”。

(2)《公司法》第四十二条规定“股东会会议由股东按照出资比例行使表决权；但是，公司章程另有规定的除外”。

(3)《公司法》第七十五条规定“自然人股东死亡后，其合法继承人可以继承股东资格；但是，公司章程另有规定的除外”。

(4)《公司法》第四十九条第二款规定“公司章程对经理职权另有规定的，从其规定”。

(5)《公司法》第七十一条第四款规定“公司章程对股权转让另有规定的，从其规定”。

(6) 股东大会选举董事、监事，可以依照公司章程的规定或者股东大会的决议，实行累积投票制。

另外，《公司法》第三十四条规定“股东按照实缴的出资比例分取红利；公司新增资本时，股东有权优先按照实缴的出资比例认缴出资。但是，全体股东约定不按照出资比例分取红利或者不按照出资比例优先认缴出资的除外”。当然，全体股东约定不等于公司章程规定，但是全体股东的约定可以形成公司章程。

课堂讨论 1

【材料】 甲、乙、丙三家企业准备投资组建一新的有限责任公司。经协商，他们共同制定了公司章程。章程中有如下条款：(1) 甲、乙、丙分别按30%、40%、30%的比例出资；(2) 公司获得利润时，除依法提取各项基金外，甲、乙、丙分别按40%、30%、30%的比例进行利润分配；(3) 公司经理作为法定代表人，负责日常经营管理工作；(4) 公司存续期间，出资各方均可自由抽回投资，等等。

【问题】 上述章程中的条款，是否符合《公司法》？

二、公司章程的制定

(一) 公司章程的制定程序

1. 有限责任公司的公司章程制定

公司章程必须反映全体发起人的意志，经全体发起人一致同意，由全体发起人在公司章程上签名盖章。

一人有限公司的章程制定与一般有限责任公司的章程制定并没有本质上的区别，即章程反映股东的意志，并由股东签名盖章。

国有独资公司章程由国有资产监督管理机构制定，或者由董事会制定报国有资产监督管理机构批准。

2. 股份有限公司的公司章程制定

采取发起方式设立的股份公司章程必须反映全体发起人的意志，由全体发起人签名盖章；采用募集方式设立的股份公司章程经发起人制定后，必须经出席创立大会的认股人所持表决权过半数通过。

（二）公司章程的修改程序

（1）股东会对章程修改条款进行表决。有限责任公司修改公司章程，须经代表2/3以上表决权的股东通过；股份有限公司修改章程，须经出席股东大会的股东所持表决权的2/3以上通过。

（2）公司章程的修改涉及需要审批的事项时，报政府主管机关批准。如股份有限公司为增加注册资本而发行新股时，必须向国务院授权的部门或者省级人民政府申请批准；属于向社会公开募集的，须经国务院证券管理部门批准。

（3）章程的修改涉及需要登记事项的，报公司登记机关核准办理变更登记；未涉及需要登记事项，送公司登记机关备案。

（4）公司章程的修改涉及需要公告事项的，应依法进行公告。如公司发行新股募足股款后，必须依法定或公司章程规定的方式进行公告。

课堂讨论2

【材料】王某出资20万元，占注册资本的1%，系某公司原始股东。该公司于2014年3月召开股东会修改公司章程，经代表2/3以上表决权股东通过："公司注册资本中的权益可以而且只能转让给公司现有股东。除现有股东外，任何人不得受让公司股权。无论股东自愿出让还是被强制出让其股权的，受让人均只能是现有股东。股东要求转让股权但无任何现有股东愿意受让股权的，由公司回购，回购价格按回购日上一年度经审计机构审计确定的公司净资产计算。"王某参加了该次股东会会议，但拒绝在股东会决议及章程修改案上签字。2014年4月，王某向法院提起诉讼，要求确认股东会决议及章程修改案无效。

【问题】公司章程对股权转让作出的规定是否有效？

（三）根据公司的实际需要制定公司章程

公司章程要根据股东的持股比例、公司所处的行业特点、业务开展等情况而定。公司章程的内容不能简单照搬《公司法》的规定；一个公司也不可以完全照用其他公司的章程。否则，公司章程就不能发挥其应有的作用。例如，《公司法》第四十三条第二款规定："股东会会议作出修改公司章程、增加或减少注册资本的决议以及公司合并、分立、解散或者变更公司形式的决议，必须经代表2/3以上表决权的股东通过。"当某公司股东仅两名，且持股分别为52%、48%时，如果公司章程套用该条款就没什么意义。因为其实质上已变成了要求股东会一致同意决议通过。另外，在一个要求快速决策的行业内，公司的管理职权应当更多地授予公司经理等；而在一个需要谨慎行事的行业内，公司的管理职权则应更多地集中于股东会。在公司运行主要是依赖人力资源的情况下，股东的表决权与分红权应更多体现人的作用；在公司运行主要是依赖资金、设备的情况下，股东的表决权与分红权应更多体现资本的作用。诸如此类的情况，公司章程要有所体现，才能达到公司自治的目的。

案例解读

【案情概述】 根据工商登记的股东名册，李某系德州某机械有限责任公司的股东，出资数额为5万元，公司向其颁发了出资证明。李某是2007年5月从德州某机械有限责任公司离职的，并与该公司解除了劳动合同。2007年6月16日，公司召开股东会以83.9%的得票率表决同意修改公司章程，其中修改后的公司章程第9章第58条规定："股东因调离、辞职、被辞退、被开除、被除名而解除劳动合同的，其股权必须全部转让，转让价格为其原实际出资额，自解除合同之日起，3个月内办理股权转让手续，逾期不办理，不再分配股利。"

李某作为股东也参加了此次股东会，但投了弃权票，未在表决书上签字。他于2008年6月26日向该公司提出要求查阅、复制公司章程、股东会议记录、董事会议决议、监事会议决议和财务会计报告等文件资料时，公司以他现在就职于与公司有竞争业务关系的公司，不适宜查询上述文件资料为由，拒绝了他的要求。为此，李某以自己是合法股东为由诉至当地法院，要求享有股东权和分得公司红利。

【处理结果】 鉴于原告李某在与被告公司解除劳动合同之前仍是公司的股东，李某应享有此前的股份红利及逾期支付的利息，考虑其在庭审中未提供相关证据证明其所得红利的数额，故该请求无法支持，可待原告李某证据齐全时另行起诉。法院遂一审判决驳回了原告李某的诉讼请求。一审宣判后，李某不服，提出上诉。德州市中级人民法院作出终审判决，驳回辞职股东的上诉请求，维持原审判决。

【解读意见】 这是一起有限责任公司通过修订公司章程剥夺股东资格的典型纠纷案件。《公司法》规定："公司章程对股权转让另有规定的，从其规定。"根据该授权性条款，公司可以通过公司章程对股权转让作出规定。限定只有该公司的职工才能成为公司的股东，没有违反《公司法》及相关行政法规的强制性规定，并且公司章程对股东身份所作出的限制符合有限责任公司"人合性"的要求。李某已于2007年5月与被告公司解除了劳动合同，且李某辞职后又在与被告公司有竞争关系的企业中任职，这进一步说明李某不再具备成为被告公司股东的资格。根据修改后的公司章程规定，应认定原告李某丧失了被告公司的股东资格，李某应当按照公司章程规定办理股权转让手续。

（资料来源：华律网）

讨论提示1

《公司法》规定在公司存续期间，股东不得抽回出资。

讨论提示2

我国《公司法》第七十一条第四款规定“公司章程对股权转让另有规定的，从其规定”，该条规定旨在尊重公司自治，在维护公司的人合性质的前提下，允许公司章程对股权转让作出特别约定。

能力测试

1. 汪某与李某拟设立一注册资本为50万元的有限责任公司，其中汪某出资60%，李某出资40%．在他们拟订的公司章程中，下列哪项条款是不合法的？(　　)

A. 公司的法人代表由公司经理担任

B. 公司不设监事会，公司的监事由股东汪某担任

C. 公司利润在弥补上一年度亏损并提取公积金后，由股东平均分配

D. 公司经营期限届满前，股东不得要求解散公司

2. 甲、乙、丙成立一家科贸有限公司，约定公司注册资本50万元，甲、乙、丙各按20%、30%、50%的比例出资。甲、乙缴足了出资，丙仅实缴10万元。公司章程对于红利分配没有特别约定。当年年底公司进行分红。下列哪一说法是正确的？(　　)

A. 丙只能按30%的比例分红

B. 应按实缴注册资本40万元，由甲、乙、丙按各自的实际出资比例分红

C. 由于丙违反出资义务，其他股东可通过决议取消其当年分红资格

D. 丙有权按50%的比例分红，但应当承担未足额出资的违约责任

3. 王某向银行申请贷款，需要他人担保。陈某系甲有限公司的控股股东和董事长，是王某多年的好友。王某求助于陈某，希望得到甲公司的担保。甲公司章程规定，公司对外担保须经股东会决议。下列哪一选项是正确的？(　　)

A. 甲公司不能为王某提供担保，因为陈某不能向甲公司提供反担保

B. 甲公司不得为王某提供担保，因为《公司法》禁止公司为个人担保

C. 甲公司可以为王某提供担保，但须经股东会决议通过

D. 甲公司可以为王某提供担保，但陈某不得参加股东会表决

4. 股份有限公司的股东大会对修改公司章程进行表决时，应采用何种决议规则？(　　)

A. 以出席股东大会的股东2/3以上表决同意

B. 以出席股东大会的股东所持表决权的2/3以上通过

C. 以全体股东所持表决权的2/3以上通过

D. 以全体股东的2/3以上通过

5. 我国《公司法》规定，有限责任公司章程应当记载的事项有（　　）。

A. 利润分配和亏损分担的办法　　B. 公司经营范围

C. 公司的基本管理制度　　D. 公司章程的修订程序

6. 公司章程是公司必备的基本法律文件。关于有限责任公司章程的说法，正确的有（　　）。

A. 公司章程可以由全体股东共同制定

B. 公司经营范围由公司营业执照确定，公司章程无权规定

C. 公司章程修改，应由董事会表决通过

D. 公司章程变更后，须由发起人向工商行政管理机关申请办理变更登记

7. 公司章程对谁没有约束力？（　　）

A. 公司本身　　B. 股东　　C. 董事　　D. 公司的交易对象

8. 甲公司章程规定：董事长未经股东会授权，不得处置公司资产，也不得以公司名义签订非经营性合同。一日，董事长任某见王某开一辆新款宝马车，遂决定以自己乘坐的公司旧奔驰车与王某调换，并办理了车辆过户手续。对任某的换车行为，下列哪一种说法是正确的？（　　）

A. 违反公司章程处置公司资产，其行为无效

B. 违反公司章程从事非经营性交易，其行为无效

C. 并未违反公司章程，其行为有效

D. 无论是否违反公司章程，只要王某是善意取得，该行为就有效

9. 有限责任公司的股东会进行决议时对于公司章程的修改应当采用何种决议才能通过？（　　）

A. 以出席股东会的股东 2/3 以上表决同意

B. 以出席股东会的股东所持表决权的 2/3 以上通过

C. 以全体股东所持表决权的 2/3 以上通过

D. 以全体股东人数 2/3 以上通过

10. 以下关于公司章程说法不正确的是（　　）。

A. 有限责任公司的公司章程制定必须由全体发起人在公司章程上签名盖章

B. 国有独资公司章程由国有资产监督管理机构制定，或者由董事会制定报国有资产监督管理机构批准

C. 采取发起方式设立的股份公司章程必须由全体发起人签名盖章

D. 采用募集方式设立的股份公司章程必须由出席创立大会的认股人制定

正确答案： 1. D　2. B　3. C　4. B　5. B　6. A　7. D　8. D　9. C　10. D

任务简析

公司章程可以约定股东退出公司的条件。H 财务顾问有限公司章程中关于取消股东身份的规定，符合公司的整体利益，体现了有限公司的人合性特征，不违反《公司法》的禁止性规定。公司股东应当遵守法律、行政法规和公司章程，依法行使股东权利。

工作任务6　申办公司营业执照

学习目标

探究知识： 发起人、出资形式、发起设立、募集设立、创立大会、营业执照等。

获取能力： 能够完成关于有限责任公司出资、申请营业执照的任务。熟悉募集设立股份公司的程序，能够筹备以发起的方式设立股份有限公司。懂得公司创立大会的职权及发起人的责任，了解公司成立后的开业手续。

导入任务

小王告诉小李1元钱就可以开公司。1元钱真的可以开公司吗?

法律快递

《中华人民共和国公司登记管理条例》：1994年6月24日中华人民共和国国务院令第156号发布，根据2005年12月18日《国务院关于修改〈中华人民共和国公司登记管理条例〉的决定》修订，自2006年1月1日起施行。根据2014年2月19日《国务院关于废止和修改部分行政法规的决定》修订，自2014年3月1日起施行。

《最高人民法院关于适用〈中华人民共和国公司法〉若干问题的规定（三）》：2010年12月6日由最高人民法院审判委员会第1504次会议通过，自2011年2月16日施行。

一、公司设立与公司成立的含义

1. 公司设立

公司设立是指为成立公司而进行的一系列准备行为，包括制定公司章程、确定公司种类和名称、确定经营范围及资本总额、确定公司住所、缴付出资、申请登记等。

公司设立是公司成立的必要准备，成立公司是设立公司的目的，但并非设立公司的必然结果。

2. 公司成立

成立公司，应当依法向公司登记机关申请登记，符合《公司法》规定的设立条件的，由公司登记机关分别登记为有限责任公司或者股份有限公司，发给公司营业执照，公司营业执照的签发日期为公司成立日期。法律、行政法规规定设立公司必须报经批准的，应当在公司登记前依法办理批准手续。

公司营业执照应当载明公司的名称、住所、注册资本、经营范围、法定代表人姓名等事项。

3. 公司不依法登记的行政法律责任

《公司法》第二百一十条规定：未依法登记为有限责任公司或者股份有限公司，而冒用有限责任公司或者股份有限公司名义的，或者未依法登记为有限责任公司或者股份有限公司的分公司，而冒用有限责任公司或者股份有限公司的分公司名义的，由公司登记机关责令改正或者予以取缔，可以并处10万元以下的罚款。

公司登记事项发生变更时，未依法办理有关变更登记的，由公司登记机关责令限期登记；逾期不登记的，处以1万元以上10万元以下的罚款。

二、公司的设立条件

（一）有限责任公司的设立条件

（1）股东符合法定人数。有限责任公司由50个以下股东出资设立。

（2）有符合公司章程规定的全体股东认缴的出资额。

（3）股东共同制定公司章程。

（4）有公司名称，建立符合有限责任公司要求的组织机构。

（5）有公司住所。

有限责任公司的注册资本为在公司登记机关登记的全体股东认缴的出资额。法律、行政法规以及国务院决定对有限责任公司注册资本实缴、注册资本最低限额另有规定的，从其规定。例如，《城市房地产开发经营管理条例》第五条第一款规定：设立房地产开发企业，应当有100万元以上的注册资本。

股份有限公司在符合《公司法》规定的有限责任公司的条件时，可以变更为有限责任公司。公司变更前的债权、债务由变更后的公司承继。

（二）股份有限公司的设立条件

（1）发起人符合法定人数。设立股份有限公司，应当有2人以上200人以下为发起人，其中须有半数以上的发起人在中国境内有住所。

（2）符合公司章程规定的全体发起人认购的股本总额或者募集的实收股本总额。

（3）股份发行、筹办事项符合法律规定。

（4）发起人制定公司章程，采用募集方式设立的经创立大会通过。

（5）有公司名称，建立符合股份有限公司要求的组织机构。

（6）有公司住所。

法律、行政法规以及国务院决定对股份有限公司注册资本实缴、注册资本最低限额另有规定的，从其规定。例如，《保险法》第六十九条规定："设立保险公司，其注册资本的最低限额为人民币2亿元。国务院保险监督管理机构根据保险公司的业务范围、经营规模，可以调整其注册资本的最低限额，但不得低于本条第一款规定的限额。保险公司的注册资本必须为实缴货币资本。"

有限责任公司在符合《公司法》规定的股份有限公司的条件的情况下，可以变更为股份有限公司，变更为股份有限公司时，折合的实收股本总额不得高于公司净资产额。公司变更前的债权、债务由变更后的公司承继。

案例解读1

【案情概述】 甲与乙合伙在县城郊区开办了一家榨油厂，半年下来获利可观，次年便以10万元注册资金到工商管理机关以“C榨油厂”名称申请了工商登记，并取得了营业执照。1995年10月，甲与乙在未经批准登记的情况下，将原厂牌换成“C油业股份有限公司”的牌子，并以便于经营为由分别以“公司”董事长和总经理名义印制精美的名片，经营油桐子收购、榨油和销售业务。1996年2月，他们收下了外省一企业2万元定金后，由于行情变化未能按时交货，被对方告上法庭。

【处理结果】 法庭在审理中发现，他们的企业不具备公司法人的条件，也未经公司登记，实为两人合伙的非法人企业。法院在判令他们承担违约责任的同时，依法向工商机关提出司法建议。当地工商机关经调查，发现甲、乙冒用股份有限公司名称，便作出责令其改正，罚款1万元的处罚决定。

【解读意见】 公司企业与非法人企业在设立条件、承担债务清偿责任等许多方面有本质区别，擅自冒用公司名义，不仅妨碍社会经济秩序，而且容易损害债权人的合法权益。

（资料来源：找法网）

三、有限责任公司的股东出资

1. 出资形式

股东可以用货币出资，也可以用实物、知识产权、土地使用权等可以用货币估价并可以依法转让的非货币财产作价出资；股东不得以劳务、信用、自然人姓名、商誉、特许经营权或者设定担保的财产等作价出资。

对作为出资的非货币财产应当评估作价，核实财产，不得高估或者低估作价。法律、行政法规对评估作价有规定的，从其规定。

股东应当按期足额缴纳公司章程中规定的各自所认缴的出资额。股东以货币出资的，应当将货币出资足额存入有限责任公司在银行开设的账户；以非货币财产出资的，应当依法办理其财产权的转移手续。

2. 有关股东出资的民事责任

股东不按照规定缴纳出资的，除应当向公司足额缴纳外，还应当向已按期足额缴纳出资的股东承担违约责任。

有限责任公司成立后，发现作为设立公司出资的非货币财产的实际价额显著低于公司章程所定价额的，应当由交付该出资的股东补足其差额；公司设立时的其他股东承担连带责任。

3. 一人有限责任公司的特别设立规定

一人有限责任公司是指只有一个自然人股东或者一个法人股东的有限责任公司。一个自然人只能投资设立一个一人有限责任公司。该一人有限责任公司不能投资设立新的一人有限责任公司。一人有限责任公司应当在公司登记中注明自然人独资或者法人独资，并在公司营业执照中载明。

案例解读2

【案情概述】 洛阳市涧西区人民法院于2002年11月判决H实业公司偿还庞某借款本金10万元及相应利息，D非标准设备制造厂承担连带清偿责任。该判决生效后，被执行人均未履行付款义务。庞某于2003年1月向洛阳市涧西区人民法院申请强制执行。执行中，庞某向法院申请追加E有限公司为被执行人。

法院查明，H实业公司实际无财产可供执行；E有限公司是1998年7月成立的自然人出资有限责任公司，注册资金3000万元，H实业公司则是1998年8月成立的，由包括E有限公司在内的四个法人单位所组成的经济实体，注册资金也是3000万元，其中E有限公司在H实业公司成立时，以实物、土地使用权等方式出资2750万元。H实业公司和E有限公司同在一处办公，E有限公司出资的财产不仅未办理财产权的转移手续，而且仍用所出资的财产和自己的名义对外从事经营活动。

【处理结果】 执行法院裁定追加E有限公司为本案被执行人，由其在对H实业公司出资不到位的范围内对申请执行人庞某承担责任。裁定书送达后，执行法院从E有限公司账号扣划了全部执行款，使该案顺利执结。

【解读意见】（1）《公司法》规定，股东应当足额缴纳公司章程中规定的各自所认缴的出资额。《公司法》还规定，以实物、工业产权、非专利技术或者土地使用权出资的，应当依法办理其财产权的转移手续。本案E有限公司的行为，应认定为出资不实。（2）股东出资不实或者出资不到位，可以在执行程序中裁定追加该股东为被执行人。最高人民法院《关于人民法院执行工作若干问题的规定（试行）》第八十条规定："被执行人无财产清偿债务，如果其开办单位对其开办时投入的注册资金不实或抽逃注册资金，可以裁定变更或追加其开办单位为被执行人，在注册资金不实或抽逃注册资金的范围内，对申请执行人承担责任。"

（资料来源：河南省高级人民法院网）

课堂讨论

【材料】 L船运有限公司共7个股东，除股东甲外，其余股东都已足额出资。某次股东会上，6个股东一致表决同意因甲未实际缴付出资而不能参与当年公司利润分配。3个月后该公司船只燃油泄漏，造成沿海养殖户巨大损失，公司的全部资产不足以赔偿。甲向其他6个股东声明：自己未出资，也未参与分配，实际上不是股东，公司的债权债务与自己无关。

【问题】 下列哪些说法是正确的？（　　）

A. 甲虽然没有实际缴付出资，但不影响其股东地位

B. 其他股东决议不给甲分配当年公司利润符合《公司法》

C. 就公司财产不足清偿的债务部分，应由甲承担相应的责任，其他6个股东不承担责任

D. 甲的声明对内具有效力，但不能对抗善意第三人

四、有限责任公司的申请设立登记

（一）报送申请材料的人

股东认足公司章程规定的出资后，由全体股东指定的代表或者共同委托的代理人向公司登记机关报送公司登记申请书、公司章程等文件，申请设立登记。

（二）设立登记需要提交的材料

公司设立登记的法律依据是《公司法》和《公司登记管理条例》，普通有限责任公司设立登记需要提交的材料清单如下：

（1）公司登记（备案）申请书；

（2）指定代表或者共同委托代理人授权委托书及指定代表或委托代理人的身份证件复印件；

（3）全体股东签署的公司章程；

（4）股东的主体资格证明或者自然人身份证件复印件；

（5）董事、监事和经理的任职文件及身份证件复印件；

（6）法定代表人任职文件及身份证件复印件；

（7）住所使用证明；

（8）企业名称预先核准通知书；

（9）法律、行政法规和国务院决定规定设立有限责任公司必须报经批准的，提交有关的批准文件或者许可证书复印件。

五、股份有限公司的设立

（一）股份有限公司的设立方式

（1）发起设立，是指由发起人认购公司应发行的全部股份而设立公司。

（2）募集设立，是指由发起人认购公司应发行股份的一部分，其余股份向社会公开募集或者向特定对象募集而设立公司。

（二）公司筹办事务

公司筹办事务主要由发起人承担。发起人的出资方式与有限责任公司股东的出资方式相同。采取不同方式设立公司，筹办事务有所不同。

1. 采取发起方式设立公司的筹办事务

（1）以发起设立方式设立股份有限公司的，发起人应当书面认足公司章程规定其认购的股份，并按照公司章程规定缴纳出资。以非货币财产出资的，应当依法办理其财产权的转移手续。

股份有限公司采取发起设立方式设立的，注册资本为在公司登记机关登记的全体发起人认购的股本总额。在发起人认购的股份缴足前，不得向他人募集股份。

（2）发起人认足公司章程规定的出资后，应当选举董事会和监事会，由董事会向公司登记机关报送公司章程以及法律、行政法规规定的其他文件，申请设立登记。

2. 采取募集方式设立公司的筹办事务

（1）发起人认购股份。股份有限公司采取募集方式设立的，注册资本为在公司登记机关登记的实收股本总额。发起人认购的股份不得少于公司股份总数的35%；但是，法律、行政法规另有规定的，从其规定。

（2）公告招股说明书，并制作认股书。发起人向社会公开募集股份，必须公告招股说明书，并制作认股书。招股说明书应当载明下列事项：发起人认购的股份数；每股的票面金额和发行价格；无记名股票的发行总数；募集资金的用途；认股人的权利、义务；本次募股的起止期限及逾期未募足时认股人可以撤回所认股份的说明。招股说明书还应当附有发起人制定的公司章程。认股书应当载明与依法设立的证券公司签订的承销协议，由认股人填写认购股份数、金额、住所，并签名、盖章。认股人应当按照所认购股数缴纳股款。

（3）发起人向社会公开募集股份，应当与依法设立的证券公司签订承销协议；应当同银行签订代收股款协议。

（4）发行股份的股款缴足后，必须经依法设立的验资机构验资并出具证明。

（5）召开公司创立大会。发起人应当自股款缴足之日起30日内主持召开公司创立大会。发起人应当在创立大会召开15日前将会议日期通知各认股人或者予以公告。创立大会应有代表股份总数过半数的发起人、认股人出席，方可举行。

创立大会行使下列职权：审议发起人关于公司筹办情况的报告；通过公司章程；选举董事会成员；选举监事会成员；对公司的设立费用进行审核；对发起人用于抵作股款的财产的作价进行审核；发生不可抗力或者经营条件发生重大变化直接影响公司设立的，可以作出不设立公司的决议。

创立大会对上述所列事项作出决议，必须经出席会议的认股人所持表决权过半数通过。

（6）董事会报送申请文件。以募集方式设立股份有限公司公开发行股票的，还应当向公司登记机关报送国务院证券监督管理机构的核准文件。董事会应于创立大会结束后30日内，向公司登记机关报送下列文件，申请设立登记：公司登记申请书；创立大会的会议记录；公司章程；验资证明；法定代表人、董事、监事的任职文件及其身份证明；发起人的法人资格证明或者自然人身份证明；公司住所证明。

（三）发起人应当承担的筹办公司事务责任

（1）发起人不依照规定缴纳出资的，应当按照发起人协议承担违约责任。

（2）股份有限公司成立后，发起人未按照公司章程的规定缴足出资的，应当补缴；其他发起人承担连带责任。股份有限公司成立后，发现作为设立公司出资的非货币财产的实际价额显著低于公司章程所定价额的，应当由交付该出资的发起人补足其差额；其他发起人承担连带责任。

（3）公司不能成立时，发起人对设立行为所产生的债务和费用负连带责任；公司不能成立时，发起人对认股人已缴纳的股款，负返还股款并加算银行同期存款利息的连带责任。

（4）在公司设立过程中，发起人的过失致使公司利益受到损害的，应当对公司承担赔偿责任。

六、暂不实行注册资本认缴登记制的行业

国务院制定的《注册资本登记制度改革方案》自2014年3月1日实施。该方案规定，以下行业暂不实行注册资本认缴登记制：采取募集方式设立的股份有限公司、商业银行、金融资产管理公司、信托公司、财务公司、金融租赁公司、汽车金融公司、消费金融公司、货币经纪公司、村镇银行、贷款公司、农村信用合作联社、农村资金互助社、证券公司、期货公司、基金管理公司、保险公司、保险专业代理机构及保险经纪人、直销企业、对外劳务合作企业、融资性担保公司、劳务派遣企业、典当行、保险资产管理公司、小额贷款公司等。

七、公司开业

（一）公司成立后的开业手续

（1）持公司营业执照、公司法人代表身份证到当地公安部门备案，刻制公司的公章，财务铜质章，公司法人代表人名章，合同专用章。

（2）持公司营业执照原件、复印件和指定代表或委托代理人登记表到当地质量技术监督局办理组织机构代码证。

（3）持营业执照原件、身份证、组织机构代码证、公司公章、财务章、法人代表私章，去银行开立基本账号，办理开户许可证。

（4）公司成立30日内持营业执照原件、组织机构代码证、公司公章、财务章、法人代表私章，公司会计的身份证和会计资格证到当地税务部门办理税务登记。

（二）开业责任

《公司法》第二百一十一条规定：公司成立后无正当理由超过6个月未开业的，或者开业后自行停业连续6个月以上的，可以由公司登记机关吊销营业执照。

讨论提示

正确答案：ABC

理由：《公司法》第二十八条规定：“股东应当按期足额缴纳公司章程中规定的各自所认缴的出资额。股东以货币出资的，应当将货币出资足额存入有限责任公司在银行开设的账户；以非货币财产出资的，应当依法办理其财产权的转移手续。股东不按照前款规定缴纳出资的，除应当向公司足额缴纳外，还应当向已按期足额缴纳出资的股东承担违约责

任。”依照该条规定，股东没有实际履行出资义务的，不影响其股东地位，选项A的说法是正确的。《公司法》第三十四条规定：“股东按照实缴的出资比例分取红利；公司新增资本时，股东有权优先按照实缴的出资比例认缴出资。但是，全体股东约定不按照出资比例分取红利或者不按照出资比例优先认缴出资的除外。”本案中股东之间没有特别约定，所以按照实缴的出资比例分配利润，因为甲没有实缴出资，所以无利润可以分配，选项B的说法是正确的。因为公司股东对公司债务承担有限责任，所以在公司全部资产不足以清偿全部债务的时候，足额交纳出资的股东不再承担责任，但是，甲因为没有缴纳出资，所以应该在自己应该缴纳的出资范围内承担公司债务，而且要对其他股东承担违约责任，选项C的说法是正确的，选项D的说法是错误的。

能力测试

1. 甲、乙、丙三人共同成立了一有限责任公司，其中甲以非专利技术出资，乙、丙则以现金出资。公司成立后，丁经全体股东同意成为新的投资人。但不久发现甲出资的非专利技术的实际价额显著低于公司章程所定价额，此时应（　　）。

A. 重新估价并重新确定出资额

B. 取消甲的股东资格，其不足部分由乙、丙、丁三人分担

C. 由甲补足出资，乙、丙二人对此承担连带责任

D. 由甲补足出资，乙、丙、丁三人对此承担连带责任

2. 在股份有限公司的设立中，关于发起人应当承担责任的说法不正确的是（　　）。

A. 公司不能成立时，发起人对设立行为所产生的债务和费用负连带责任

B. 公司成立后，发起人对公司在设立时的债务和费用承担相应的责任

C. 公司不能成立时，对认股人已缴纳的股款，负返还股款并加算银行同期存款利息的连带责任

D. 在公司设立过程中，发起人的过失致使公司利益受到损害的，应当对公司承担赔偿责任

3. 设立股份有限公司，在中国境内有住所的发起人应占发起人总数的（　　）以上。

A. 1/4　　B. 1/3　　C. 2/3　　D. 半数

4. 关于股份有限公司创立大会，说法错误的是（　　）。

A. 发起人应当在创立大会召开15日前将会议日期通知各认股人或者予以公告

B. 创立大会应有代表股份总数过半数的发起人、认股人出席，方可举行

C. 创立大会审议发起人关于公司筹办情况的报告后，对报告所列事项作出决议，必须经全体认股人所持表决权过半数通过

D. 发起人、认股人缴纳股款或者交付抵作股款的出资后，除未按期募足股份、发起人未按期召开创立大会或者创立大会决议不设立公司的情形外，不得抽回其股本

5. 股份有限公司创立大会必须有（　　），方可举行。

A. 全体发起人出席

B. 全体认股人出席

C. 代表股份总数过半数的发起人、认股人出席

D. 发起人、认股人出席人数占总人数2/3以上

6. 下列哪项不属于股份有限公司创立大会的职权？（　）

A. 选举董事会成员　　B. 选举监事会成员

C. 决定公司内部管理机构的设置　　D. 对公司的设立费用进行审核

7. 甲、乙二公司与刘某、王某欲共同设立一注册资本为220万元的有限责任公司，他们在拟订公司章程时约定以下出资方式。下列哪项出资是合法的？（　）

A. 甲公司以其企业商誉评估作价80万元出资

B. 乙公司以其获得的某知名品牌特许经营权评估作价60万元出资

C. 刘某以估价20万元的机器出资

D. 王某以其设定了抵押担保的房屋评估作价60万元出资

8. 甲、乙二公司拟募集设立一股份有限公司。他们在获准向社会募股后实施的下列哪些行为是合法的？（　）

A. 其认股书上记载：认股人一旦认购股份就不得撤回

B. 与某银行签订承销股份和代收股款协议，由该银行代售股份和代收股款

C. 在招股说明书上告知：公司章程由认股人在创立大会上共同制定

D. 在招股说明书上告知：股款募足后将在30日内召开创立大会

9. 关于一人公司，以下说法正确的有（　）。

A. 只有一个自然人股东

B. 可以在公司登记中注明公司是一人公司，也可以在营业执照中标明

C. 一人公司的财务会计报告，必须经过会计师事务所依法进行审计

D. 一个自然人最多只能设立两个一人有限责任公司

10. 在下列哪种情形下，发起人、认股人不能抽回股本（　）？

A. 发起人未按期召开创立大会　　B. 创立大会决议不设立公司

C. 未按期募足股份　　D. 公司登记机关要求补充申请文件

正确答案：1. C　2. B　3. D　4. C　5. C　6. C　7. C　8. D　9. C　10. D

任务简析

1. 一元钱能注册开公司，但并非所有的公司都可以一元钱注册。股东应当按照公司章程缴纳出资。法律、行政法规以及国务院决定对公司注册资本实缴、注册资本最低限额另有规定的，从其规定。

2. 注册资本在一定程度上代表了公司的资产状况和承担责任能力。特别是在公司成立之初，股东出资是公司的全部财产，其缴付的出资应当能够承担公司成立和启动生产经营活动的必要费用。

3. 虽然一元钱能注册开公司，但是从实际操作来说，这么做的人很少。2014年9月16日《扬子晚报》报道：截至2014年8月底，全国新登记1元企业累计516家，10亿元以上企业550家。

工作项目四　公司治理

工作任务7　股东会、董事会、监事会行使职权

学习目标

探究知识：股东会、董事会、监事会的组成和职权，股东会、董事会、监事会的会议决议的效力，董事、监事和高管人员的任职资格与义务等。

获取能力：能够构建公司的组织机构，依法治理公司和组织公司的运行。

导入任务

股份有限公司召开董事会临时会议，出席这次会议的有刘某等5位董事，公司全体7位董事中有2人未出席。董事会临时会议一致通过了召开临时股东大会的事项。之后，在公司召开的临时股东大会上，经出席会议的股东所持表决权的80%表决通过公司增加注册资本、更换全部监事、更换公司经理的决议。问：

1. 临时董事会的召开符合法定人数吗？
2. 董事会作出的召开临时股东会议的决议是否合法？
3. 临时股东大会作出的决议是否都合法？

法律快递

《中华人民共和国公司法》：1993年12月29日由第八届全国人民代表大会常务委员会第五次会议通过，自1994年7月1日起施行；2005年10月27日由第十届全国人民代表大会常务委员会第十八次会议修订通过，自2006年1月1日起施行；2013年12月28日，第十二届全国人民代表大会常务委员会第六次会议决定，对《中华人民共和国公司法》作出12处修改，自2014年3月1日起施行。

公司治理，是指适应公司的产权结构，以出资者与经营者分离、整合为基础，规范股东（大）会、董事会（执行董事）及经理、监事会（监事）相互之间权力、利益、责任关系的制度安排。

一、股东（大）会

（一）有限责任公司的股东会

1. 股东会的组成和职权

有限责任公司股东会由全体股东组成。

股东会是公司的权力机构。股东会行使下列职权：

决定公司的经营方针和投资计划；选举和更换非由职工代表担任的董事、监事，决定有关董事、监事的报酬事项；审议批准董事会的报告；审议批准监事会或者监事的报告；审议批准公司的年度财务预算方案、决算方案；审议批准公司的利润分配方案和弥补亏损方案；对公司增加或者减少注册资本作出决议；对发行公司债券作出决议；对公司合并、分立、解散、清算或者变更公司形式作出决议；修改公司章程；公司章程规定的其他职权。

对上述事项股东以书面形式一致表示同意的，可以不召开股东会会议，直接作出决定，并由全体股东在决定文件上签名、盖章。

一人有限责任公司不设股东会。股东作出公司的经营方针和投资计划决定时，应当采用书面形式，并由股东签名后置备于公司。

国有独资公司不设股东会，由国有资产监督管理机构行使股东会职权。重要的国有独资公司合并、分立、解散、申请破产的，应当由国有资产监督管理机构审核后，报本级人民政府批准。所谓重要的国有独资公司，按照国务院的规定确定。

2. 股东会会议的召开

股东会会议分为定期会议和临时会议。

定期会议应当依照公司章程的规定按时召开。代表 1/10 以上表决权的股东，1/3 以上的董事，监事会或者不设监事会的公司的监事提议召开临时会议的，应当召开临时会议。

除首次股东会会议由出资最多的股东召集和主持外，有限责任公司设立董事会的，股东会会议由董事会召集，董事长主持；董事长不能履行职务或者不履行职务的，由副董事长主持；副董事长不能履行职务或者不履行职务的，由半数以上董事共同推举一名董事主持。有限责任公司不设董事会的，股东会会议由执行董事召集和主持。董事会或者执行董事不能履行或者不履行召集股东会会议职责的，由监事会或者不设监事会的公司的监事召集和主持；监事会或者监事不召集和主持的，代表 1/10 以上表决权的股东可以自行召集和主持。

召开股东会会议，应当于会议召开 15 日前通知全体股东；但是，公司章程另有规定或者全体股东另有约定的除外。

股东会应当对所议事项的决定作成会议记录，出席会议的股东应当在会议记录上签名。

3. 股东会的议事和表决

股东会会议由股东按照出资比例行使表决权；但是，公司章程另有规定的除外。

股东会的议事方式和表决程序，除《公司法》另有规定外，由公司章程规定。

股东会会议作出修改公司章程、增加或者减少注册资本的决议以及公司合并、分立、解散或者变更公司形式的决议，必须经代表2/3以上表决权的股东通过。

（二）股份有限公司的股东大会

1. 股东大会的组成和职权

股份有限公司股东大会由全体股东组成。股东大会是公司的权力机构。

关于有限责任公司股东会职权的规定，适用于股份有限公司股东大会。

2. 股东大会的召开

（1）定期会议和临时会议

股东大会会议分为定期会议和临时会议。

股东大会应当每年召开一次年会。

有下列情形之一的，应当在两个月内召开临时股东大会：董事人数不足规定人数的2/3时；公司未弥补的亏损达实收股本总额1/3时；单独或者合计持有公司10%以上股份的股东请求时；董事会认为必要时；监事会提议召开时；公司章程规定的其他情形。

（2）会议的召集与主持

股东大会会议由董事会召集，董事长主持；董事长不能履行职务或者不履行职务的，由副董事长主持；副董事长不能履行职务或者不履行职务的，由半数以上董事共同推举一名董事主持。董事会不能履行或者不履行召集股东大会会议职责的，监事会应当及时召集和主持；监事会不召集和主持的，连续90日以上单独或者合计持有公司10%以上股份的股东可以自行召集和主持。

公司转让、受让重大资产或者对外提供担保等事项必须经股东大会作出决议的，董事会应当及时召集股东大会会议，由股东大会就上述事项进行表决。

（3）会议通知与会议记录

召开股东大会会议，应当将会议召开的时间、地点和审议的事项于会议召开20日前通知各股东；临时股东大会应当于会议召开15日前通知各股东；发行无记名股票的，应当于会议召开30日前公告会议召开的时间、地点和审议事项。

股东大会不得对通知中未列明的事项作出决议。

无记名股票持有人出席股东大会会议的，应当于会议召开5日前至股东大会闭会时将股票交存于公司。

股东大会应当对所议事项的决定作成会议记录，主持人、出席会议的董事应当在会议记录上签名。会议记录应当与出席股东的签名册及代理出席的委托书一并保存。

3. 股东大会的表决

股东出席股东大会会议，所持每一股份有一表决权。但是，公司持有的本公司股份没有表决权。股东可以委托代理人出席股东大会会议，代理人应当向公司提交股东授权委托书，并在授权范围内行使表决权。

股东大会选举董事、监事，可以依照公司章程的规定或者股东大会的决议，实行累积投票制。累积投票制，是指股东大会选举董事或者监事时，每一股份拥有与应选董事或者监事人数相同的表决权，股东拥有的表决权可以集中使用。

2002 年中国证监会出台的《上市公司治理准则》规定：控股股东控股比例在 30% 以上的上市公司，应当采用累积投票制。

股东大会作出决议，必须经出席会议的股东所持表决权过半数通过。但是，股东大会作出修改公司章程、增加或者减少注册资本的决议以及公司合并、分立、解散或者变更公司形式的决议，必须经出席会议的股东所持表决权的 2/3 以上通过。

上市公司在一年内购买、出售重大资产或者担保金额超过公司资产总额 30% 的，应当由股东大会作出决议，并经出席会议的股东所持表决权的 2/3 以上通过。

上市公司，是指其股票在证券交易所上市交易的股份有限公司。

二、董事会（执行董事）及经理

（一）有限责任公司的董事会（执行董事）及经理

1. 董事会的组成和职权

有限责任公司设董事会，其成员为 3 人至 13 人。董事会设董事长 1 人，可以设副董事长。董事长、副董事长的产生办法由公司章程规定。

股东人数较少或者规模较小的有限责任公司，可以设一名执行董事，不设董事会。

董事任期由公司章程规定，但每届任期不得超过 3 年。董事任期届满，连选可以连任。董事任期届满未及时改选，或者董事在任期内辞职导致董事会成员低于法定人数的，在改选出的董事就任前，原董事仍应当依照法律、行政法规和公司章程的规定，履行董事职务。

董事会对股东会负责，行使下列职权：召集股东会会议，并向股东会报告工作；执行股东会的决议；决定公司的经营计划和投资方案；制订公司的年度财务预算方案、决算方案；制订公司的利润分配方案和弥补亏损方案；制订公司增加或者减少注册资本以及发行公司债券的方案；制订公司合并、分立、解散或者变更公司形式的方案；决定公司内部管理机构的设置；决定聘任或者解聘公司经理及其报酬事项，并根据经理的提名决定聘任或者解聘公司副经理、财务负责人及其报酬事项；制定公司的基本管理制度；公司章程规定的其他职权。

执行董事的职权由公司章程规定。

2. 董事会会议

董事会会议由董事长召集和主持；董事长不能履行职务或者不履行职务的，由副董事长召集和主持；副董事长不能履行职务或者不履行职务的，由半数以上董事共同推举一名董事召集和主持。

董事会决议的表决，实行一人一票。

董事会的议事方式和表决程序，除《公司法》有规定的外，由公司章程规定。

董事会应当对所议事项的决定作成会议记录，出席会议的董事应当在会议记录上签名。

3. 国有独资公司的董事会

国有独资公司设立董事会，每届任期为3年。公司董事会成员为3人至9人，由国家授权投资的机构或者国家授权的部门按照董事会的任期委派或者更换。董事会成员中应当有公司职工代表。董事会中的职工代表由公司职工民主选举产生。董事会设董事长一人，可以视需要设副董事长；董事长、副董事长由国家授权投资的机构或者国家授权的部门从董事会的成员中指定。董事长为公司的法定代表人。

《公司法》关于有限责任公司董事会职权的规定，适用于国有独资公司的董事会。此外，国有资产监督管理机构可以授权公司董事会行使股东会的部分职权，决定公司的重大事项，但公司的合并、分立、解散、增加或者减少注册资本和发行公司债券，必须由国有资产监督管理机构决定。

4. 经理

有限责任公司可以设经理，由董事会决定聘任或者解聘。执行董事可以兼任公司经理。

经理对董事会负责，行使下列职权：主持公司的生产经营管理工作，组织实施董事会决议；组织实施公司年度经营计划和投资方案；拟订公司内部管理机构设置方案；拟订公司的基本管理制度；制定公司的具体规章；提请聘任或者解聘公司副经理、财务负责人；决定聘任或者解聘除应由董事会决定聘任或者解聘以外的负责管理人员；董事会授予的其他职权。

公司章程对经理职权另有规定的，从其规定。

经理列席董事会会议。

国有独资公司设经理，由董事会聘任或者解聘。经国有资产监督管理机构同意，董事会成员可以兼任经理。

《公司法》关于有限责任公司经理职权的规定，适用于国有独资公司经理。

（二）股份有限公司的董事会、经理

1. 董事会的组成和职权

股份有限公司设董事会，其成员为5人至19人。

《公司法》关于有限责任公司董事任期、董事会职权的规定，分别适用于股份有限公司董事、董事会。

董事会设董事长一人，可以设副董事长。董事长和副董事长由董事会以全体董事的过半数选举产生。

董事长召集和主持董事会会议，检查董事会决议的实施情况。副董事长协助董事长工作，董事长不能履行职务或者不履行职务的，由副董事长履行职务；副董事长不能履行职务或者不履行职务的，由半数以上董事共同推举一名董事履行职务。

上市公司设立独立董事，具体办法由国务院规定。

上市公司设董事会秘书，负责公司股东大会和董事会会议的筹备、文件保管以及公司股东资料的管理，办理信息披露事务等事宜。

2. 董事会会议

董事会每年度至少召开两次会议，每次会议应当于会议召开10日前通知全体董事和监事。

代表1/10以上表决权的股东、1/3以上董事或者监事会，可以提议召开董事会临时会议。董事长应当自接到提议后10日内，召集和主持董事会会议。董事会召开临时会议，可以另定召集董事会的通知方式和通知时限。

董事会会议应有过半数的董事出席方可举行。董事会作出决议，必须经全体董事的过半数通过。董事会决议的表决，实行一人一票。

董事会会议，应由董事本人出席；董事因故不能出席，可以书面委托其他董事代为出席，委托书中应载明授权范围。

董事会应当对会议所议事项的决定作成会议记录，出席会议的董事应当在会议记录上签名。

董事应当对董事会的决议承担责任。董事会的决议违反法律、行政法规或者公司章程、股东大会决议，致使公司遭受严重损失的，参与决议的董事对公司负赔偿责任。但经证明在表决时曾表明异议并记载于会议记录的，该董事可以免除责任。

3. 经理

股份有限公司设经理，由董事会决定聘任或者解聘。董事会可以决定由董事会成员兼任经理。

《公司法》关于有限责任公司经理职权的规定，适用于股份有限公司经理。

三、监事会（监事）

（一）有限责任公司的监事会（监事）

1. 监事会（监事）的组成和职权

有限责任公司设监事会，其成员不得少于3人。股东人数较少或者规模较小的有限责任公司，可以设1至2名监事，不设监事会。监事会应包括股东代表和适当比例的公司职工代表，其中职工代表的比例不得低于1/3，具体比例由公司章程规定。监事会中的职工代表由公司职工通过职工代表大会、职工大会或者其他形式民主选举产生。

监事会设主席1人，由全体监事过半数选举产生。

监事的任期每届为3年。监事任期届满，连选可以连任。

监事任期届满未及时改选，或者监事在任期内辞职导致监事会成员低于法定人数的，在改选出的监事就任前，原监事仍应当依照法律、行政法规和公司章程的规定，履行监事职务。

国有独资公司监事会成员不得少于5人，监事会成员由国有资产监督管理机构委派；但是，监事会成员中的职工代表由公司职工代表大会选举产生。监事会主席由国有资产监督管理机构从监事会成员中指定。

监事会、不设监事会的公司的监事行使下列职权：检查公司财务；对董事、高级管理人员执行公司职务的行为进行监督，对违反法律、行政法规、公司章程或者股东会决议的董事、高级管理人员提出罢免的建议；当董事、高级管理人员的行为损害公司的利益时，要求董事、高级管理人员予以纠正；提议召开临时股东会会议，在董事会不履行规定的召集和主持股东会会议职责时召集和主持股东会会议；向股东会会议提出提案；对董事、高级管理人员提起诉讼；公司章程规定的其他职权。

监事会、不设监事会的公司的监事行使职权所必需的费用，由公司承担。

监事可以列席董事会会议，并对董事会决议事项提出质询或者建议。

监事会、不设监事会的公司的监事发现公司经营情况异常，可以进行调查；必要时，可以聘请会计师事务所等协助其工作，费用由公司承担。

2. 监事会会议

监事会主席召集和主持监事会会议；监事会主席不能履行职务或者不履行职务的，由半数以上监事共同推举一名监事召集和主持监事会会议。

监事会每年度至少召开一次会议，监事可以提议召开临时监事会会议。

监事会的议事方式和表决程序，除《公司法》有规定的外，由公司章程规定。

监事会决议应当经半数以上监事通过。

监事会应当对所议事项的决定作成会议记录，出席会议的监事应当在会议记录上签名。

（二）股份有限公司的监事会

1. 监事会的组成和职权

股份有限公司设监事会，其成员不得少于3人。监事会应当包括股东代表和适当比例的公司职工代表，其中职工代表的比例不得低于1/3，具体比例由公司章程规定。监事会中的职工代表由公司职工通过职工代表大会、职工大会或者其他形式民主选举产生。监事会设主席一人，可以设副主席。监事会主席和副主席由全体监事过半数选举产生。

《公司法》关于有限责任公司监事任期、监事会职权的规定，分别适用于股份有限公司监事、监事会。

监事会行使职权所必需的费用，由公司承担。

2. 监事会会议

监事会每6个月至少召开一次会议。监事可以提议召开临时监事会会议。

监事会主席召集和主持监事会会议；监事会主席不能履行职务或者不履行职务的，由监事会副主席召集和主持监事会会议；监事会副主席不能履行职务或者不履行职务的，由半数以上监事共同推举一名监事召集和主持监事会会议。

监事会的议事方式和表决程序，除《公司法》有规定的外，由公司章程规定。

监事会决议应当经半数以上监事通过。

监事会应当对所议事项的决定作成会议记录，出席会议的监事应当在会议记录上签名。

四、股东会或者股东大会、董事会的决议的效力

公司股东会或者股东大会、董事会的决议内容违反法律、行政法规的无效。

股东会或者股东大会、董事会的会议召集程序、表决方式违反法律、行政法规或者公司章程，或者决议内容违反公司章程的，股东可以自决议作出之日起60日内，请求人民法院撤销。

股东依照规定提起诉讼的，人民法院可以应公司的请求，要求股东提供相应担保。

公司根据股东会或者股东大会、董事会决议已办理变更登记的，人民法院宣告该决议无效或者撤销该决议后，公司应当向公司登记机关申请撤销变更登记。

案例解读1

【案情概述】原告李某系被告L公司的股东，并担任总经理。L公司股权结构为：葛某持股40%，李某持股46%，王某持股14%。三位股东共同组成董事会，由葛某担任董事长，另两人为董事。公司章程规定：董事会行使包括聘任或者解聘公司经理等职权；董事会须由2/3以上的董事出席方才有效；董事会对所议事项作出的决定应由占全体股东2/3以上的董事表决通过方才有效。2009年7月18日，L公司董事长葛某召集并主持董事会，三位董事均出席，会议形成了“鉴于总经理李某不经董事会同意私自动用公司资金在二级市场炒股，造成巨大损失，现免去其总经理职务，即日生效”等内容的决议。该决议由葛某、王某及监事签名，李某未在该决议上签名。李某诉称：被告L公司免除其总经理职务的决议所依据的事实和理由不成立，且董事会的召集程序、表决方式及决议内容均违反了《公司法》的规定，请求法院依法撤销该董事会决议。

【处理结果】上海市黄浦区人民法院于2010年2月5日作出判决：撤销被告L公司于2009年7月18日形成的董事会决议。宣判后，L公司提出上诉。上海市第二中级人民法院于2010年6月4日作出判决：一、撤销上海市黄浦区人民法院的判决；二、驳回李某的诉讼请求。

【解读意见】人民法院在审理公司决议撤销纠纷案件中应当审查：会议召集程序、表决方式是否违反法律、行政法规或者公司章程以及决议内容是否违反公司章程。L公司的章程中并未规定董事会解聘公司经理必须有一定原因。法院应当尊重公司自治，无需审查L公司董事会解聘公司经理的理由是否成立。

（资料来源：最高人民法院第三批指导案例10号）

课堂讨论

【材料】汪某和胡某是母子。2010年2月，汪某与胡某共同出资成立了某公司，其中汪某出资100万元，占公司股份的20%，胡某出资400万元，占公司股份的80%，胡某为该公司的法定代表人并实际负责公司的经营管理，公司的注册登记事宜由汪某委托胡某办理。2011年12月，汪某在浏览工商局网站时发现该公司竟然已被整体转让给第三人何

某了，经调查得知，2011年11月，胡某代表自己与汪某分别和何某签订了两份股权转让协议，且在该公司召开股东会，讨论股权转让事宜，并形成股东会决议同意该股权转让。无奈之下，汪某向法院提起诉讼，要求法院判决确认公司于2011年11月作出的股东会决议无效。

在庭审中，该公司辩称，汪某和胡某是母亲和儿子的关系，两人共同居住生活，胡某已经代表公司通知汪某要召开该次公司股东会并研究股权转让事宜，胡某虽为口头通知，但母子之间实属正常，同时，基于母子之间的家事代理关系，胡某代表汪某的签字合法有效，如果胡某的代理行为导致汪某利益受损，汪某应另行起诉胡某，而不是起诉该公司。该公司要求法院驳回汪某的诉讼请求。

【问题】该公司关于股权转让的股东会决议是否有效？

（资料来源：每日商报，2012-11-11）

五、公司董事、监事、高级管理人员的资格和义务

（一）公司董事、监事、高级管理人员的任职资格的禁止性规定

《公司法》规定有下列情形之一的，不得担任公司的董事、监事、高级管理人员：

（1）无民事行为能力或者限制民事行为能力；

（2）因贪污、贿赂、侵占财产、挪用财产或者破坏社会主义市场经济秩序，被判处刑罚，执行期满未逾五年，或者因犯罪被剥夺政治权利，执行期满未逾五年；

（3）担任破产清算的公司、企业的董事或者厂长、经理，对该公司、企业的破产负有个人责任的，自该公司、企业破产清算完结之日起未逾三年；

（4）担任因违法被吊销营业执照、责令关闭的公司、企业的法定代表人，并负有个人责任的，自该公司、企业被吊销营业执照之日起未逾三年；

（5）个人所负数额较大的债务到期未清偿。

公司违反上述规定选举、委派董事、监事或者聘任高级管理人员的，该选举、委派或者聘任无效。

董事、监事、高级管理人员在任职期间出现无民事行为能力或者限制民事行为能力情形的，公司应当解除其职务。

董事、高级管理人员不得兼任监事。

国有独资公司的董事长、副董事长、董事、高级管理人员，未经国有资产监督管理机构同意，不得在其他有限责任公司、股份有限公司或者其他经济组织兼职。

《中华人民共和国公务员法》第五十三条规定：公务员不得“从事或者参与营利性活动，在企业或者其他营利性组织中兼任职务”。

（二）董事、监事、高级管理人员的义务和责任

（1）忠实义务和勤勉义务。董事、监事、高级管理人员应当遵守法律、行政法规和公司章程，对公司负有忠实义务和勤勉义务。董事、监事、高级管理人员不得利用职权收

受贿赂或者其他非法收入，不得侵占公司的财产。

董事、高级管理人员不得有下列行为：

①挪用公司资金；

②将公司资金以其个人名义或者以其他个人名义开立账户存储；

③违反公司章程的规定，未经股东会、股东大会或者董事会同意，将公司资金借贷给他人或者以公司财产为他人提供担保；

④违反公司章程的规定或者未经股东会、股东大会同意，与本公司订立合同或者进行交易；

⑤未经股东会或者股东大会同意，利用职务便利为自己或者他人谋取属于公司的商业机会，自营或者为他人经营与所任职公司同类的业务；

⑥接受他人与公司交易的佣金归为己有；

⑦擅自披露公司秘密；

⑧违反对公司忠实义务的其他行为。

董事、高级管理人员违反上述规定所得的收入应当归公司所有。

案例解读 2

【案情概述】 国美电器前董事会主席黄光裕及其妻子即国美电器前董事杜鹃，他们二人于 2008 年 1 月 22 日至 2008 年 2 月 5 日进行股份回购，以筹措现金向一家财务机构偿还一笔个人贷款。当时黄光裕让国美电器回购 1.36937 亿股由他个人持有的股份，这些股份相当于国美电器当次回购总数的约 70%。

【处理结果】 国美电器前董事会主席黄光裕及其妻子即国美电器前董事杜鹃与香港证监会达成协议，同意向国美电器赔偿 4.2 亿港元。香港证监会表示，此次赔偿完成后，证监会将搁置法律程序，并且不会再就该案件采取进一步行动。

【解读意见】 香港证监会认为，黄杜二人违反了对国美电器所负有的董事责任，没有以符合国美电器最佳利益的方式行事。

（资料来源：新华网，2014-03-11）

（2）股东会或者股东大会要求董事、监事、高级管理人员列席会议的，董事、监事、高级管理人员应当列席并接受股东的质询。

（3）董事、高级管理人员应当如实向监事会或者不设监事会的有限责任公司的监事提供有关情况和资料，不得妨碍监事会或者监事行使职权。

（4）董事、监事、高级管理人员执行公司职务时违反法律、行政法规或者公司章程的规定，给公司造成损失的，应当承担赔偿责任。

讨论提示

该公司既无证据表明其就该次股东会的召开通知了汪某，也无证据表明汪某就该次股东会会议委托胡某出席并履行表决权，这家公司召开该次股东会及形成的决议违反了《公司法》的相关规定，损害了汪某依法享有的股东权利，该股东会决议依法应归于无效。

能力测试

1. 下列有关有限责任公司的监事会的表述中，不符合法律规定的是（　　）。

A. 有限责任公司经营规模较大的，应当设立监事会，成员不得少于3人

B. 有限责任公司的监事会应当由股东代表和适当比例的公司职工代表组成，两者之间的比例由公司章程予以规定，但职工代表的比例不少于1/3

C. 监事的任期每届为4年，任期届满，连选可以连任

D. 公司的董事、高级管理人员不得兼任公司的监事

2. 2010年5月15日，某股份公司股东大会选举产生的第二届董事会由7名董事组成，任期3年。2011年4月15日董事王某提出辞去董事职务，同年6月15日，该公司股东大会年会表决通过王某辞去董事职务，同时选举李某担任公司董事。李某担任公司董事的任期应当是（　）。

A. 2010年5月15日至2013年5月15日为止

B. 2011年4月15日至2013年5月15日为止

C. 2011年6月15日至2013年5月15日为止

D. 2011年6月15日至2014年6月15日为止

3. 赵某是甲有限责任公司的董事兼总经理。该公司主要经营计算机销售业务。任职期间，赵某代理乙公司从国外进口一批计算机并将其销售给丙公司。甲公司得知后提出异议。本案应如何认定和处理？（　）

A. 赵某的行为与甲公司无关，甲公司无权提出异议

D. 赵某违反竞业禁止义务，其代理乙公司与丙公司签订的销售合同无效，所进口的计算机应由甲公司优先购买

C. 赵某违反竞业禁止义务，但这并不影响销售合同的效力，由这笔买卖所得的收益应当归甲公司所有

D. 赵某违反竞业禁止义务，但这并不影响销售合同的效力，也不影响他由这一买卖所得的收益，仅存在被罢免的可能性

4. S有限公司共有股东3人，股东王某为公司执行董事。在公司章程无特别规定的情形下，王某可以行使下列哪一职权？（　　）

A. 决定公司的投资计划

B. 否决其他股东对外转让股权行为的效力

C. 决定聘任公司经理

D. 决定公司的利润分配方案

5. 下列有关国有独资公司的说法，错误的有（　　）。

A. 董事及高级管理人员未经国有资产监督管理机构同意，不得在其他经济组织

兼职

B. 国有独资公司不设股东会

C. 董事会成员中应当有公司职工代表

D. 监事会成员不得少于 3 人

6. 股份有限公司的董事长不能履行职务时，根据《公司法》的规定，有可能履行其职务的是（　　）。

A. 副董事长　B. 监事会主席　C. 工会主席　D. 董事会秘书

7. 股份有限公司监事会主席的产生方式是（　　）。

A. 股东大会选举产生　　B. 董事会聘任

C. 全体监事过半数选举产生　　D. 职工民主选举产生

8. 下列有关股份有限公司董事的陈述，错误的是（　　）。

A. 每届任期不得超过 3 年

B. 任期届满可以连选连任

C. 一个股份有限公司最多可有 19 位董事

D. 董事在任期内辞职导致董事会成员低于法定人数，在改选出的董事就任前，辞职董事也不应再履行其董事职务

9. 下列关于监事会的说法正确的是（　　）。

A. 监事会行使职权所必需的费用，由公司承担

B. 监事会的议事方式和表决程序，完全由《公司法》规定

C. 股份有限公司监事会的成员不得少于 5 人

D. 监事会主席和副主席由全体股东过半数选举产生

10. 根据既往履历，以下任职不符合《公司法》规定的是（　　）。

A. 甲，原为物价局局长，两年前退休，现担任某公司经理

B. 丙，原为某厂厂长，两年前因对该厂破产负个人责任被免职，现担任某公司监事

C. 乙，因交通肇事被判刑，1 年前刑满释放，现担任某公司董事

D. 丁，原为某公司财务负责人，两年前因对该公司违法被吊销营业执照负有个人责任被停职，现担任某厂工会主席

正确答案：1. C　2. C　3. C　4. C　5. D　6. A　7. C　8. D　9. A　10. B

任务简析

1. 临时董事会的召开符合法定人数。《公司法》规定董事会会议应有过半数的董事出席方可举行。

2. 合法。《公司法》规定董事会认为必要时可以召开临时股东大会。

3. 增加注册资本的决议有效。其表决符合《公司法》规定的经出席会议的股东所持表决权的 2/3 以上通过。股东大会不能选举、更换全部监事，因为其中有公司职工选出的

监事，股东大会只能选举更换由股东代表出任的监事。更换聘任公司经理，是董事会的职权，不是股东大会的职权。

工作任务8　股东资格认定与股东行使权利

学习目标

探究知识：出资证明书、股东名册、股东权利的内容、公司法人人格否认。

获取能力：能够确认股东资格，懂得如何依法行使股东权利。

导入任务

甲、乙、丙三人一起筹资创业。考虑到经营风险，乙在投资公司时犹豫不决，不知道能不能赚钱，邀请他投资的甲、丙两人一方面对公司的未来充满信心，另一方面急于尽快筹资让公司A早日成立，就向乙承诺公司将给予股东年投资回报率不低于12%，并且签订了书面协议。半年后，公司A设立了全资子公司B。B公司的执行董事是由A公司任命的，且B公司的经营策略也必须由A公司批准。A公司在经营过程中赚取利润，以A公司名义向银行获取贷款后，就通过与B公司签订合同、转移定价的方式，高价购买B公司的设备，从而将公司的利润、资金转移给B公司，而A公司呈现出亏损的状态，当银行要求A公司偿还贷款时，发现A公司已经资不抵债，无力偿还贷款。银行要求法院判令甲、乙、丙三人承担偿还责任。甲、乙、丙三人都说如果公司发生资不抵债，只能是公司破产，股东永远承担有限责任。问：

1. 公司是否应该按照协议给予乙投资回报？

2. 甲、乙、丙三位股东是否应该对银行贷款承担偿还责任？

法律快递

《最高人民法院关于适用〈中华人民共和国公司法〉若干问题的规定（一）》：2006年3月27日由最高人民法院审判委员会第1382次会议通过，自2006年5月9日起施行；根据2014年2月17日最高人民法院审判委员会第1607次会议《关于修改关于适用〈中华人民共和国公司法〉若干问题的规定的决定》修正，自2014年3月1日起实施。

《最高人民法院关于适用〈中华人民共和国公司法〉若干问题的规定（二）》：2008年5月5日由最高人民法院审判委员会第1447次会议通过，自2008年5月19日起施行；根据2014年2月17日最高人民法院审判委员会第1607次会议《关于修改关于适用〈中华人民共和国公司法〉若干问题的规定的决定》修正，自2014年3月1日起实施。

一、股东资格

股东，就是公司的出资人，即股份的持有人。

（一）股东资格的取得

股东资格，是行使股东权利、承担股东义务的基础。股东资格的取得包括原始取得和继受取得。原始取得是指直接向公司认购股份，包括设立取得和增资取得。继受取得，包括转让取得、继承取得、赠与取得和因公司合并而取得股东资格。

（二）有限责任公司股东资格的确认

1. 签发出资证明书

有限责任公司成立后，应当向出资人签发出资证明书。出资证明书应当载明下列事项：公司名称；公司成立日期；公司注册资本；股东的姓名或者名称、缴纳的出资额和出资日期；出资证明书的编号和核发日期。出资证明书由公司盖章。

2. 置备股东名册

有限责任公司应当置备股东名册，记载下列事项：股东的姓名或者名称及住所；股东的出资额；出资证明书编号。

记载于股东名册的股东，可以依股东名册主张行使股东权利。

股权转让后，公司应当注销原股东的出资证明书，向新股东签发出资证明书，并相应修改公司章程和股东名册中有关股东及其出资额的记载。对公司章程的该项修改不需再由股东会表决。

自然人股东死亡后，其合法继承人可以继承股东资格；但是，公司章程另有规定的除外。

3. 向公司登记机关登记

公司应当将股东的姓名或者名称及其出资额向公司登记机关登记；登记事项发生变更的，应当办理变更登记。未经登记或者变更登记的，不得对抗第三人。

（三）股份有限公司股东资格的确认

（1）股份有限公司成立后，即向股东正式交付股票。公司成立前不得向股东交付股票。

（2）公司发行记名股票的，应当置备股东名册，记载下列事项：股东的姓名或者名称及住所；各股东所持股份数；各股东所持股票的编号；各股东取得股份的日期。

发行无记名股票的，公司应当记载其股票数量、编号及发行日期。

（四）股东资格的丧失

依据我国《公司法》，有以下情形之一的股东资格丧失：

（1）公司法人资格消灭，如解散、破产、被合并；

（2）自然人股东死亡或法人股东终止；

（3）股东将其所持有的股份转让；

（4）股份被人民法院强制执行；

（5）股份被公司依法回购；

（6）受到法律制裁被剥夺股权（如没收财产）；

（7）其他法定事由。

课堂讨论

【材料】2010年年初，王某与第三人李某、赵某协商成立某公司。由于王某身处香港，往来交通不便，在公司设立期间王某便委托其朋友孙某在办理公司有关登记时暂为持股人。2010年5月10日，孙某书写的一份《投资说明》称，"王某出资21万元人民币，现作为公司股东资金。因王某尚在香港，持股人名称暂为孙某，其所有权和收益权仍为王某"。因此，在公司章程、股东名册中均以被告孙某的名义出现。

2010年5月20日，公司经工商登记成立。在工商行政管理部门注册登记手续中记载，法定代表人为赵某，公司注册资金为300万元。公司股东为赵某、孙某、李某，由赵某出资270万元，占公司90%的股份，由孙某出资21万元，占公司7%的股份，由李某出资9万元，占公司3%的股份。2011年6月12日该公司发给王某《出资证明书》一份，证实王某实际出资21万元，占公司注册资金总额的7%。

公司成立后，孙某没有参与过公司的任何管理活动，没有享受过该公司的任何权利，也没有承担过任何义务。

2014年4月王某回内地定居。随后，要求变更股东身份，遭到孙某的拒绝，双方形成纠纷。

【问题】王某与孙某谁是该公司的股东？

二、股东的主要权利

（1）资产收益权、认缴新资（认购新股）权。资产收益权，也可以称为股利分配请求权，它是股东权益的核心。

有限责任公司新增资本时，股东有权优先按照实缴的出资比例认缴出资。但是，全体股东另有约定的除外。股份有限公司发行新股，股东大会应当对向原有股东发行新股的种类及数额作出决议。

（2）分配剩余财产请求权。公司清算，公司财产在依照规定清偿后，股东有权请求分配公司的剩余财产。

（3）股权转让及优先购买权、股份转让权，请求公司收购股权或者股份权。

（4）提议召开股东（大）会临时会议，自行召集和主持股东（大）会，参加股东（大）会及表决权。

（5）通过董事会向股东大会提出临时提案。单独或者合计持有公司3%以上股份的股东，可以在股东大会召开10日前提出临时提案并书面提交董事会；董事会应当在收到提案后2日内通知其他股东，并将该临时提案提交股东大会审议。临时提案的内容应当属于股东大会职权范围，并有明确议题和具体决议事项。

（6）累积投票权。股东大会选举董事、监事，可以依照公司章程的规定或者股东大会的决议，实行累积投票制。

（7）提起诉讼与请求提起诉讼。

①请求人民法院撤销股东会或者股东大会、董事会的有关决议。

②董事、高级管理人员执行公司职务时违反法律、行政法规或者公司章程的规定，给公司造成损失的，有限责任公司的股东、股份有限公司连续180日以上单独或者合计持有公司1%以上股份的股东，可以书面请求监事会或者不设监事会的有限责任公司的监事向人民法院提起诉讼；监事有前述情形的，前述股东可以书面请求董事会或者不设董事会的有限责任公司的执行董事向人民法院提起诉讼。

监事会、不设监事会的有限责任公司的监事，或者董事会、执行董事收到前述股东书面请求后拒绝提起诉讼，或者自收到请求之日起30日内未提起诉讼，或者情况紧急、不立即提起诉讼将会使公司利益受到难以弥补的损害的，前述股东有权为了公司的利益以自己的名义直接向人民法院提起诉讼。

他人侵犯公司合法权益，给公司造成损失的，股东可以依照上述规定向人民法院提起诉讼。

③董事、高级管理人员违反法律、行政法规或者公司章程的规定，损害股东利益的，股东可以向人民法院提起诉讼。

（8）请求人民法院解散公司。公司经营管理发生严重困难，继续存续会使股东利益受到重大损失，通过其他途径不能解决的，持有公司全部股东表决权10%以上的股东，可以请求人民法院解散公司。

（9）知情权。

①有限责任公司股东有权查阅、复制公司章程、股东会会议记录、董事会会议决议、监事会会议决议和财务会计报告。股东可以要求查阅公司会计账簿。

股东要求查阅公司会计账簿的，应当向公司提出书面请求，说明目的。公司有合理根据认为股东查阅会计账簿有不正当目的，可能损害公司合法利益的，可以拒绝提供查阅，并应当自股东提出书面请求之日起15日内书面答复股东并说明理由。公司拒绝提供查阅的，股东可以请求人民法院要求公司提供查阅。

②股份有限公司股东有权查阅公司章程、股东名册、公司债券存根、股东大会会议记录、董事会会议决议、监事会会议决议、财务会计报告，对公司的经营提出建议或者质询。

③公司应当定期向股东披露董事、监事、高级管理人员从公司获得报酬的情况。

④上市公司必须依照法律、行政法规的规定，公开其财务状况、经营情况及重大诉讼，在每会计年度内半年公布一次财务会计报告。

案例解读1

【案情概述】F公司董事长蔡某因犯职务侵占罪和挪用资金罪，于2013年12月12日，被广州市天河区法院判处有期徒刑十四年。F公司与蔡某之间的这场股东知情权纠纷诉讼起源于蔡某被刑事羁押后，委托其妹蔡某某代为行使股东知情权被F公司拒绝。2012

年5月25日、6月1日、6月14日，蔡某及其代理人蔡某某分别向F公司发出《关于查阅、复制公司有关资料的函》等函件，F公司则两次回函称，由于其无法确认和核实函件中“蔡某”的签名及其授权是否真实等原因，未向蔡某某提供相关材料。蔡某因此以股东知情权受损害为由向广州市天河区人民法院提起诉讼，请求F公司安排蔡某委托的代理人，查阅公司自2011年3月至2013年7月18日止的全部股东会会议记录及决议、董事会会议记录及决议、监事报告、财务会计报告及审计报告；安排其代理人及聘请的会计专业人员查阅公司上述期间的会计账簿；向蔡某提供上述期间未经股东会、董事会审议批准而作出的可能影响股东权益的各项重大决策和行动的批准文件或决策程序信息，提供公司内部治理架构变更和高管人员变更及其职能等可能影响股东权益的信息。

【处理结果】天河区法院一审判决支持了蔡某的大部分请求。F公司不服一审判决，提出上诉。广州中院对一审进行了部分改判，二审判决：F公司于判决生效后十日内，将2011年3月17日至2013年7月18日止的会计账簿提供给蔡某委托的代理人及会计专业人员查阅，将此期间的董事会会议决议、监事报告、财务会计报告提供给蔡某委托的代理人查阅、复制，驳回蔡某的其他诉讼请求。此外，由于F公司未设股东会，故一、二审法院均未支持蔡某要求查阅、复制F公司股东会会议记录及决议的请求。

【解读意见】股东知情权是股东行使其他权利的前提。股东知情权的范围应当符合《公司法》的规定。《公司法》关于有限责任公司股东知情权的规定中没有关于股东可以查阅、复制审计报告的内容，在《会计法》中也无规定财务会计报告包括审计报告。蔡某是以股东的身份提起诉讼，其要求行使的是股东知情权而非董事权利。

（资料来源：中国法院网）

（10）参与重大决策和选择管理者的权利，这些权利只能通过参加股东会或者股东大会来行使。

三、股东应当依法行使权利

案例解读2

【案情概述】广东省M公司于2010年6月成立，汪某为该公司唯一股东，由其丈夫徐某（中国台湾居民）负责经营。2010年3月至7月间，M公司多次向L公司购买货物，但未支付货款。2012年2月，汪某将所持M公司股权转让给他人，并办理了股权变更登记。同年3月，徐某与汪某离婚。同年10月，L公司提起诉讼，要求M公司、徐某及汪某承担连带清偿责任。汪某以其股权转让为由拒绝清偿，徐某则以其行为属于职务行为为由，主张应由M公司承担。

【处理结果】广东省东莞市第二人民法院一审判决：M公司支付L公司货款，徐某、汪某承担连带清偿责任。汪某不服判决，提起上诉。东莞市中级人民法院经审理后判决：驳回上诉，维持原判。

【解读意见】根据我国《公司法》的规定，除非一人公司的股东能举证证明公司财产独立于股东个人财产，否则就应当对公司债务承担连带责任。汪某在涉案期间是M公司的股东，其未能证明在涉案交易期间M公司财产独立于其个人财产。又因涉案债务发生于徐某与汪某婚姻关系存续期间，应按夫妻共同债务处理。

（资料来源：中国法院网）

1. 股东滥用股东权利应当承担赔偿责任

公司股东应当遵守法律、行政法规和公司章程，依法行使股东权利，不得滥用股东权利损害公司或者其他股东的利益；不得滥用公司法人独立地位和股东有限责任损害公司债权人的利益。公司股东滥用股东权利给公司或者其他股东造成损失的，应当依法承担赔偿责任。

股东滥用股东权利的具体表现形式是：财产混同、人格混同（如母子公司用一块牌子）、管理混同、财务混同等。

2. 公司法人人格否认

公司法人人格否认，又称为“揭开公司的面纱”。公司股东滥用公司法人独立地位和股东有限责任，逃避债务，严重损害公司债权人利益的，该股东即丧失依法享有的仅以其对公司的出资为限对公司承担有限责任的权利，而应当对公司债务承担连带责任。

公司法人人格否认并不是对公司的存在给予全面否定，而是在承认其法人存在的同时，只就特定个案否定公司的独立人格，将公司与其股东在法律上视为同一体。这一制度安排，是对股东有限责任制度的一种补充，对于保障公司债权人的利益，维护交易安全，是十分必要的。

此外，一人有限责任公司的股东不能证明公司财产独立于股东自己的财产的，应当对公司债务承担连带责任。

讨论提示

王某是该公司的股东。《最高人民法院关于适用〈中华人民共和国公司法〉若干问题的规定》（三）第二十二条：“当事人之间对股权归属发生争议，一方请求人民法院确认其享有股权的，应当证明以下事实之一：（一）已经依法向公司出资或者认缴出资，且不违反法律法规强制性规定；（二）已经受让或者以其他形式继受公司股权，且不违反法律法规强制性规定。”第二十四条：“有限责任公司的实际出资人与名义出资人订立合同，约定由实际出资人出资并享有投资权益，以名义出资人为名义股东，实际出资人与名义股东对该合同效力发生争议的，如无合同法第五十二条规定的情形，人民法院应当认定该合同有效。前款规定的实际出资人与名义股东因投资权益的归属发生争议，实际出资人以其实际履行了出资义务为由向名义股东主张权利的，人民法院应予支持。名义股东以公司股东名册记载、公司登记机关登记为由否认实际出资人权利的，人民法院不予支持。实际出资人未经公司其他股东半数以上同意，请求公司变更股东、签发出资证明书、记载于股东名册、记载于公司章程并办理公司登记机关登记的，人民法院不予支持。”

能力测试

1. 关于股东的表述，下列哪一选项是正确的？（　　）

A. 股东应当具有完全民事行为能力

B. 股东资格可以作为遗产继承

C. 非法人组织不能成为公司的股东

D. 外国自然人不能成为我国公司的股东

2. 甲、乙、丙拟共同出资 50 万元设立一有限公司。公司成立后，在其设置的股东名册中记载了甲、乙、丙 3 人的姓名与出资额等事项，但在办理公司登记时遗漏了丙，使得公司登记的文件中股东只有甲、乙 2 人。下列哪一说法是正确的？（　）

A. 丙不能取得股东资格

B. 丙取得股东资格，但不能参与当年的分红

C. 丙取得股东资格，但不能对抗第三人

D. 丙不能取得股东资格，但可以参与当年的分红

3. 王某为甲有限公司的经理，利用职务之便为其妻李某经营的乙公司谋取本来属于甲公司的商业机会，致甲公司损失 30 万元。甲公司小股东张某欲通过诉讼维护公司利益。关于张某的做法，下列哪一选项是正确的？（　　）

A. 必须先书面请求甲公司董事会对王某提起诉讼

B. 必须先书面请求甲公司监事会对王某提起诉讼

C. 只有在董事会拒绝起诉情况下，才能请求监事会对王某提起诉讼

D. 只有在其股权达到 1% 时，才能请求甲公司有关部门对王某提起诉讼

4. 以下说法符合《公司法》的有（　　）。

A. 会计账簿因其保密性，股东查阅时应经董事会准许

B. 有限责任公司 5 年以上，不分配红利，同时这 5 年公司是有利润的，而且符合《公司法》规定的分配利润的条件，如果不分，中小股东可以请求公司分红，但不可以请求公司收购他的股权

C. 公司经过股东大会决议进行合并或分立时，提反对意见的股东可以请求公司收购他的股权

D. 公司经营管理发生严重困难，继续存续会使股东利益受到重大损失时，持有公司全部股东表决权 10% 以上的股东，可以请求人民法院解散公司

5. 张某系一有限责任公司的小股东，由于对公司的经营状况不满，想通过查阅公司账簿去深入调查公司经营出现的问题。下列哪一选项是错误的？（　　）

A. 张某必须向公司提出书面申请

B. 公司有权以可能会泄露公司商业秘密为由拒绝张某的查账申请

C. 若张某聘请专业机构人员帮助查阅账簿，公司不得拒绝

D. 公司拒绝张某查阅时，张某只能请求法院要求公司允许查阅

6. 李某持有甲有限责任公司 10% 的股权，该公司未设立董事会和监事会。李某发现公司执行董事何某（持有该公司 90% 的股权）将公司产品低价出售给其妻开办的公司，遂书面向公司监事王某反映，王某不过问。李某应当如何保护公司和自己的合法利益？（　　）

A. 提请召开临时股东会，解除何某的执行董事职务

B. 请求公司以合理的价格收回自己的股份

C. 以公司的名义对何某提起民事诉讼要求赔偿损失

D. 以自己的名义对何某提起民事诉讼要求赔偿损失

7. 李某为T有限责任公司股东，又为该公司的董事长，同时，T有限责任公司又是H有限责任公司的控股股东，且由李某担任该公司董事长。H有限责任公司欠某企业货款达300万元，为了逃避债务，李某将H有限责任公司的财产转到T有限责任公司名下，致使H有限责任公司无法清偿货款。对该300万元的债务，应如何处理？（　）

A. 只能由H有限责任公司承担

B. 只能由T有限责任公司承担

C. 由H有限责任公司承担，T有限责任公司负连带责任

D. 由H有限责任公司承担，李某负连带责任

8. 根据《公司法》，单独或合计持有股份有限公司（　）以上股份的股东，有权向股东大会提出临时提案。

A. 3%　　B. 5%　　C. 10%　　D. 15%

9. 甲为持有某有限责任公司全部股东表决权10%以上的股东，根据公司法律制度的规定，在某些事由下，若公司继续存续会使股东利益受到重大损失，且通过其他途径又不能解决的，甲提起解散公司诉讼时，人民法院应予受理，下列选项中，属于上述“某些事由”的有（　）。

A. 公司亏损、财产不足以偿还全部债务的

B. 公司被吊销营业执照未进行清算的

C. 公司持续2年以上无法召开股东会，且经营管理发生严重困难的

D. 公司董事长期冲突，且无法通过股东会解决，致使公司经营管理发生严重困难的

10. 甲、乙等六位股东各出资30万元于2008年2月设立一有限责任公司，五年来公司效益一直不错，但为了扩大再生产一直未向股东分配利润。2014年股东会上，乙提议进行利润分配，但股东会仍然作出不分配利润的决议。对此，下列哪些表述是错误的？（　）

A. 该股东会决议无效

B. 乙可请求法院撤销该股东会决议

C. 乙有权请求公司以合理价格收购其股权

D. 乙可不经其他股东同意而将其股份转让给第三人

11. 甲为某有限公司股东，持有该公司15%的表决权股。甲与公司的另外两个股东长期意见不合，已两年未开成公司股东会，公司经营管理出现困难，甲与其他股东多次协商未果。在此情况下，甲可以采取下列哪些措施解决问题？（　）

A. 请求法院解散公司

B. 请求公司以合理的价格收购其股权

C. 将股权转让给另外两个股东退出公司

D. 经另外两个股东同意撤回出资以退出公司

12. 王某向李某转让其持有的某有限责任公司的全部股权，并签署了股权转让协议。关于该股权转让和股东的认定问题，下列哪些选项是正确的？(　　)

A. 在公司登记机关办理股权变更登记前股东仍然是王某

B. 在出资证明书移交给李某后，李某即成为公司股东

C. 在公司变更股东名册后，李某即成为公司股东

D. 在公司登记机关办理股权登记后该股权转让取得对抗效力

正确答案：1. B　2. C　3. B　4. C　5. C　6. D　7. C　8. A　9. CD　10. ABD　11. AC　12. CD

任务简析

1. 保证一年给股东多少投资回报率，并且签订了书面协议，这么做对公司无效。作为公司的股东，其收益是对公司未来经营利润的分红。公司经营有风险，股东是否有分红以及分红多少是不能确定的。

2. 公司股东滥用公司法人独立地位和股东有限责任，逃避债务，严重损害公司债权人利益的，应当对公司债务承担连带责任。

工作任务9　公司资本的制度安排

学习目标

探究知识：公司资本与公司资产，股票、股份与债券，记名股与普通股，关联关系、控股股东与实际控制人，股东的优先购买权、公司回购股权等。

获取能力：理解公司资本确定、维持、不变三原则，了解股份发行的原则与步骤，了解股票与债券的区别。知道关于公司发起人、董事、监事、高级管理人员转让其所持有的本公司股份的限制性规定。掌握有限公司股东转让股权的规则，能够依法对内对外转让股权，并且懂得股东如何要求公司回购股权。

导入任务

两年前，小王与小李、小张共同开办了一有限责任公司，其中小王、小李、小张分别占8%、60%、32%的股权。现在，公司经营到期了。尽管小王投了反对票，股东会仍按另外两股东的意见修改了公司章程，延长了经营期限使公司存续。小王担心以后的利益得不到保障，就想退出公司，但小李却不同意。

问：小王怎样才可以依法退出公司？

法律快递

《最高人民法院关于适用〈中华人民共和国公司法〉若干问题的规定（三）》：2010年12月6日由最高人民法院审判委员会第1504次会议通过，自2011年2月16日施行；根据2014年2月17日最高人民法院审判委员会第1607次会议《关于修改关于适用〈中华人民共和国公司法〉若干问题的规定的决定》修正，自2014年3月1日起实施。

一、公司资本概述

（一）公司资本的概念与资本形态

公司资本是注册登记的由股东向公司实缴或承诺缴付的出资总额。公司资本一般由现金、实物和无形财产构成。公司注册资本是与其他市场主体进行交易的资本基础，是公司对外承担债务的担保财产，是公司获得独立法人资格的必要法律条件。

公司资本通常表现为注册资本。注册资本又称账面资本，是在公司登记机关登记的资本额。公司资本还有其他不同的形态，例如：

认购资本（认缴资本），指出资人同意缴付的出资总额，即公司的发行资本。

实缴资本，指出资人已经缴付的出资额，即公司的实收资本。

未缴付资本，指认购资本中出资人应缴付而未缴付的出资。

催缴资本，指公司已向出资人发出缴付催告的未缴资本。

（二）公司资本与公司资产的区别

公司资产通常是指公司可以支配的能以货币计量的经济资源。公司资产是公司资金的存在方式。公司的资金，是指可供公司支配的以货币形式表现出来的公司资产的价值，它主要包括公司股东对公司的永久性投资、公司发行的债券、向银行的贷款等。根据资产=负债+所有者权益这一会计公式，可知公司资本是公司资产的构成部分。

二、公司资本原则

为保证公司资本的真实和稳定，大陆法系规定了公司资本三原则，即资本确定原则、资本维持原则和资本不变原则。

（一）资本确定原则

资本确定原则，就是要求确保公司作为资本实体拥有必要的财产基础。在如何实现资本确定的问题上，存在着三种制度模式。

1. 法定资本制

法定资本制要求公司在设立时，必须在章程中对公司的资本总额作出明确规定，并且必须全部募足，否则公司不能成立。这是传统大陆法系的体制。

2. 授权资本制

授权资本制，它允许公司在成立时只募足其公司章程中规定的资本总额的一部分，其余部分则授权董事会在公司成立以后依据公司经营需要再行募集。这主要为英美法系国家所采用。

3. 折中资本制

折中资本制是法定资本制与授权资本制的规制理念的折中，即“法定与授权”之间的一种妥协安排，是董事会的经营决策权与法律的事先安排之间的折中设计。法定资本制以注重交易安全见长，授权资本制则有利于公司的设立、成长，有利于提高资本的运作效率。折中资本制兼顾了公平、安全与效率。因此，折中资本制已成为现代大陆法系国家公司资本制度的发展趋势。

2014 年 3 月 1 日起施行的新《公司法》，在注册资本登记方面做了以下修改：首先，将注册资本实缴登记制改为认缴登记制。除法律、行政法规以及国务院决定对公司注册资本实缴有另行规定的以外，采取公司股东（发起人）自主约定认缴出资额、出资方式、出资期限等，并记载于公司章程的方式。其次，放宽注册资本登记条件。除对公司注册资本最低限额有另行规定的以外，不再限制公司设立时股东（发起人）的首次出资比例以及货币出资比例。最后，公司登记时，不需要提交验资报告。

（二）资本维持原则

资本维持原则，又称资本充实原则，指公司在存续过程中，应经常保持与其资本额相当的财产的原则。我国《公司法》从以下几个方面贯彻了资本维持原则。

（1）公司成立后，股东不得抽逃出资。

（2）股东、发起人承担出资不实责任。

（3）股票发行价格不得低于票面金额。

（4）除《公司法》有特别规定外，公司不得收购本公司股份。

（5）公司不得接受以本公司的股票作为质押权的标的。

（6）公司的所余税后利润，只有在弥补亏损和依法提取公积金之后，才能进行分配。

（7）除法律另有规定外，公司不得成为对所投资企业的债务承担连带责任的出资人。

（8）公司向其他企业投资或者为他人提供担保，依照公司章程的规定，由董事会或者股东会、股东大会决议；公司章程对投资或者担保的总额及单项投资或者担保的数额有限额规定的，不得超过规定的限额。

公司为公司股东或者实际控制人提供担保的，必须经股东会或者股东大会决议。要求公司提供担保的股东或者受实际控制人支配的股东不得参加担保事项的表决。该项表决由出席会议的其他股东所持表决权的过半数通过。

（9）公司不得直接或者通过子公司向董事、监事、高级管理人员提供借款。

（10）规制关联关系。所谓关联关系，是指公司控股股东、实际控制人、董事、监事、高级管理人员与其直接或者间接控制的企业之间的关系以及可能导致公司利益转移的其他关系。但是，国家控股的企业之间不仅仅因为同受国家控股而具有关联关系。

控股股东，是指其出资额占有限责任公司资本总额 50% 以上或者其持有的股份占股份有限公司股本总额 50% 以上的股东；出资额或者持有股份的比例虽然不足 50%，但依其出资额或者持有的股份所享有的表决权已足以对股东会、股东大会的决议产生重大影响的股东。

实际控制人，是指虽不是公司的股东，但通过投资关系、协议或者其他安排，能够实际支配公司行为的人。

高级管理人员，是指公司的经理、副经理、财务负责人，上市公司董事会秘书和公司章程规定的其他人员。

公司的控股股东、实际控制人、董事、监事、高级管理人员不得利用其关联关系损害公司利益。利用其关联关系给公司造成损失的，应当承担赔偿责任。

上市公司董事与董事会会议决议事项所涉及的企业有关联关系的，不得对该项决议行使表决权，也不得代理其他董事行使表决权。该董事会会议由过半数的无关联关系董事出席即可举行，董事会会议所作决议须经无关联关系董事过半数通过。出席董事会的无关联关系董事人数不足三人的，应将该事项提交上市公司股东大会审议。

（三）资本不变原则

资本不变原则，是指公司的资本额一经确定，非经法定程序不得变更。

（1）股东会、股东大会对公司增加或者减少注册资本作出决议。股东会会议作出增加或者减少注册资本的决议，必须经代表2/3以上表决权的股东通过。

股东大会作出增加或者减少注册资本的决议，必须经出席会议的股东所持表决权的2/3以上通过。

（2）公司需要减少注册资本时应当向债权人通知和公告。公司必须编制资产负债表及财产清单。公司应当自作出减少注册资本决议之日起10日内通知债权人，并于30日内在报纸上公告。债权人自接到通知书之日起30日内，未接到通知书的自公告之日起45日内，有权要求公司清偿债务或者提供相应的担保。

公司增资除了可以调整股东结构和持股比例、改变公司管理机构的组成外，还可以筹集资金、扩大经营规模、增强公司实力。公司增加资本有利于保护债权人利益和交易安全。因此，《公司法》对公司增资没有像对减资那样严格的要求。

（3）公司增加或者减少注册资本，应当依法向公司登记机关办理变更登记。

案例解读

【案情概述】2010年8月17日，乙公司注册成立，股东为董某、郑某、金某、连某、徐某、张某。乙公司申请登记的注册资本为1亿元，其中董某认缴出资额1800万元，占出资比例18%，郑某认缴出资额2000万元，占出资比例20%，金某认缴出资额1000万元，占出资比例10%，连某认缴出资额700万元，占出资比例7%，徐某认缴出资额500万元，占出资比例5%，张某认缴出资额4000万元，占出资比例40%。乙公司成立时各股东实际出资金额为：董某360万元、郑某400万元、金某200万元、连某140万元、徐某100万元、张某800万元，实收资本合计2000万元。此后，董某、郑某、金某、连某、徐某、张某再未实际出资。2012年5月20日，乙公司股东会决议，将乙公司注册资本从1亿元减至2000万元，并办理了注册资本的变更登记。

2010年9月27日至2011年4月21日期间，甲公司与乙公司订立碳化硅销售合同共12份，合同约定乙公司向甲公司购买总计数量80吨，货款216万元的碳化硅，交货方式为甲公司将货物运至乙公司指定地点，付款方式为乙公司在收到货物之日起45天内付清货款，如逾期未付款，按货款的5‰/天计算违约金，各合同对交货时间均作了约定。合同签订后，甲公司按约交付货物，乙公司仅支付货款109万元，尚余107万元未付。并且乙公司未清偿甲公司债务或者提供相应的担保，即向工商登记机关变更登记。甲公司遂起诉至法院，要求乙公司支付货款107万元及违约金334568.8元，股东董某、郑某、金某、连某、徐某、张某在出资不足的范围内承担补充赔偿责任，各股东之间承担连带责任。

【处理结果】法院判决：（1）乙公司应于判决发生法律效力之日起十日内偿付甲公司货款107万元，违约金334568.80元，合计1404568.80元。（2）在乙公司的资产不足以清偿上述债务的情况下，董某在1440万元、郑某在1600万元、金某在800万元、连某在560万元、徐某在400万元、张某在3200万元出资不足的范围内对上述款项承担补充赔偿责任。董某、郑某、金某、连某、徐某、张某互负连带责任。一审宣判后，双方当事人均未在法定期限内提出上诉，判决已发生法律效力。

【解读意见】公司股东的有限责任以足额出资为前提。董某、郑某、金某、连某、徐某、张某作为乙公司的股东，在公司成立后未缴足出资即作出减资决议，客观上使基于信赖公司的实际资本符合公司所公示的内容而与公司发生业务往来的债权人的利益受损。

（资料来源：江苏法院网）

三、股份有限公司的股份发行

（一）股份的概念

对公司而言，股份是以货币价值量计量的均等的资本单位或单位资本；对股东而言，股份是股东基于出资而享有的法律地位和权利的总称。

（二）股份的形式与股票的种类

1. 股票

股份有限公司的股份采取股票的形式。

股票是公司签发的证明股东所持股份的凭证。

股票采用纸面形式或者国务院证券监督管理机构规定的其他形式。

股票应当载明下列主要事项：公司名称；公司成立日期；股票种类、票面金额及代表的股份数；股票的编号。

股票由法定代表人签名，公司盖章。

发起人的股票，应当标明发起人股票字样。

股份有限公司成立后，即向股东正式交付股票。公司成立前不得向股东交付股票。

2. 股票的种类

（1）记名股、无记名股

记名股是将股东的名称或者姓名记载于股票的股份。

公司发行记名股票的，应当置备股东名册。公司向发起人、法人发行的股票，应当为记名股票。

记名股票被盗、遗失或者灭失，股东可以依照法定的公示催告程序，请求人民法院宣告该股票失效。人民法院宣告该股票失效后，股东可以向公司申请补发股票。

无记名股是指不将股东姓名记载于股票的股份。

(2) 普通股、优先股

普通股指的是在公司的经营管理和盈利及财产的分配上享有普通权利的股份，代表满足所有债权偿付要求及优先股东的收益权与求偿权要求后对企业盈利和剩余财产的索取权。普通股构成公司资本的基础，是股票的一种基本形式，也是发行量最大，最为重要的股票。目前在上海和深圳证券交易所上市交易的股票，都是普通股。

优先股是相对于普通股而言的，主要指在利润分红及剩余财产分配的权利方面，优先于普通股。优先股股东没有选举及被选举权，一般来说对公司的经营没有参与权，优先股股东不能退股，只能通过优先股的赎回条款被公司赎回，但是能稳定分红。

(三) 股份有限公司的股份发行

股份发行是指股份有限公司通过公开或非公开的方式向投资者发出要约，投资者通过缴纳出资获得股权的过程。公司在成立前可以为募集资本而发行股份，成立后可以为扩充资本而发行新股。

1. 股份的发行原则

股份的发行，实行公平、公正的原则，同种类的每一股份应当具有同等权利。

股份有限公司的资本划分为股份，每一股的金额相等。同次发行的同种类股票，每股的发行条件和价格应当相同；任何单位或者个人所认购的股份，每股应当支付相同价额。

2. 发行新股的主要步骤

公司发行新股，股东大会应当对下列事项作出决议：新股种类及数额；新股发行价格；新股发行的起止日期；向原有股东发行新股的种类及数额。

公司经国务院证券监督管理机构核准公开发行新股时，必须公告新股招股说明书和财务会计报告，并制作认股书。

公开发行新股还应当由依法设立的证券公司承销，签订承销协议；并且同银行签订代收股款协议。

公司发行新股募足股款后，必须向公司登记机关办理变更登记，并公告。

四、股份有限公司的股份转让

(一) 对特定股份持有人的转让限制

《公司法》规定："股东持有的股份可以依法转让。"但是，为了保护交易当事人和公司的权益，《公司法》也对特定股份持有人转让股份设定了以下规则：

(1) 发起人持有的本公司股份，自公司成立之日起一年内不得转让。公司公开发行股份前已发行的股份，自公司股票在证券交易所上市交易之日起一年内不得转让。

（2）公司董事、监事、高级管理人员应当向公司申报所持有的本公司的股份及其变动情况，在任职期间每年转让的股份不得超过其所持有本公司股份总数的25%；所持本公司股份自公司股票上市交易之日起一年内不得转让。上述人员离职后半年内，不得转让其所持有的本公司股份。

此外，公司章程可以对公司董事、监事、高级管理人员转让其所持有的本公司股份作出其他限制性规定。

（二）股份转让场所与方式

股东转让其股份，应当在依法设立的证券交易场所进行或者按照国务院规定的其他方式进行。上市公司的股票，依照有关法律、行政法规及证券交易所交易规则上市交易。

记名股票，由股东以背书方式或者法律、行政法规规定的其他方式转让；转让后由公司将受让人的姓名或者名称及住所记载于股东名册。

股东大会召开前20日内或者公司决定分配股利的基准日前5日内，不得进行转让记名股票的股东名册的变更登记。但是，法律对上市公司股东名册变更登记另有规定的，从其规定。

无记名股票的转让，由股东将该股票交付给受让人后即发生转让的效力。

（三）对公司收购本公司股份的限制

公司不得收购本公司股份。但是，有下列情形之一的除外：

（1）减少公司注册资本；

（2）与持有本公司股份的其他公司合并；

（3）将股份奖励给本公司职工；

（4）股东因对股东大会作出的公司合并、分立决议持异议，要求公司收购其股份的。

公司依照规定收购本公司股份后，属于减资的，应当自收购之日起10日内注销；属于合并、异议股东要求公司收购其股份的，应当在6个月内转让或者注销。公司将股份奖励给本公司职工，不得超过本公司已发行股份总额的5%；用于收购的资金应当从公司的税后利润中支出；所收购的股份应当在一年内转让给职工。

五、有限责任公司的股权转让

（一）股权转让及优先购买权

由于有限责任公司具有人合性的特点，其股权转让必须考虑到公司股东之间的信任和协作关系。

有限责任公司的股东之间可以相互转让其全部或者部分股权。股东向股东以外的人转让股权，应当经其他股东过半数同意。股东应就其股权转让事项书面通知其他股东征求同意，其他股东自接到书面通知之日起满30日未答复的，视为同意转让。其他股东半数以上不同意转让的，不同意的股东应当购买该转让的股权；不购买的，视为同意转让。

经股东同意转让的股权，在同等条件下，其他股东有优先购买权。两个以上股东主张行使优先购买权的，协商确定各自的购买比例；协商不成的，按照转让时各自的出资比例行使优先购买权。

公司章程对股权转让另有规定的，从其规定。

人民法院依照法律规定的强制执行程序转让股东的股权时，应当通知公司及全体股东，其他股东在同等条件下有优先购买权。其他股东自人民法院通知之日起满20日不行使优先购买权的，视为放弃优先购买权。

课堂讨论

【材料】 王先生是某快递有限公司的股东。2011年，因公司经营不善，业绩不佳，王先生与同是该公司股东的张先生达成股权转让协议，将自己持有的该公司40%的股权作价人民币16万元转让给张先生，张先生在协议生效后支付了转让款，但因当时公司公章丢失未办理股东工商变更登记。2013年，该公司经营状况改善，王某见公司利润可观，遂以未办理工商变更登记为由，主张股权转让协议无效。

【问题】 该股权转让协议是否有效？

（二）股东请求公司收购股权

有下列情形之一的，对股东会该项决议投反对票的股东可以请求公司按照合理的价格收购其股权：

（1）公司连续五年不向股东分配利润，而公司该五年连续盈利，并且符合相关法律规定的分配利润条件的；

（2）公司合并、分立、转让主要财产的；

（3）公司章程规定的营业期限届满或者章程规定的其他解散事由出现，股东会会议通过决议修改章程使公司存续的。

自股东会会议决议通过之日起60日内，股东与公司不能达成股权收购协议的，股东可以自股东会会议决议通过之日起90日内向人民法院提起诉讼。

六、公司债券

（一）公司债券的概念

公司债券，是指公司依照法定程序发行的，约定在一定期限还本付息的有价证券。

发行公司债券是公司以借贷方式向公众筹集资金的一个重要方式。与发行股份相比，公司债券利率固定，风险较小，易于吸引投资者，但必须到期还本付息，对公司有一定压力。

（二）关于发行公司债券的规定

1. 发行公司债券应当符合《中华人民共和国证券法》规定的发行条件

公开发行公司债券，应当符合下列条件：

（1）股份有限公司的净资产不低于人民币3000万元，有限责任公司的净资产不低于人民币6000万元；

（2）累计债券余额不超过公司净资产的40%；

（3）最近三年平均可分配利润足以支付公司债券一年的利息；

（4）筹集的资金投向符合国家产业政策；

（5）债券的利率不超过国务院限定的利率水平；

（6）国务院规定的其他条件。

公开发行公司债券筹集的资金，必须用于核准的用途，不得用于弥补亏损和非生产性支出。

2. 公告公司债券募集办法

发行公司债券的申请经国务院授权的部门核准后，应当公告公司债券募集办法。公司债券募集办法中应当载明下列主要事项：公司名称；债券募集资金的用途；债券总额和债券的票面金额；债券利率的确定方式；还本付息的期限和方式；债券担保情况；债券的发行价格、发行的起止日期；公司净资产额；已发行的尚未到期的公司债券总额；公司债券的承销机构。

公司以实物券方式发行公司债券的，必须在债券上载明公司名称、债券票面金额、利率、偿还期限等事项，并由法定代表人签名，公司盖章。

3. 公司发行公司债券应当置备公司债券存根簿

发行记名公司债券的，应当在公司债券存根簿上载明下列事项：债券持有人的姓名或者名称及住所；债券持有人取得债券的日期及债券的编号；债券总额、债券的票面金额、利率、还本付息的期限和方式；债券的发行日期。

发行无记名公司债券的，应当在公司债券存根簿上载明债券总额、利率、偿还期限和方式、发行日期及债券的编号。

发行可转换为股票的公司债券，应当在公司债券存根簿上载明可转换公司债券的数额。

4. 发行可转换为股票的公司债券的特别规定

上市公司经股东大会决议可以发行可转换为股票的公司债券，并在公司债券募集办法中规定具体的转换办法。上市公司发行可转换为股票的公司债券，应当报国务院证券监督管理机构核准。

发行可转换为股票的公司债券，应当在债券上标明可转换公司债券字样，并在公司债券存根簿上载明可转换公司债券的数额。

发行可转换为股票的公司债券的，公司应当按照其转换办法向债券持有人换发股票，但债券持有人对转换股票或者不转换股票有选择权。

（三）公司债券的转让

公司债券可以转让，转让价格由转让人与受让人约定。

公司债券在证券交易所上市交易的，按照证券交易所的交易规则转让。

记名公司债券，由债券持有人以背书方式或者法律、行政法规规定的其他方式转让；

转让后由公司将受让人的姓名或者名称及住所记载于公司债券存根簿。无记名公司债券的转让，由债券持有人将该债券交付给受让人后即发生转让的效力。

讨论提示

工商登记只是股权变更的公示方式，不作为股权转让合同成立和生效的要件。本案中，王先生与张先生签订的股权转让协议合法有效，王先生以未办理工商变更登记为由主张股权转让协议无效是没有法律依据的。值得提醒的是，为减少纠纷，股份转让协议履行后应及时办理工商变更登记手续。

《公司登记管理条例》规定：有限责任公司股东转让股权的，应当自转让股权之日起30日内申请变更登记，并应当提交新股东的主体资格证明或者自然人身份证明。

能力测试

1. 关于股票与债券的比较，下列哪一表述是正确的？（　　）

A. 有限责任公司和股份有限公司都可以成为股票和债券的发行主体

B. 股票和债券具有相同的风险性

C. 债券的流通性强于股票

D. 股票代表股权，债券代表债权

2. 甲、乙、丙为某有限责任公司股东。现甲欲对外转让其股份，下列哪一判断是正确的？（　）

A. 甲必须就此事书面通知乙、丙并征求其意见

B. 在任何情况下，乙、丙均享有优先购买权

C. 在符合对外转让条件的情况下，受让人应当将股权转让款支付给公司

D. 未经工商变更登记，受让人不能取得公司股东资格

3. 某餐饮有限公司有股东甲、乙、丙三人，分别持股53%、12%与35%。经营数年后，公司又开设一家分店，由丙任其负责人。后因公司业绩不佳，甲召集股东会，决议将公司的分店转让。对该决议，丙不同意。下列哪一表述是正确的？（　）

A. 丙可以该决议程序违法为由，主张撤销

B. 丙可以该决议损害其利益为由，提起解散公司之诉

C. 丙可以要求公司按照合理的价格收购其股权

D. 公司可以丙不履行股东义务为由，以股东会决议解除其股东资格

4. 甲、乙、丙是某有限公司的股东，各占54%、28%和18%的股份。乙欲对外转让其所拥有的股份，丙表示同意，甲表示反对，但又不愿意购买该股份。乙便与丁签订了一份股权转让协议，约定丁一次性将股权转让款支付给乙。此时甲表示愿以同等价格购买，只是要求分期付款。对此各方发生了争议。下列哪一选项是错误的？（　　）

A. 甲最初表示不愿意购买即应视为同意转让

B. 甲后来表示愿意购买，则乙只能将股份转让给甲，因为甲享有优先购买权

C. 乙与丁之间的股份转让协议有效

D. 如果甲、丙都行使优先购买权，就购买比例而言，如双方协商不成，则双方应按照 3∶1 的比例行使优先购买权

5. 依照《公司法》的规定，股份有限公司不可以发行下列哪类股票？（　　）

A. 普通股和优先股

B. 记名股和无记名股

C. 有面额股和无面额股

D. 表决权股和无表决权股

6. 下列关于股份有限公司股份转让的说法，哪些是正确的？（　　）

A. 董事所持有的本公司股份自公司股票上市交易之日起满一年，可以自由转让

B. 董事所持有的本公司股份自公司股票上市交易之日起年半内不得转让

C. 董事在任职期间不得转让其所持有的本公司股份

D. 董事离职后半年内，不得转让其所持有的本公司股份

7. 甲、乙等五位股东各出资 30 万元于 2007 年 2 月设立一有限责任公司，5 年来公司效益一直不错，但为了扩大再生产一直未向股东分配利润。2012 年 9 月股东会上，乙提议进行利润分配，但股东会仍然作出不分配利润的决议。对此，下列哪项表述是正确的？（　　）

A. 该股东会决议无效

B. 乙可请求法院撤销该股东会决议

C. 乙有权请求公司以合理价格收购其股权

D. 乙可不经其他股东同意而将其股份转让给第三人

8. 关于有限责任公司股东向股东以外的人转让股权，下列说法错误的是（　　）。

A. 经其他股东 2/3 以上同意

B. 书面通知其他股东征求同意

C. 其他股东半数以上不同意转让的，不同意的股东应当购买该转让的股权；不购买的，视为同意转让

D. 经股东同意转让的股权，其他股东在同等条件下有优先购买权

9. 人民法院依强制执行程序转让有限责任公司股东的股权时，其他股东应当在法院通知之日起（　　）内行使优先购买权。

A. 10 日　　B. 15 日　　C. 20 日　　D. 30 日

10. 当有限责任公司股东请求公司按照合理的价格收购其股权时，股东与公司不能达成股权收购协议，可以自股东会会议决议通过之日起（　　）天内向人民法院提起诉讼。

A. 30 日　　B. 45 日　　C. 60 日　　D. 90 日

正确答案： 1. D　2. A　3. C　4. B　5. C　6. D　7. C　8. A　9. C　10. D

任务简析

在现有情况下，小王可以依照《公司法》对内或对外转让股权，也可以请求公司按照合理的价格收购其股权，如果小王与公司不能达成股权收购协议，可以自股东会会议决议通过之日起 90 天内向人民法院提起诉讼。

工作项目五　公司经营

工作任务10　订立合同

学习目标

探究知识：合同的概念、特征和分类；合同法的基本原则；要约与承诺；缔约过失责任；合同的有效要件；合同的效力类型。

获取能力：掌握合同订立的程序，能够分析合同的效力，能够订立有效合同。

导入任务

H公司向C公司和D公司发函，在函中说明："我公司因为建设，需要标号为×××的钢材1000吨，如贵公司有货，请速与我公司联系。我公司希望购买此类钢材。"H公司于同一天收到两家钢材公司的复函，都说自己公司备有现货，并将价格一并通知了H公司。C公司在发出复函的第二天，派本公司车队载运200吨钢材送往H公司。H公司在收到家两公司的复函后，认为D公司所提出的价格更为合理，并且产品质量信得过，所以于当天下午即去函称将向其购买1000吨钢材，请其速备货。D公司随即复函H公司，说其有现货并于第三天将钢材运往H公司。在H公司收到D公司复函的第二天，C公司的车队运送钢材到了H公司，要求H公司收货并支付货款。H公司当即函电D公司，请其仅运送800吨钢材到H公司。D公司复电说，全部1000吨钢材已经发往H公司。H公司收到D复电后，就对C公司说，为照顾其损失，只收下其100吨钢材，其余的不收。C公司对此不服，认为H公司应当收取全部钢材。H公司同时再次向D公司发函称，H公司将仅收其中的900吨钢材，如因D公司多运送钢材而造成的损失，由D公司自行负责。第三天，D公司的钢材1000吨运到H公司，H公司仅收取了其中的900吨，剩余的100吨不予收货，为此双方发生纠纷。

问：H公司应当收下多少吨钢材？

法律快递

《中华人民共和国合同法》：1999年3月15日第九届全国人民代表大会第二次会议通过，自1999年10月1日起施行。

《最高人民法院关于适用〈中华人民共和国合同法〉若干问题的解释（一）》：1999年12月1日由最高人民法院审判委员会第1090次会议通过，自1999年12月29日起施行。

《最高人民法院关于适用〈中华人民共和国合同法〉若干问题的解释（二）》：2009年2月9日由最高人民法院审判委员会第1462次会议通过，自2009年5月13日起施行。

一、合同的概念和特征

合同，又称为契约、协议。《中华人民共和国民法通则》第八十五条规定："合同是当事人之间设立、变更、终止民事关系的协议。"我国《合同法》第二条将合同定义为：合同是平等主体的自然人、法人、其他组织之间设立、变更、终止民事权利义务关系的协议。

合同具有以下特征：

1. 合同因当事人意思表示一致而成立

合同的本质是一种合意，合同成立就是各方当事人的意思表示一致，达成合意。

2. 合同的当事人是平等主体的自然人、法人或其他组织

行政合同、劳动合同，都并非《合同法》意义上的合同。行政合同的当事人是行政主体与行政相对人，劳动合同的当事人是用人单位与劳动者。行政合同是行政主体以实现行政管理目标为目的，与行政相对人就有关事项经协商而达成的协议。行政主体在行政合同的履行中除了享有《合同法》规定的权利和合同约定的权利外，还享有一般民事合同主体所不享有的行政优益权，具体表现为对合同履行的监督权、指挥权以及单方变更和解除合同权。劳动合同是用人单位与劳动者确立劳动关系、明确相互权利与义务的协议。在劳动合同履行期间，用人单位依法制定的各项劳动规章制度适用于劳动者，劳动者受用人单位的劳动管理，从事用人单位安排的有报酬的劳动。

3. 合同以设立、变更、终止民事权利义务关系为内容

我国《合同法》所调整的关系仅限于财产交易关系，而且是平等主体之间的财产交易关系，婚姻、收养、监护等有关身份关系的协议，适用其他法律的规定。

二、合同的分类

合同可以按照不同的标准进行分类，常见的合同分类如下：

（一）单务合同与双务合同

以双方是否互负义务作为划分标准，合同可分为双务合同与单务合同。单务合同是当事人一方负担债务，而对方不负担债务的合同。双务合同是当事人双方互负债务的合同。

（二）有偿合同与无偿合同

以当事人有无对价的给付为标准，合同可分为有偿合同与无偿合同。有偿合同是当事人双方各因给付而取得对价的合同。无偿合同是当事人一方只为给付而无对价的合同。

（三）诺成合同与实践合同

按照是否尚须交付标的物合同才能成立的标准，合同可分为诺成合同与实践合同。诺成合同，是指只要当事人各方的意思表示一致即可成立的合同。实践合同，是指除当事人意思表示一致外，还必须有一方实际交付标的物才能成立的合同。

（四）要式合同与不要式合同

以法律、法规是否特别要求具备某种形式或手续为标准，合同可分为要式合同与不要式合同。要式合同，是指法律要求必须具备一定的形式和手续的合同；反之，为不要式合同。

（五）有名合同与无名合同

以法律、法规是否确定合同的名称及规则为标准，合同可分为有名合同与无名合同。有名合同是法律规定其内容并赋予一定名称的合同。我国《合同法》分则所规定的买卖合同；供用电、水、气、热力合同；赠与合同；借款合同；租赁合同；融资租赁合同；承揽合同；建设工程合同；运输合同；技术合同；保管合同；仓储合同；委托合同；行纪合同；居间合同都属于有名合同。无名合同，是指法律上并未确定一定的名称及规则的合同。

（六）主合同与从合同

以相互有联系的合同之间的依附关系为划分标准，可以将合同分为主合同与从合同。不需要依附其他合同而能独立存在的合同为主合同，反之为从合同。

（七）格式合同与非格式合同

按照合同条款是否为当事人协商确定的标准，可以将合同分为格式合同与非格式合同。格式合同是指一方当事人为了重复使用而预先拟定未与对方协商的条款，对方当事人只能概括地接受或不接受的合同。非格式合同是指合同条款是经当事人双方协商确定的合同。

三、合同法的基本原则

合同法原则是基本的民事活动准则。合同法的基本原则贯穿于整个合同法律制度之中，是合同当事人在合同活动中应当遵守的行为准则，也是关于合同关系的立法、执法、司法活动应当遵循的原则。

（一）平等原则

平等原则要求的是合同当事人的法律地位平等，要求合同当事人的权利义务对等，一方不得有凌驾于对方之上的特权，不得将自己的意志强加给另一方，更不得以欺诈、胁迫手段订立合同。

（二）自愿原则

当事人依法享有自愿订立合同的权利，任何单位和个人不得非法干预。自愿原则反映了市场经济的客观要求，在法律允许的范围内，当事人有权按照自己的意愿决定是否与他人订立合同，有权决定与谁订立合同，有权决定合同的内容与形式，有权变更或解除合同。

（三）公平原则

公平原则要求在合同的订立、合同的内容、合同的履行以及违约责任的承担等方面都要做到各方权利和义务的对等。

（四）诚实信用原则

当事人行使权利、履行义务应当遵循诚实信用原则。依法成立的合同，对当事人具有法律约束力。当事人应当按照约定全面履行自己的义务，不得擅自变更或者解除合同。当事人应当根据合同的性质、目的和交易习惯履行通知、协助、保密等义务。

（五）合法与尊重社会公德原则

当事人订立、履行合同，应当遵守法律、行政法规，尊重社会公德，不得扰乱社会经济秩序，损害社会公共利益。

课堂讨论

【材料】季某计划购买房屋一套，在中介的介绍下，季某看中蒋某家欲销售的房屋。该房屋由住房和阁楼组成，住房和阁楼均为98.25平方米，住房和阁楼各自独立，经外楼梯通过。在中介公司人员的陪同下，季某于2011年7月28日前往蒋某家看房，被告向原告及中介人员出示了房屋产权证，说明房屋由住房和阁楼组成，住房有产权证，阁楼没有产权证，并于当天晚上签订房屋买卖合同，季某当场付买房定金3万元。中介公司在房屋买卖合同中表述为“被告将建筑面积98.25平方米及楼中楼建筑面积98.25平方米房屋出售给原告”。现季某认为被告在售房时作了虚假陈述，因蒋某的房屋不是楼中楼，并且无产权证，从而主张合同无效，并且要求蒋某返还房屋定金3万元。

【问题】该房屋买卖合同中将阁楼写成了“楼中楼”，是否属于虚假陈述？

（资料来源：江苏法院网）

四、合同的形式和内容

（一）合同订立的形式

当事人订立合同，可以采取书面形式、口头形式和其他形式。法律、行政法规规定采用书面形式的，应当采用书面形式。

（1）书面形式，是指合同书、信件和数据电文（包括电报、电传、传真、电子数据交换和电子邮件）等可以有形地表现所载内容的形式。书面合同较口头合同明确，便于固定证据，在当事人发生纠纷时举证方便，容易分清责任，有利于防止争议和解决纠纷。

（2）口头形式，是指当事人只以口头意思表示达成一致的合同。口头合同简便易行，在日常生活中广泛运用。但是，口头合同在发生纠纷时难以举证，不易分清责任。对于不及时结清的和较重要的合同，不宜采用口头形式。

除了书面形式和口头形式，合同订立的其他形式有推定形式、默示形式。

（3）推定形式，指依据交易习惯或一方的要求，不用语言文字，只用行为表达意思达成一致。推定形式，如上车投币。

（4）默示形式，既无语言文字表示也无行为表示，但根据法律的明确规定或者当事人的约定，可以认定当事人的某种客观事实状态就是表达合同内容的意思表示。

案例解读1

【案情概述】2005年8月16日，李某向徐某鑫借款7万元，徐某鑫爽快地答应了。当天借钱时，李某执笔立下一纸借据，写明“今借徐某欣现金7万元，年息按千分之八计，借款时间一年半，借款人李某”。徐某鑫没认真查看借据，只是扫了一眼便将它装进了口袋。2007年6月，徐某鑫要买房子，便向李某索要欠款，不料李某竟矢口否认借钱一事。徐某鑫气愤地拿出当年的借据，结果发现李某竟把他的名字写成了“徐某欣”。无奈之下，徐某鑫向法院申请强制执行。

【处理结果】惠州市法院受理徐某鑫的起诉后，办案法官通过公安机关户籍部门对原告徐某鑫的身份进行了调查，查明徐某鑫没有使用过“徐某欣”这个别名。法庭审查认为，原告并非借据上所称债权人，且未提供其他证据证明被告向其借款，加之被告否认与原告相识和借款的事实，因此原告主体不符合起诉条件，裁定驳回原告的起诉。

【解读意见】当事人在签订合同时需要认真仔细地审核合同内容。

（资料来源：中律网）

（二）合同的内容

1. 合同的基本条款

《合同法》第十二条规定，合同的内容由当事人约定，一般包括以下条款：当事人的名称或者姓名和住所；标的；数量；质量；价款或者报酬；履行期限、地点和方式；违约责任；解决争议的方法。

以上条款是对缔约当事人的提示，当事人还应当根据交易的类型与内容确定具体的合同内容。

2. 合同的必备条款

合同条款根据其对合同成立影响力的大小可以分为必备条款和非必备条款，合同欠缺了必备条款，会影响合同的成立，而当合同欠缺非必备条款时，并不影响合同的成立，当事人可以就未约定或约定不明的事项采取相应的补救措施。

《最高人民法院关于适用〈中华人民共和国合同法〉若干问题的解释（二）》第一条第一款规定，当事人对合同是否成立存在争议，人民法院能够确定当事人名称或者姓名、标的和数量的，一般应当认定合同成立。但法律另有规定或者当事人另有约定的除外。

由此可见，《最高人民法院关于适用〈中华人民共和国合同法〉若干问题的解释（二）》明确了合同成立的三大必备条款，即当事人的名称或姓名条款、标的条款和数量条款。

五、合同订立的一般程序

（一）要约

1. 要约的概念

要约是希望和他人订立合同的意思表示。发出要约的当事人称为要约人，要约所指向的对方当事人则称为受要约人。

2. 要约的构成要件

一项要约要取得法律效力，必须符合下列规定：

（1）主体特定。要约必须是特定人的意思表示。一项要约，可以由任何一方当事人提出，但是，发出要约的人必须是明确的，即人们能够确定发出要约的是谁。只有这样，受要约人才能对其承诺。

（2）内容具体确定。要约的内容必须具备合同的必要因素。要约既然是订立合同的提议，就必须包括能够足以决定合同必要条款的内容。否则，受要约人难以承诺，合同无法成立。

（3）要约人受要约约束。当事人发出要约，是为了与对方订立合同，要约人负有与相对人订立合同的义务，受要约人一旦承诺，合同即告成立。

3. 要约邀请

要约邀请是希望他人向自己发出要约的意思表示。寄送的价目表、拍卖公告、招标公告、招股说明书、商业广告等为要约邀请。

商业广告的内容符合要约规定的，视为要约，如电视购物。

4. 要约的生效时间

要约到达受要约人时生效。采用数据电文形式订立合同，收件人指定特定系统接收数据电文的，该数据电文进入该特定系统的时间，视为到达时间；未指定特定系统的，该数据电文进入收件人的任何系统的首次时间，视为到达时间。

5. 要约的撤回、撤销

（1）撤回要约的通知应当在要约到达受要约人之前或者与要约同时到达受要约人。《合同法》之所以规定要约可以撤回，原因在于撤回要约不会对交易秩序产生不良影响。

（2）撤销要约的通知应当在受要约人发出承诺通知之前到达受要约人。撤销要约可能会给受要约人带来不利的影响，损害受要约人的利益，因此，《合同法》规定，对于要约人确定了承诺期限或者以其他形式明示要约不可撤销，或者受要约人有理由认为要约是不可撤销的，并已经为履行合同作了准备工作的，要约为不可撤销要约。要约人不得撤销要约，一旦受要约人承诺，合同即成立。

6. 要约失效

要约失效，即丧失拘束力。要约一旦失效，受要约人不再有承诺的权利。根据《合同法》，具备下列情形之一的要约失效：

（1）拒绝要约的通知到达要约人；

（2）要约人依法撤销要约；

（3）承诺期限届满，受要约人未作出承诺；

（4）受要约人对要约的内容作出实质性变更。

（二）承诺

1. 承诺的概念

承诺是受要约人同意要约的意思表示。

2. 承诺的要件

（1）承诺必须由受要约人向要约人作出。如由代理人作出承诺，则代理人须有合法的委托手续。

（2）承诺的内容必须与要约的内容一致。承诺就是对要约的实质性内容或者要约人明确受要约人必须接受的条件，不得有改变。否则，就是反要约。

（3）承诺必须在承诺的有效期限内作出。逾期作出的承诺，被视为新要约。

3. 承诺的撤回

承诺可以撤回。撤回承诺的通知应当在承诺通知到达要约人之前或者与承诺通知同时到达要约人。

4. 承诺的迟延

受要约人在承诺期限内发出承诺，按照通常情形能够及时到达要约人，但由于其他原因承诺到达要约人时超过承诺期限的，因承诺人不知其承诺迟延，按诚实信用原则，要约人负有及时通知义务，要约人若怠于履行此项义务则承诺视为未迟到，承诺有效；要约人及时通知受要约人因承诺超过期限不接受该承诺的，该承诺无效。

受要约人超过承诺期限发出承诺的，除要约人及时通知受要约人该承诺有效的以外，为新要约。

5. 承诺的效力

《合同法》规定，承诺通知到达要约人时生效。承诺不需要通知的，根据交易习惯或者要约的要求作出承诺的行为时生效。采用数据电文形式订立合同的，承诺到达的时间适用关于要约的生效时间的规定。

承诺生效，合同即告成立。

（三）合同的成立

从要约到承诺，是合同订立的必要步骤，也是合同订立的一般程序。在合同订立的过程中，往往要经过不止一轮的要约、反要约，才能取得一方当事人的承诺。合同的成立是合同订立过程中的一个特定阶段，有其特定的时间与地点。

1. 合同成立的时间

当事人采用合同书形式订立合同的，自双方当事人签字或者盖章时合同成立。当事人采用合同书形式订立合同的，应当签字或者盖章。当事人在合同书上摁手印的，人民法院应当认定其具有与签字或者盖章同等的法律效力。

当事人采用信件、数据电文等形式订立合同的，可以在合同成立之前要求签订确认书，签订确认书时合同成立。

法律、行政法规规定或者当事人约定采用书面形式订立合同，当事人未采用书面形式但一方已经履行主要义务，对方接受的，该合同成立。在这种情况下，一方当事人履行主要义务的时间就是合同成立的时间。

2. 合同成立的地点

承诺生效的地点为合同成立的地点。

采用数据电文形式订立合同的，收件人的主营业地为合同成立的地点；没有主营业地的，其经常居住地为合同成立的地点。当事人对合同成立的地点另有约定的，按照其约定确定。

当事人采用合同书形式订立合同的，双方当事人签字或者盖章的地点为合同成立的地点。采用书面形式订立合同，合同约定的签订地与实际签字或者盖章地点不符的，人民法院应当认定约定的签订地为合同签订地；合同没有约定签订地，双方当事人签字或者盖章不在同一地点的，人民法院应当认定最后签字或者盖章的地点为合同签订地。

六、缔约过失责任

（一）缔约过失责任的概念

缔约过失责任是指在缔约过程中，一方违背依诚实信用原则所应尽的义务，导致合同不能成立、合同无效或者被撤销，而致另一方信赖利益损失，所应承担的民事责任。所谓信赖利益是指当事人信赖其与对方签订有效合同而产生的利益。缔约过失责任具有法定性。

依据《合同法》第四十二条的规定，当事人在订立合同过程中给对方造成损失的，应当承担损害赔偿责任。

（二）缔约过失责任的构成要件

（1）当事人双方有缔约行为。

（2）当事人一方有过错，过错包括故意和过失。当事人一方违背依诚实信用原则所应尽的义务，通知、说明、协力、诚实、照顾等义务。

（3）另一方当事人信赖利益受到损失。

（4）一方当事人的过错与另一方当事人信赖利益的损失之间有因果关系。

（三）应当承担缔约过失责任的情形

缔约过失责任的归责原则是过错责任原则，我国《合同法》规定的应当承担缔约过失责任的情形有以下几种：

（1）假借订立合同，恶意进行磋商；

（2）故意隐瞒与订立合同有关的重要事实或者提供虚假情况；

（3）违反缔约保密义务，缔约保密义务是指当事人在订立合同过程中，对于从对方处知悉的商业秘密，负有不泄露或者非不正当使用的义务；

（4）其他违背诚实信用原则的行为。

根据《最高人民法院关于适用〈中华人民共和国合同法〉若干问题的解释（二）》第八条，依照法律、行政法规的规定经批准或者登记才能生效的合同成立后，有义务办理申请批准或者申请登记等手续的一方当事人未按照法律规定或者合同约定办理申请批准或者未申请登记的，属于《合同法》第四十二条第（三）项规定的“其他违背诚实信用原则的行为”。

七、合同的效力

合同的效力，是指生效合同对当事人乃至第三人产生的法律约束力。

合同生效后，一方面，对当事人具有法律约束力，即当事人应当按照合同约定，享有权利，履行义务，不得擅自变更合同或解除合同。当事人违反合同应当承担违约责任。另一方面，对第三人产生法律约束力，即任何第三人不得侵犯当事人的合同权利，不得非法干预当事人履行合同义务；为了保全合同利益，当事人可以在特定情况下依法对第三人主张代位权和撤销权。

（一）合同的生效要件

合同的生效要件如下：

（1）当事人具有与订立合同相应的民事权利能力和民事行为能力。

（2）当事人意思表示真实。

（3）合同不违反法律和社会公共利益。

合同成立并不当然就是合同生效。只有完全符合上述条件，合同才生效，合同才是有效合同。

（二）合同的生效方式

合同生效方式具体有以下三种情形：

（1）依法成立的合同，自成立时生效。

（2）法律、行政法规规定合同应当办理批准手续，或者办理批准、登记等手续才生效，在一审法庭辩论终结前当事人仍未办理批准手续的，或者仍未办理批准、登记等手续的，人民法院应当认定该合同未生效；法律、行政法规规定合同应当办理登记手续，但未规定登记后生效的，当事人未办理登记手续不影响合同的效力，合同标的物所有权及其他物权不能转移。例如，《物权法》第十五条规定："当事人之间订立有关设立、变更、转让和消灭不动产物权的合同，除法律另有规定或合同另有约定外，自合同成立时生效；未办理物权登记的，不影响合同效力。"

（3）附生效条件或者附生效期限。①当事人对合同的效力可以约定附条件。附生效条件的合同，自条件成就时生效。附解除条件的合同，自条件成就时失效。当事人为自己利益不正当地阻止条件成就的，视为条件已成就；不正当地促成条件成就的，视为条件不成就。所附条件是指合同当事人自己约定的，未来有可能发生的，用来限定合同效力的附属意思表示，是合同的附属内容，所附条件必须是合法的事实。②当事人对合同的效力可以约定附期限。附生效期限的合同，自期限届至时生效。附终止期限的合同，自期限届满时失效。

（三）效力待定合同

效力待定合同是指合同生效与否尚未确定，需要由特定的第三人对合同的效力予以肯定或者否定。

合同效力待定概括而言是合同主体资格欠缺所致，主要的情形如下：

1. 限制民事行为能力人订立的合同

限制民事行为能力人订立的合同，经法定代理人追认后，该合同有效。但纯获利益的合同或者与其年龄、智力、精神健康状况相适应而订立的合同，不必经法定代理人追认。相对人可以催告法定代理人在一个月内予以追认。法定代理人未作表示的，视为拒绝追认。合同被追认之前，善意相对人有撤销的权利。

2. 无权代理人订立的合同

行为人没有代理权、超越代理权或者代理权终止后以被代理人名义订立的合同，未经被代理人追认，对被代理人不发生效力，由行为人承担责任。相对人可以催告被代理人在一个月内予以追认。无权代理人以被代理人的名义订立合同，被代理人已经开始履行合同义务的，视为对合同的追认。被代理人未作表示的，视为拒绝追认。合同被追认之前，善意相对人有撤销的权利。

3. 无处分权人订立的合同

无处分权人处分他人财产，经权利人追认或者无处分权人订立合同后取得处分权的，该合同有效。

对于效力待定合同，追认的意思表示自到达相对人时生效，合同自订立时起生效。如丙于1月1日无权代理甲与乙订立买卖合同，1月2日，乙发货。若甲的追认通知于1月10日到达乙，该买卖合同则从1月1日订立时即为生效。

无权代理人以被代理人的名义订立合同，被代理人已经开始履行合同义务的，视为对合同的追认。

4. 不属于效力待定合同的两种特殊情形

表见代理，是指行为人无代理权而以本人名义与第三人为民事行为，但有足以使第三人相信行为人有代理权的事实和理由，善意相对人与行为人实施民事法律行为的，该民事法律行为的后果由本人承担。

法人或者其他组织的法定代表人、负责人超越权限订立的合同，除相对人知道或者应当知道其超越权限的以外，该代表行为有效。

（四）无效合同

无效合同，是指不具有法律约束力的合同。无效合同自成立时起就不具有法律约束力，国家不予承认和保护。合同无效的法定事由如下：

（1）一方以欺诈、胁迫的手段订立合同，损害国家利益。

（2）恶意串通，损害国家、集体或者第三人利益。

（3）以合法形式掩盖非法目的。

（4）损害社会公共利益。

（5）违反法律、行政法规的强制性规定。

《最高人民法院关于适用〈中华人民共和国合同法〉若干问题的解释（一）》第四条规定：“合同法实施以后，人民法院确认合同无效，应当以全国人大及其常委会制定的法律和国务院制定的行政法规为依据，不得以地方性法规、行政规章为依据。”《最高人民法院关于适用〈中华人民共和国合同法〉若干问题的解释（二）》第十四条规定：“合同法第五十二条第（五）项规定的‘强制性规定’，是指效力性强制性规定。”

违反法律、行政法规的某一强制性规定，将导致合同无效或不成立的，该规定属于效力性强制性规定。

案例解读2

【案情概述】被告刘某系原告某公司股东之一。2003年1月，原告某公司资金周转困难，急需银行贷款。后得知若能将公司房屋过户登记于股东个人名下，便可获取银行贷款。同年5月，原告与被告签订一份房屋买卖合同，约定将原告所有的9间房屋以40万元价格出售给被告。同年12月，上述房屋全部过户至被告名下。刘某未实际支付房款，房屋过户后，由原告将上述房屋出租，收取出租收益至今。但最终原告未能得到银行贷款。后原告要求被告将房屋产权恢复登记于原告名下未果。

【处理结果】湖南省津市市人民法院当庭判决原告某公司与被告刘某签订的房屋买卖

合同无效，被告刘某于判决生效之日起十日内协助配合将诉争房屋的产权户名恢复登记至原告某公司名下。

【解读意见】《合同法》规定：以合法形式掩盖非法目的，合同无效。本案中，原、被告签订的房屋买卖合同，双方的本意并不是为了实现房屋产权的转移，只是为了帮助原告获取银行贷款，解决资金周转问题，属于以合法形式掩盖其套取银行贷款的目的。

（资料来源：津市法院网）

（五）可撤销、可变更合同

可撤销、可变更合同，是指因合同的意思表示不真实，法律允许当事人通过行使撤销权或变更权，使已经生效的合同表示归于消灭或调整的合同。

1. 合同可撤销、可变更的法定事由

《合同法》第五十四条规定，下列合同，当事人一方有权请求人民法院或者仲裁机构变更或者撤销：

（1）因重大误解订立的。

（2）在订立合同时显失公平的。

（3）一方以欺诈、胁迫的手段或者乘人之危，使对方在违背真实意思的情况下订立的合同。

所谓重大误解，是指由于一方当事人对合同的性质、标的物的品种、质量规格和数量、价金、对方当事人等产生误解，误解导致了合同的订立，合同一旦履行就会使误解者的利益受到较大损害。

所谓显失公平，是指一方当事人利用其优势或者另一方当事人的草率、缺乏经验等订立合同，使当事人之间的权利义务严重不对等。

2. 变更权、撤销权的行使

当事人请求变更的，人民法院或仲裁机构不得撤销。

撤销权的行使，受到一定的限制。有下列情形之一的，撤销权消灭：

（1）具有撤销权的当事人自知道或者应当知道撤销事由之日起一年内没有行使撤销权。

（2）具有撤销权的当事人知道撤销事由后明确表示或者以自己的行为放弃撤销权。

（六）合同无效和被撤销的法律后果

无效的合同或者被撤销的合同自始没有法律约束力，合同部分无效，不影响其他部分效力的，其他部分仍然有效。

合同无效、被撤销或者终止的，不影响合同中独立存在的有关解决争议方面的条款的效力。

合同无效或者被撤销后，因该合同取得的财产，应当予以返还；不能返还或者没有必要返还的，应当折价补偿。有过错的一方应当赔偿对方因此所受到的损失；双方都有过错的，应当各自承担相应的责任。

当事人恶意串通，损害国家、集体或者第三人利益的，因此取得的财产收归国家所有或者返还集体、第三人。

讨论提示

原告是经过看房、知道房屋的结构和产权的情况下才与被告签订合同的，房屋买卖合同是双方当事人真实意思表示。房屋买卖合同中将阁楼表述成楼中楼，表述有瑕疵，但不属于虚假陈述。

能力测试

1. 甲公司于5月10日向乙公司发出要约订购一批红木，要求乙公司于5月15日前答复。5月12日，甲公司欲改向丙公司订购红木，遂向乙公司发出撤销要约的信件，于5月14日到达乙公司。而5月13日，甲公司收到乙公司的回复，乙公司表示红木缺货，问甲公司能否用杉木代替。甲公司的要约于何时失效？（　　）

A. 5月12日　　B. 5月13日

C. 5月14日　　D. 5月15日

2. 甲因治病而急需用钱，但又求借无门。乙知道后表示愿借给甲10000元，但半年后须加倍偿还。甲万般无奈下，表示同意。根据规定，甲与乙之间的合同行为（　　）。

A. 因存在欺诈而可撤销　　B. 因存在欺诈而无效

C. 因存在乘人之危而无效　　D. 因存在乘人之危而可撤销

3. 下列关于合同成立地点的说法中，错误的有（　　）。

A. 承诺生效的地点为合同成立的地点

B. 采用数据电文形式订立合同的，收件人的主营业地为合同成立的地点

C. 采用数据电文形式订立合同的，发件人的主营业地为合同成立的地点

D. 当事人可以自己约定合同成立的地点

4. 王某是甲公司的法定代表人，以甲公司名义向乙公司发出书面要约，愿以12万元价格出售甲公司的一件明代瓷器。王某在函件发出后3小时意外死亡，乙公司回函表示愿意以该价格购买。甲公司新任法定代表人以王某死亡，且未经董事会同意为由拒绝。关于该要约，下列哪一表述是正确的？（　　）

A. 无效　　B. 效力待定

C. 可撤销　　D. 有效

5. 甲17岁，以个人积蓄1200元在慈善拍卖会拍得明星乙表演用过的道具，市价约150元。事后，甲觉得道具价值与其价格很不相称，很后悔。关于这一买卖，下列哪一说法是正确的？（　　）

A. 买卖显失公平，甲有权要求撤销

B. 买卖存在重大误解，甲有权要求撤销

C. 买卖无效，甲为限制行为能力人

D. 买卖有效

6. 甲欲将一套住房以60万元出售。乙找到甲，出价42万元，甲拒绝。乙对甲说：

“我有你受贿的材料，不答应我就举报你。”甲信以为真，以42万元将该房卖与乙。关于该房屋买卖合同的效力，下列哪一说法是正确的？(　　)

A. 存在欺诈行为，属可撤销合同

B. 存在胁迫行为，属可撤销合同

C. 存在乘人之危的行为，属可撤销合同

D. 存在重大误解，属可撤销合同

7. 无权代理人签订的合同（　　）。

A. 非表见代理的，不产生任何法律后果

B. 一律无效

C. 相对人催告，本人在法定期间未作表示的视为追认

D. 构成表见代理的，本人应承担责任

8. 甲厂业务员张某被开除后，为报复甲厂，用盖有甲厂公章的空白合同书与乙厂订立一份购销合同。乙厂并不知情，并按时将货送至甲厂所在地。甲厂拒绝引起纠纷。下列说法中，正确的是（　　）。

A. 张某的行为为无权代理，合同无效

B. 张某的行为为表见代理，合同有效

C. 张某的行为为表见代理，合同无效

D. 张某的行为为委托代理，合同有效

9. 甲、乙同为红酒经销商。春节前夕，丙与甲商谈进货事宜。乙知道后向丙提出更优惠条件，并指使丁假借订货与甲接洽，报价高于丙以阻止甲与丙签约。丙经比较与乙签约，丁随即终止与甲的谈判，甲因此遭受损失。对此，下列哪一说法是正确的？(　　)

A. 乙应对甲承担缔约过失责任

B. 丙应对甲承担缔约过失责任

C. 丁应对甲承担缔约过失责任

D. 乙、丙、丁无须对甲承担缔约过失责任

10. 张某和李某采用书面形式签订一份买卖合同，双方在甲地谈妥合同的主要条款，张某于乙地在合同上签字，李某于丙地在合同上摁了手印，合同在丁地履行。关于该合同签订地，下列哪一选项是正确的？(　　)

A. 甲地　　B. 乙地　　C. 丙地　　D. 丁地

11. 装修公司在完成一项工程后，将剩余的木地板卖给了物业管理公司。但装修公司营业执照上的核准经营范围并无销售木地板的业务。该买卖行为的法律效力如何？(　　)

A. 属于有效法律行为　　B. 属于无效民事行为

C. 属于可撤销民事行为　　D. 属于效力待定民事行为

12. 王某为参加求职面试，特地去签订了一份订制高级西服一套的合同。后因笔试成绩不佳，未被允许参加面试，则王某订制西服的合同（　　）。

A. 有效　　B. 存在重大误解，可变更

C. 存在重大误解，可撤销　　D. 因目的落空而无效

13. 甲与乙签订一份购房合同，乙提出，为少交契税建议将部分购房款算作装修费

用，甲未表示反对。后发生纠纷，甲以所付装修费用远远高于装修标准为由，请求法院对装修费用予以变更。该装修费用条款效力应如何认定？(　　)

A. 是双方当事人真实意思表示，有效

B. 显失公平，可变更

C. 以合法形式掩盖非法目的，无效

D. 违反法律禁止性规定，无效

14. 某手表厂为纪念千禧年特制纪念手表2000只，每只售价1万元。其广告宣传主要内容为：纪念表镶有进口钻石。后经证实，“进口钻石”为进口人造钻石，每粒价格为1元。手表成本约为800元。为此，购买者与该手表厂发生纠纷。该纠纷应如何处理？(　　)

A. 按无效合同处理，理由为欺诈

B. 按可撤销合同处理，理由为欺诈

C. 按可撤销合同处理，理由为重大误解

D. 按有效合同处理

15. 甲、乙两人合开了一家干洗店，丙将一件皮衣拿到干洗店清洗，交给甲，并向甲交付清洗费100元。该合同关系的主体是（　　）。

A. 甲和丙　　B. 乙和丙

C. 甲、乙和丙　　D. 该干洗店和丙

16. 张某14周岁，智力超常，大学二年级学生。张某因有某项发明，而与刘某达成转让该发明的协议。该转让协议的效力如何？(　　)

A. 该转让协议有效

B. 该转让协议效力未定

C. 该转让协议无效

D. 该转让协议可撤销

17. 甲公司于6月5日以传真方式向乙公司求购一台机床，要求“立即回复”。乙公司当日回复“收到传真”。6月10日，甲公司电话催问，乙公司表示同意按甲公司报价出售，要其于6月15日来人签订合同书。6月15日，甲公司前往签约，乙公司要求加价，未获同意，乙公司遂拒绝签约。对此，下列哪一种说法是正确的？(　　)

A. 买卖合同于6月5日成立

B. 买卖合同于6月10日成立

C. 买卖合同于6月15日成立

D. 甲公司有权要求乙公司承担缔约过失责任

18. 在下列哪种情形中，在当事人之间产生合同法律关系？(　　)

A. 甲拾得乙遗失的一块手表

B. 甲邀请乙看球赛，乙因为有事没有前去赴约

C. 甲因有事外出，将一台电脑请乙保管

D. 甲树上的苹果落入乙家院内

19. 某商场设有自动售报机，顾客只要按要求投入硬币，即可得到当天的日报一份，

此种成立买卖合同的形式为（　　）。

A. 书面形式　　B. 口头形式

C. 推定形式　　D. 默示形式

20. 债务人欲将合同的义务全部或者部分转移给第三人，则（　　）。

A. 应当通知债权人　　B. 应当经债权人同意

C. 不必经债权人同意　　D. 不必通知债权人

正确答案：1. B　2. D　3. C　4. D　5. D　6. B　7. D　8. B　9. C　10. C　11. A　12. A　13. C　14. B　15. D　16. B　17. D　18. C　19. C　20. B

任务简析

处理本案关键是要把握当事人之间的合同是否已经成立。如果合同没有成立，当事人之间无合同权利义务，也就没有合同履行问题，H 公司拒收 C 公司的 100 吨钢材和拒收 D 公司的 100 吨钢材就不产生任何责任。如果成立，则当事人应当认真履行合同，否则构成违约，应当承担违约责任。

首先应当看 H 公司与 C 公司之间是否成立合同。H 公司向 C 公司和 D 公司同时发出的函，本身只是了解两公司是否有该标号的钢材，只能是要约邀请，而不能构成要约。C 公司在复函中告知 H 公司自己有钢材的同时，向 H 发送钢材，是一种事实上的要约行为，而不是承诺行为。所以说两者之间没有成立购买钢材合同。H 公司没有收取该 200 吨钢材的义务。但收取了其中的 100 吨，说明两者达成了一个 100 吨钢材的购买合同。所以 H 公司拒收另外 100 吨钢材没有构成违约，C 公司的请求不能成立。

再看 H 公司与 D 公司之间的合同关系。在收到 D 公司的复函确认 D 有该标号钢材后，H 公司又去函要求按照 D 公司所报价格购买其 1000 吨钢材，遂构成要约。D 公司在收到 H 公司的要约后，随即复函同意，这是承诺。在 H 公司收到 D 公司的承诺时，双方之间的钢材购买合同已经成立。对此双方应当全面履行合同义务。在合同成立后 H 公司两次要求变更合同，都没有得到 D 公司的同意。所以 H 公司拒不接收 D 公司的其余 100 吨钢材是违约行为，应当对此承担违约责任。

结论：H 公司应当收下 1100 吨钢材。

工作任务 11　担保合同

学习目标

探究知识：担保的概念、特征、方式，担保合同的无效及责任承担，保证、抵押、质押、留置、定金的具体法律规定。

获取能力：能够进行担保合同的订立；能够解决履行担保合同中出现的法律问题。

导入任务

甲向乙借款90万元，借款期限为2年，甲以自己拥有的L公司的价值50万元的股份出质给乙作为担保。甲和乙于2011年3月2日签订了借款合同和质押合同，并于3月3日进行了质押登记。甲又请丙为该借款合同提供保证，保证合同约定丙承担一般保证责任。问：

1. 甲与乙之间的质押合同于何时生效？

2. 如果2012年在丙不知情的情况下，甲和乙约定将其中10万元的债务转让给丁，则丙承担保证责任的范围是多少元？为什么？

3. 还款期限已到，甲没有按期还款，乙起诉丙要求丙承担保证责任，是否可以得到法院支持？为什么？

4. 若乙表示放弃对甲的股票的质权，则是否可以要求丙承担保证责任？说明理由。

法律快递

《中华人民共和国担保法》：1995年6月30日由第八届全国人民代表大会常务委员会第十四次会议通过，自1995年10月1日起施行。

《最高人民法院关于适用〈中华人民共和国担保法〉若干问题的解释》：2000年9月29日由最高人民法院审判委员会第1133次会议通过，自2000年12月13日起施行。

《中华人民共和国物权法》：2007年3月16日由第十届全国人民代表大会第五次会议通过，自2007年10月1日起施行。

一、担保概述

（一）担保的概念与特征

1. 担保的概念

担保是保障债权实现的一种方式，它是指为确保特定的债权人实现债权，以债务人或第三人的信用或者特定财产来督促债务人履行债务的制度。

在借贷、买卖、货物运输、加工承揽等经济活动中，债权人需要以担保方式保障其债权实现的，可以依照法律规定设定担保。

2. 担保的特征

（1）从属性。担保的从属性是指为确保相应的债权得以清偿而成立的担保，以债权的发生和存在为前提，是从属于主债权的从债。

（2）补充性。补充性是指债的担保一经成立，就在主债关系的基础上补充了某种权利义务关系，如保证法律关系、抵押法律关系等。这些补充的权利义务关系增强了保障债权人的债权得以实现的可能性。而且，只有在担保有效期内，债务人不履行债务时，债权人向债务人提出担保请求，债权人才能行使担保权或取得担保利益。

（二）担保方式

1. 担保类型

我国《担保法》规定的担保方式是：保证、抵押、质押、留置和定金。在这五种担保方式中，保证属于人的担保，是用他人的信用及该信用下的全部财产做担保而非直接用他人的财产做担保；抵押、质押、留置属于物的担保，是用债务人或第三人的财产直接承担担保责任，由此形成的权利为担保物权；定金属于金钱担保，是债务人用金钱来担保合同的履行和承担担保责任。

2. 反担保

第三人为债务人向债权人提供担保时，可以要求债务人提供反担保。反担保是指为了换取担保人提供保证、抵押和质押等担保方式，而由债务人或第三人向该担保人提供的担保，该项担保相对于担保而言被称为反担保。反担保人可以是债务人，也可以是债务人之外的其他人。反担保方式可以是债务人提供的抵押或者质押，也可以是其他人提供的保证、抵押或者质押。

（三）担保合同的无效与责任承担

1. 主合同无效导致担保合同无效，担保人的法律责任

担保人无过错的，担保人不承担民事责任；担保人有过错的，担保人承担民事责任的部分，不应超过债务人不能清偿部分的三分之一。

2. 主合同有效而担保合同无效

债权人无过错的，担保人与债务人对债权人承担连带赔偿责任；债权人、担保人有过错的，担保人承担民事责任部分不应超过债务人不能清偿部分的二分之一。

二、保证

（一）保证和保证人

1. 保证的概念

保证，是指保证人和债权人约定，当债务人不履行债务时，保证人按照约定履行债务或者承担责任的行为。保证合同中约定保证人代为履行非金钱债务的，如果保证人不能实际代为履行，对债权人因此造成的损失，保证人应当承担赔偿责任。保证人是债权人和债务人之外的第三人。债权人是主债的债权人和保证合同中的债权人。保证的当事人是债权人和保证人。

2. 保证人

具有代为清偿债务能力的法人、其他组织或者公民，可以作保证人。不具有完全代偿能力的主体，只要以保证人身份订立保证合同后，就应当承担保证责任。

不得作为保证人的情形：

（1）国家机关不得为保证人，但经国务院批准为使用外国政府或者国际经济组织贷款进行转贷的除外。

（2）学校、幼儿园、医院等以公益为目的的事业单位、社会团体不得为保证人。

（3）企业法人的分支机构、职能部门不得为保证人。企业法人的分支机构有法人书面授权的，可以在授权范围内提供保证。

任何单位和个人不得强令银行等金融机构或者企业为他人提供保证；银行等金融机构或者企业对强令其为他人提供保证的行为，有权拒绝。

（二）保证合同

保证合同应当以书面形式订立。第三人单方以书面形式向债权人出具担保书，债权人接受且未提出异议的，保证合同成立。主合同中虽然没有保证条款，但是保证人在主合同上以保证人的身份签字或者盖章的，保证合同成立。

保证合同应当包括以下内容：（1）被保证的主债权种类、数额；（2）债务人履行债务的期限；（3）保证的方式；（4）保证担保的范围；（5）保证的期间；（6）双方认为需要约定的其他事项。保证合同不完全具备规定内容的，可以补正。

保证人与债权人可以就单个主合同分别订立保证合同，也可以协议在最高债权额限度内就一定期间连续发生的借款合同或者某项商品交易合同订立一个保证合同。

（三）保证的方式

1. 一般保证

当事人在保证合同中约定，债务人不能履行债务时，由保证人承担保证责任的，为一般保证。一般保证的保证人在主合同未经审判或者仲裁，并就债务人财产依法强制执行仍不能履行债务前，对债权人可以拒绝承担保证责任。但下列情形除外：

（1）债务人住所变更，致使债权人要求其履行债务发生重大困难的；

（2）人民法院受理债务人破产案件，中止执行程序的；

（3）保证人以书面形式放弃前款规定的权利的。

2. 连带责任保证

当事人在保证合同中约定保证人与债务人对债务承担连带责任的，为连带责任保证。连带责任保证的债务人在主合同规定的债务履行期届满没有履行债务的，债权人可以要求债务人履行债务，也可以要求保证人在其保证范围内承担保证责任。

当事人对保证方式没有约定或者约定不明确的，按照连带责任保证承担保证责任。

一般保证和连带责任保证的保证人享有债务人的抗辩权。债务人放弃对债务的抗辩权的，保证人仍有权抗辩。

同一债务有两个以上保证人的，保证人应当按照保证合同约定的保证份额，承担保证责任，没有约定保证份额的，保证人承担连带责任，债权人可以要求任何一个保证人承担全部保证责任，保证人都负有担保全部债权实现的义务。已经承担保证责任的保证人，有权向债务人追偿，或者要求承担连带责任的其他保证人清偿其应当承担的份额。按份共同保证的保证人按照保证合同约定的保证份额承担保证责任后，在其履行保证责任的范围内对债务人行使追偿权。

（四）保证期间

1. 一般规定

一般保证的保证人与债权人未约定保证期间的，保证期间为主债务履行期届满之日起6个月。连带责任保证的保证人与债权人未约定保证期间的，债权人有权自主债务履行期届满之日起6个月内要求保证人承担保证责任。

保证期间不因任何事由发生中断、中止、延长的法律后果。

2. 特殊情况下的保证期间及其起算

（1）保证合同约定的保证期间早于或者等于主债务履行期限的，视为没有约定，保证期间为主债务履行期届满之日起6个月。

（2）保证合同约定保证人承担保证责任直至主债务本息还清时为止等类似内容的，视为约定不明，保证期间为主债务履行期届满之日起2年。

（3）主合同对主债务履行期限没有约定或者约定不明的，保证期间自债权人要求债务人履行义务的宽限期届满之日起计算。

（4）最高额保证合同对保证期间没有约定或者约定不明的，如最高额保证合同约定有保证人清偿债务期限的，保证期间为清偿期限届满之日起6个月。没有约定债务清偿期限的，保证期间自最高额保证终止之日或自债权人收到保证人终止保证合同的书面通知到达之日起6个月。

（5）债权人与债务人对主合同履行期限作了变动，未经保证人书面同意的，保证期间为原合同约定的或者法律规定的期间。

（五）保证人免责

具有下列情形之一，保证人免除保证责任：

（1）主合同当事人双方串通，骗取保证人提供保证的；

（2）主合同债权人采取欺诈、胁迫等手段，使保证人在违背真实意思的情况下提供保证的。主合同债务人采取欺诈、胁迫等手段，使保证人在违背真实意思的情况下提供保证的，债权人知道或者应当知道欺诈、胁迫事实的。

（3）保证期间，债权人依法将主债权转让给第三人的，保证债权同时转让，保证人在原保证担保的范围内对受让人承担保证责任。但是保证人与债权人事先约定仅对特定的债权人承担保证责任或者禁止债权转让的，保证人不再承担保证责任。

（4）保证期间，债权人许可债务人转让部分债务未经保证人书面同意的，保证人对未经其同意转让部分的债务，不再承担保证责任。但是，保证人仍应当对未转让部分的债务承担保证责任。

（5）保证期间，债权人与债务人对主合同的数量、价款、币种、利率等内容作了变动，未经保证人同意的，如果减轻债务人债务的，保证人按变更后的合同承担保证责任；反之，对加重部分不承担保证责任。债权人与债务人协议变动主合同内容，但并未实际履行的，保证人仍应当承担保证责任。

（6）主合同当事人双方协议以新贷偿还旧贷，除保证人知道或者应当知道的外，保证人不承担民事责任。

(7) 债权人知道或者应当知道债务人破产，既未申报债权也未通知保证人，致使保证人不能预先行使追偿权的，保证人在该债权在破产程序中可能受偿的范围内免除保证责任。

(8) 当担保物为债务人所提供时，保证人只对物的担保以外的债权承担保证责任，如果债权人放弃物的担保，保证人在债权人放弃权利的范围内免除保证责任。

(9) 一般保证的保证人在主债权履行期间届满后，向债权人提供了债务人可供执行财产的真实情况的，债权人放弃或者怠于行使权利致使该财产不能被执行，保证人可以请求人民法院在其提供可供执行财产的实际价值范围内免除保证责任。

(六) 保证责任的范围

保证担保的范围包括主债权及利息、违约金、损害赔偿金和实现债权的费用。保证合同另有约定的，按照约定。当事人对保证担保的范围没有约定或者约定不明确的，保证人应当对全部债务承担责任。

《物权法》第一百七十六条规定，被担保的债权既有物的担保又有人的担保的，债务人不履行到期债务或者发生当事人约定的实现担保物权的情形，债权人应当按照约定实现债权；没有约定或者约定不明确，债务人自己提供物的担保的，债权人应当先就该物的担保实现债权；第三人提供物的担保的，债权人可以就物的担保实现债权，也可以要求保证人承担保证责任。提供担保的第三人承担担保责任后，有权向债务人追偿。

三、抵押

(一) 抵押的概念

抵押是指为担保债务的履行，债务人或者第三人不转移财产的占有，将该财产抵押给债权人的，债务人不履行到期债务或者发生当事人约定的实现抵押权的情形，债权人有权就该财产优先受偿。债务人或者第三人为抵押人，债权人为抵押权人，提供担保的财产为抵押财产。

(二) 抵押财产

1. 抵押财产的范围

债务人或者第三人有权处分的下列财产可以抵押：(1) 建筑物和其他土地附着物；(2) 建设用地使用权；(3) 以招标、拍卖、公开协商等方式取得的荒地等土地承包经营权；(4) 生产设备、原材料、半成品、产品；(5) 正在建造的建筑物、船舶、航空器；(6) 交通运输工具；(7) 法律、行政法规未禁止抵押的其他财产。

抵押人可以将上列财产一并抵押。

经当事人书面协议，企业、个体工商户、农业生产经营者可以将现有的以及将有的生产设备、原材料、半成品、产品抵押，债务人不履行到期债务或者发生当事人约定的实现抵押权的情形，债权人有权就实现抵押权时的动产优先受偿，但不得对抗正常经营活动中已支付合理价款并取得抵押财产的买受人。

以建筑物抵押的，该建筑物占用范围内的建设用地使用权一并抵押。以建设用地使用权抵押的，该土地上的建筑物一并抵押。抵押人未一并抵押的，未抵押的财产视为一并抵押。

乡镇、村企业的建设用地使用权不得单独抵押。以乡镇、村企业的厂房等建筑物抵押的，其占用范围内的建设用地使用权一并抵押。

2. 禁止抵押财产的范围

（1）土地所有权；（2）耕地、宅基地、自留地、自留山等集体所有的土地使用权，但法律规定可以抵押的除外；（3）学校、幼儿园、医院等以公益为目的的事业单位、社会团体的教育设施、医疗卫生设施和其他社会公益设施；（4）所有权、使用权不明或者有争议的财产；（5）依法被查封、扣押、监管的财产；（6）法律、行政法规规定不得抵押的其他财产。

以法定程序确认为违法、违章的建筑物抵押的，抵押无效。

（三）抵押合同

抵押人和抵押权人应当以书面形式订立抵押合同，除法律规定或当事人另有约定外，抵押合同自依法成立之日起生效。

抵押合同一般包括以下内容：（1）被担保的主债权种类、数额；（2）债务人履行债务的期限；（3）抵押物的名称、数量、质量、状况、所在地、所有权权属或者使用权权属；（4）抵押担保的范围。

（四）抵押权登记

1. 必须办理登记的抵押

以下列财产抵押的，应当办理抵押登记，抵押权自登记时设立。

（1）建筑物和其他土地附着物；

（2）建设用地使用权；

（3）以招标、拍卖、公开协商等方式取得的荒地等土地承包经营权；

（4）正在建造的建筑物。

2. 自愿办理登记的抵押

以下列财产抵押的，当事人可以自愿办理抵押物登记，抵押权自抵押合同生效时设立；未经登记，不得对抗善意第三人。

（1）生产设备、原材料、半成品、产品；

（2）正在建造的船舶、航空器；

（3）交通运输工具。

企业、个体工商户、农业生产经营者将现有的以及将有的生产设备、原材料、半成品、产品抵押的，应当向抵押人住所地的工商行政管理部门办理登记。抵押权自抵押合同生效时设立；未经登记，不得对抗善意第三人。

当事人办理抵押物登记手续时，登记部门的原因致使其无法办理抵押物登记，抵押人向债权人交付权利凭证的，可以认定债权人对该财产有优先受偿权。但是，未办理抵押物登记的，不得对抗第三人。

（五）抵押权的效力

1. 对抵押物孳息的效力

一般情况下，抵押权的效力不及于孳息，但是债务人不履行到期债务或者发生当事人约定的实现抵押权的情形，致使抵押财产被人民法院依法扣押的，自扣押之日起抵押权人有权收取该抵押财产的天然孳息或者法定孳息，但抵押权人未通知应当清偿法定孳息的义务人的除外。

2. 对从物的效力

抵押权设定前为抵押物的从物的，抵押权的效力及于抵押物的从物。但是，抵押物与其从物为两个以上的人分别所有时，抵押权的效力不及于抵押物的从物。

3. 对租赁关系的影响

订立抵押合同前抵押财产已出租的，原租赁关系不受该抵押权的影响。抵押权设立后抵押财产出租的，该租赁关系不得对抗已登记的抵押权。

4. 抵押财产的转让

抵押期间，抵押人未经抵押权人同意，不得转让抵押财产，但受让人代为清偿债务消灭抵押权的除外。抵押期间，抵押人经抵押权人同意转让抵押财产的，应当将转让所得的价款向抵押权人提前清偿债务或者提存。转让的价款超过债权数额的部分归抵押人所有，不足的部分由债务人清偿。

5. 抵押财产的减少

抵押人的行为足以使抵押财产价值减少的，抵押权人有权要求抵押人停止其行为。抵押财产价值减少的，抵押权人有权要求恢复抵押财产的价值，或者提供与减少的价值相应的担保。抵押人不恢复抵押财产的价值也不提供担保的，抵押权人有权要求债务人提前清偿债务。

6. 不得与债权分离

抵押权不得与债权分离而单独转让或者作为其他债权的担保。债权转让的，担保该债权的抵押权一并转让，但法律另有规定或者当事人另有约定的除外。

（六）抵押权的实现

1. 抵押担保的范围

担保物权人在债务人不履行到期债务或者发生当事人约定的实现担保物权的情形，依法享有就担保财产优先受偿的权利。担保物权的担保范围包括主债权及其利息、违约金、损害赔偿金、保管担保财产和实现担保物权的费用。当事人另有约定的，遵从约定。

2. 抵押权实现的方式

债务人不履行到期债务或者发生当事人约定的实现抵押权的情形，抵押权人可以与抵押人协议以抵押财产折价或者以拍卖、变卖该抵押财产所得的价款优先受偿。协议损害其他债权人利益的，其他债权人可以在知道或者应当知道撤销事由之日起一年内请求人民法院撤销该协议。抵押权人与抵押人未就抵押权实现方式达成协议的，抵押权人可以请求人民法院拍卖、变卖抵押财产。抵押财产折价或者拍卖、变卖后，其价款超过债权数额的部分归抵押人所有，不足部分由债务人清偿。

抵押权人在债务履行期限届满前，不得与抵押人约定债务人不履行到期债务时抵押财产归债权人所有。

抵押权人可以放弃抵押权或者抵押权的顺位。抵押权人与抵押人可以协议变更抵押权顺位以及被担保的债权数额等内容，但抵押权的变更，未经其他抵押权人书面同意，不得对其他抵押权人产生不利影响。

债务人以自己的财产设定抵押，抵押权人放弃该抵押权、抵押权顺位或者变更抵押权的，其他担保人在抵押权人丧失优先受偿权益的范围内免除担保责任，但其他担保人承诺仍然提供担保的除外。

3. 抵押担保债权的清偿顺序

同一财产向两个以上债权人抵押的，拍卖、变卖抵押物所得的价款按照以下规定清偿：

（1）抵押合同已登记生效的，按照抵押物登记的先后顺序清偿；顺序相同的，按照债权比例清偿。

（2）抵押合同自签订之日起生效的，该抵押物已登记的，按照第（1）项规定清偿；未登记的，按照合同生效时间的先后顺序清偿，顺序相同的，按照债权比例清偿。抵押物已登记的先于未登记的受偿。

（七）最高额抵押

1. 最高额抵押的概念和特征

最高额抵押，是指为担保债务的履行，债务人或者第三人对一定期间内将要连续发生的债权提供担保财产的，债务人不履行到期债务或者发生当事人约定的实现抵押权的情形，抵押权人有权在最高债权额限度内就该担保财产优先受偿。

最高额抵押有以下特征：（1）是为将来发生的债权提供的担保；（2）担保债权的不特定性；（3）抵押的债权具有最高限额；（4）对一定期限内连续发生的债作担保。

2. 最高额抵押的效力

（1）最高额抵押担保的债权范围

以现在及将来的债权为限，不能回溯至过去的债权。但是最高额抵押设立前已经存在的债权，经当事人同意，可以转入最高额抵押担保的债权范围。

如果实际债权额超过最高额的，应以最高额为抵押权所担保的债权额；超出部分的债权额为普通债权，不受最高额抵押权担保。

（2）最高额抵押权内容的变更

最高额抵押担保的债权确定前，抵押权人与抵押人可以通过协议变更债权确定的期间、债权范围以及最高债权额，但变更的内容不得对其他抵押权人产生不利影响。

（3）最高额抵押权的转让

最高额抵押担保的债权确定前，部分债权转让的，最高额抵押权不得转让，但当事人另有约定的除外。

3. 最高额抵押担保的债权的确定

最高额抵押担保的债权的确定，也称“最高额抵押担保的债权的特定”，是指最高额抵押权所担保的一定范围内的不特定债权，因一定事由的发生而归于具体特定。

最高额抵押权所担保的债权的特定事由有：（1）约定的债权确定期间届满；（2）没有约定债权确定期间或者约定不明确，抵押权人或者抵押人自最高额抵押权设立之日起满2年后请求确定债权；（3）新的债权不可能发生；（4）抵押财产被查封、扣押；（5）债务人、抵押人被宣告破产或者被撤销；（6）法律规定债权确定的其他情形。

最高额抵押要实现抵押权，必须具备两个条件：一是抵押权担保的债权数额已确定；二是债权已到履行期。所以，当事人在抵押合同中除应规定决算期以外，还应当规定债的履行期限。只有在决算期到来后，通过决算确定出债的实际数额，同时债务也已经到清偿期时，抵押权人才能实现其抵押权。

案例解读

【案情概述】2009年12月15日，孙某向某银行借款本金及利息199万元，还款日期为2010年10月15日，约定孙某为该笔借款提供自己的房屋及机器设备作为抵押，同时张某作为保证人，对该笔借款进行连带责任保证。2010年4月23日，孙某再次向该银行借款本金及利息140万元，还款日期为2010年10月23日，约定以刘某所有的房屋为该借款提供抵押，同时张某作为保证人，对该笔借款进行连带责任保证。两笔借款本金合计213万元，逾期后孙某均未偿还本息。该银行诉至法院。

【处理结果】一审法院经审理判决被告孙某偿还借款本金213万元及利息，若被告孙某未履行上述清偿义务，原告某银行对抵押物享有优先受偿权；保证人张某对借款199万元本息经实现抵押权仍不能清偿的部分承担连带清偿责任。对借款140万元本息承担连带清偿责任。一审判决后，当事人未上诉，该判决已生效。

【解读意见】根据《物权法》第一百七十六条的规定，因担保物的提供人不同，保证人承担责任的范围也有所不同。

（资料来源：中国法院网）

四、质押

（一）动产质押

1. 概念

动产质押是指为担保债务的履行，债务人或者第三人将其动产交给债权人占有的，债务人不履行到期债务或者发生当事人约定的实现质权的情形，债权人有权就该动产优先受偿。债务人或者第三人为出质人，债权人为质权人，交付的动产为质押财产。

法律、行政法规禁止转让的动产不得出质。

2. 质权合同

设立质权，当事人应当采取书面形式订立质权合同。质权合同一般包括下列条款：(1) 被担保债权的种类和数额；(2) 债务人履行债务的期限；(3) 质押财产的名称、数量、质量、状况；(4) 担保的范围；(5) 质押财产交付的时间。

质权人在债务履行期届满前，不得与出质人约定债务人不履行到期债务时质押财产归债权人所有。

3. 动产质权的设立、行使及责任

(1) 质权自出质人交付质押财产时设立。

(2) 质权人有权收取质押财产的孳息，但合同另有约定的除外。孳息应当先充抵收取孳息的费用。

(3) 质权人在质权存续期间，未经出质人同意，擅自使用、处分质押财产，给出质人造成损害的，应当承担赔偿责任。

(4) 质权人负有妥善保管质押财产的义务；因保管不善致使质押财产毁损、灭失的，应当承担赔偿责任。质权人的行为可能使质押财产毁损、灭失的，出质人可以要求质权人将质押财产提存，或者要求提前清偿债务并返还质押财产。

(5) 因不能归责于质权人的事由可能使质押财产毁损或者价值明显减少，足以危害质权人权利的，质权人有权要求出质人提供相应的担保；出质人不提供的，质权人可以拍卖、变卖质押财产，并与出质人通过协议将拍卖、变卖所得的价款提前清偿债务或者提存。

(6) 质权人在质权存续期间，未经出质人同意转质，造成质押财产毁损、灭失的，应当向出质人承担赔偿责任。

(7) 质权人可以放弃质权。债务人以自己的财产出质，质权人放弃该质权的，其他担保人在质权人丧失优先受偿权益的范围内免除担保责任，但其他担保人承诺仍然提供担保的除外。

(8) 债务人履行债务或者出质人提前清偿所担保的债权的，质权人应当返还质押财产。债务人不履行到期债务或者发生当事人约定的实现质权的情形，质权人可以与出质人协议以质押财产折价，也可以就拍卖、变卖质押财产所得的价款优先受偿。

(9) 出质人可以请求质权人在债务履行期届满后及时行使质权；质权人不行使的，出质人可以请求人民法院拍卖、变卖质押财产。出质人请求质权人及时行使质权，因质权人怠于行使权利造成损害的，由质权人承担赔偿责任。

(10) 质押财产折价或者拍卖、变卖后，其价款超过债权数额的部分归出质人所有，不足部分由债务人清偿。

(11) 出质人与质权人可以协议设立最高额质权。

(二) 权利质押

1. 权利质押的概念

权利质押，是指为了担保债权清偿，就债务人或第三人所享有的可转让的权利为标的的质押。

权利质押的标的是权利，但并不是说任何权利都可以作为权利质权的标的。能够作为权利质押的标的的权利，必须具有以下特征：（1）必须是财产权利，包括物权、债权及无形财产权等可以用金钱价格评估的权利；（2）必须是依法可转让的财产权利；（3）必须是债务人或者第三人有权处分的权利。

2. 可以质押的权利

债务人或者第三人有权处分的下列权利可以出质：（1）汇票、支票、本票；（2）债券、存款单；（3）仓单、提单；（4）可以转让的基金份额、股权；（5）可以转让的注册商标专用权、专利权、著作权等知识产权中的财产权；（6）应收账款；（7）法律、行政法规规定可以出质的其他财产权利。

3. 权利质权的设立方式

（1）以汇票、本票、支票、债券、存款单、仓单、提单出质的，当事人应当订立书面合同。质权自权利凭证交付质权人时设立；没有权利凭证的，质权自有关部门办理出质登记时设立。

（2）汇票、本票、支票、债券、存款单、仓单、提单的兑现日期或者提货日期先于主债权到期的，质权人可以兑现或者提货，并与出质人协议将兑现的价款或者提取的货物提前清偿债务或者提存。

（3）以基金份额、股权出质的，当事人应当订立书面合同。以基金份额、证券登记结算机构登记的股权出质的，质权自证券登记结算机构办理出质登记时设立；以其他股权出质的，质权自工商行政管理部门办理出质登记时设立。

基金份额、股权出质后，不得转让，但经出质人与质权人协商同意的除外。出质人转让基金份额、股权所得的价款，应当向质权人提前清偿债务或者提存。

（4）以注册商标专用权、专利权、著作权等知识产权中的财产权出质的，当事人应当订立书面合同。质权自有关主管部门办理出质登记时设立。

知识产权中的财产权出质后，出质人不得转让或者许可他人使用，但经出质人与质权人协商同意的除外。出质人转让或者许可他人使用出质的知识产权中的财产权所得的价款，应当向质权人提前清偿债务或者提存。

（5）以应收账款出质的，当事人应当订立书面合同。质权自信贷征信机构办理出质登记时设立。

应收账款出质后，不得转让，但经出质人与质权人协商同意的除外。出质人转让应收账款所得的价款，应当向质权人提前清偿债务或者提存。

课堂讨论1

【材料】自然人甲与自然人乙是好友，甲因扩大店面急需资金向乙借款10万元，乙要求甲提供担保，甲将自己的奥迪车出质给乙，乙因自己不会开车，要求甲将该车开回。后甲向自然人丙借款10万元，又将该车出质给丙。丙对该车进行了占有。该奥迪车的价值为50万元。在丙占有期间，因丁向丙租用该车，丙未经甲同意，即与丁签订了租赁合同。丁因违章驾驶造成该车灭失，为此引起纠纷。

【问题】1. 本案中，甲、乙之间的质押合同是否生效？

2. 甲、丙之间存在何种法律关系？丙是否有权出租该车？

3. 甲可就该车损失向谁主张权利？

五、留置

（一）留置的概念和成立条件

1. 留置的概念

留置是指债务人不履行到期债务，债权人可以留置已经合法占有的债务人的动产，并有权就该动产优先受偿。

与其他担保方式不同，留置不是当事人约定的，而是由法律直接规定的。

留置权人对留置财产丧失占有或者留置权人接受债务人另行提供担保的，留置权消灭。

2. 留置权成立的条件

（1）因保管合同、运输合同、加工承揽合同以及法律规定可以留置的其他合同，发生的债权，债务人不履行债务的，债权人有留置权。法律规定或者当事人约定不得留置的动产，不得留置。

（2）债权人留置的动产，应当与债权属于同一法律关系，但企业之间留置的除外。

（3）债权须已届满清偿期而债务人未按规定的期限履行义务。

（二）留置权的行使

（1）留置的范围。留置财产为可分物的，留置财产的价值应当相当于债务的金额。留置财产为不可分物的，留置全部财产。

（2）收取孳息。留置权人有权收取留置财产的孳息。孳息应当先充抵收取孳息的费用。

（3）妥善保管留置物。留置权人负有妥善保管留置财产的义务；因保管不善致使留置财产毁损、灭失的，应当承担赔偿责任。

（4）留置权的实现。留置权人与债务人应当约定留置财产后的债务履行期间；没有约定或者约定不明确的，留置权人应当给债务人两个月以上履行债务的期间，但鲜活易腐等不易保管的动产除外。债务人逾期未履行的，留置权人可以与债务人协议以留置财产折价，也可以就拍卖、变卖留置财产所得的价款优先受偿。

留置财产折价或者拍卖、变卖后，其价款超过债权数额的部分归债务人所有，不足部分由债务人清偿。

（5）优先受偿。同一动产上已设立抵押权或者质权，该动产又被留置的，留置权人优先受偿。

课堂讨论2

【材料】王某自购了一辆货车跑运输，2013年6月王某将车送到某修理厂修理，用去费用3000元。王某与修理厂商量，因其未带现金，先将车开回，10日内交修理费，修理厂同意，但王某并未在10日内付款，其后修理厂找王某要修理费，王某以各种理由搪塞，2014年3月，王某的车被撞，因担心修理厂以上次未交钱为由不给修，就带上2000元交修理厂，要求将车修好，修理厂将车修好后，结算需修理费1500元。但修理厂提出，因王某上次的修车费未付，不能将车交给王某，于是将车扣留而不让王某开走。王某因有运输任务急需用车，要求修理厂将车还给他，而修理厂则以王某不讲信用，扣车是行使留置权为由拒不还车。

【问题】修理厂可以行使留置权吗？

六、定金

（一）概念

定金是指在合同订立或在履行之前支付一定数额的金钱作为担保的担保方式。债务人履行债务后，定金应当抵作价款或者收回。给付定金的一方不履行约定的债务的，无权要求返还定金；收受定金的一方不履行约定的债务的，应当双倍返还定金。

（二）定金的设定及其效力

（1）定金合同是实践合同。定金合同从实际交付定金之日起生效。实际交付的定金数额多于或者少于约定的数额，视为变更定金合同；收受定金一方提出异议并拒绝接受定金的，定金合同不生效。

（2）当事人约定以交付定金作为订立主合同担保的，给付定金的一方拒绝订立主合同的，无权要求返还定金；收受定金的一方拒绝订立合同的，应当双倍返还定金。

（3）当事人约定以交付定金作为主合同成立或者生效要件的，给付定金的一方未支付定金，但主合同已经履行或者已经履行主要部分的，不影响主合同的成立或者生效。

（4）定金的数额由当事人约定，但不得超过主合同标的额的20%。超过的部分，不具有定金的效力。

（5）因当事人一方迟延履行或者其他违约行为，致使合同目的不能实现，可以适用定金罚则。但法律另有规定或者当事人另有约定的除外。当事人一方不完全履行合同的，应当按照未履行部分所占合同约定内容的比例，适用定金罚则。

（6）因不可抗力、意外事件致使主合同不能履行的，不适用定金罚则。因合同关系以外第三人的过错，致使主合同不能履行的，适用定金罚则。受定金处罚的一方当事人，可以依法向第三人追偿。

讨论提示1

1. 未生效。质押合同自质物移交于质权人占有时生效。

2. 甲、丙之间存在质权法律关系，丙无权出租该车。质权为担保物权，质权人对质物不享有使用权和收益权，除非是为了保存质物价值的需要，因此，丙无权将该车出租。

3. 向丙主张权利。质权人擅自出租质物给出质人造成损失的，应依法承担赔偿责任。

讨论提示2

修理厂无权留置王某的车。债权人留置的动产，应当与债权属于同一法律关系。王某所欠的修理费是在前一修理关系中发生的，后一修理关系中王某已支付修理费。

能力测试

1. 张三为债务人甲向债权人乙提供担保时，要求债务人甲提供反担保。反担保的方式可以是？(　　)

A. 甲的朋友丙提供的质押　　B. 债务人甲提供的定金

C. 甲的朋友丙提供的留置　　D. 债务人甲提供的保证

2. 甲向乙借款5万元，还款期限6个月，丙作保证人，约定丙承担保证责任直至甲向乙还清本息为止。丙的保证责任期间应如何计算？(　　)

A. 主债务履行期届满之日起6个月　B. 借款发生之日起2年

C. 借款发生之日起6个月　　D. 主债务履行期届满之日起2年

3. 当事人在保证合同中约定，债务人不能履行债务时，由保证人承担保证责任的，为下列哪种保证方式？(　　)

A. 共同保证　B. 一般保证　C. 连带责任保证　D. 有限责任保证

4. 抵押权的实现，无须具备的条件是（　　）。

A. 须抵押权有效存在　　B. 须债务已届清偿期

C. 须债务人未清偿债务　　D. 抵押物转移占有

5. 同一财产抵押权与留置权并存时（　　）。

A. 留置权人优先于抵押权人受偿　B. 抵押权人优先于留置权人受偿

C. 同时受偿　　D. 先成立的先受偿

6. 下列财产可以设定抵押的是（　　）。

A. 土地所有权

B. 公立学校的教学楼

C. 债务人或者第三人有权处分的交通运输工具

D. 依法监管的财产

7. 甲将自己的摩托车出质给乙，担保乙与丙之间的债务。当债权到期时，丙无力偿还乙的钱，于是乙按照合同约定将该摩托车变卖后将该价款优先受偿。此时（　　）。

A. 甲、乙、丙三人之间的法律关系均终止

B. 甲自愿将摩托车出质给乙，所以无权要求丙返还相当的价款

C. 乙、丙之间的法律关系终止，但甲仍有权向乙追偿

D. 丙和甲应当分担乙的债务

8. 依据我国法律规定，下列选项不可以质押的有（　　）。

A. 房屋　　B. 汽车　　C. 汇票　　D. 宅基地使用权

9. 关于定金合同的陈述，正确的是（　　）。

A. 定金合同为诺成性合同

B. 收受定金的一方不履行约定的债务的，应当双倍返还定金

C. 定金数额最高不得超过主合同标的额的25%

D. 定金合同不要求采取书面形式，只需交付即可

10. 下列关于留置物的说法中，正确的是（　　）。

A. 留置物是债权标的物的从物

B. 留置物是债权标的物的孳息

C. 留置物是合同债权的标的物，是由债权人占有的动产

D. 留置物是合同债权的标的物，是由债务人占有的动产

正确答案：1. A　2. D　3. B　4. D　5. A　6. C　7. C　8. D　9. B　10. C

任务简析

1. 于2011年3月3日生效。

2. 丙承担保证责任的范围是30万元。保证人对债务人提供的物的担保以外的债权承担保证责任；在保证期间，债权人许可债务人转让部分债务未经保证人书面同意的，保证人对未经其同意转让的部分债务，不再承担保证责任，只对未转让部分的债务承担保证责任。

3. 不能。因为丙承担的是一般保证责任，一般保证的保证人在主合同未经审判或者仲裁，并就债务人财产依法强制执行仍不能履行债务前，对债权人可以拒绝承担保证责任。

4. 不能。《最高人民法院关于适用〈中华人民共和国担保法〉若干问题的解释》规定，债权人放弃债务人提供的物的担保的，保证人在债权人放弃权利的范围内免除保证责任。

工作任务12　履行合同

学习目标

探究知识：合同履行的规则；履行中的抗辩权及债权保全；违约责任。

获取能力：掌握合同的履行规则、解释规则，懂得如何采取措施保障债权的实现，能够依法处理合同纠纷，能够实现合同目的。

导入任务

2014 年 8 月 7 日，方某（以下称“买方”）与某计算机器材商店（以下称“卖方”）签订了笔记本电脑买卖合同一份，主要内容为：买方向卖方购买售价为 8500 元的笔记本电脑一台；买方先交付预付款 1500 元，余款在提货时一并付清；交货时间为 8 月 23 日之前。但直到 8 月 31 日卖方才通知买方提货，买方则提出，由于卖方没有在合同约定的时间内履行交货义务，该笔记本电脑是准备送给自己的外甥考上北京某重点大学的礼物，本打算在他启程去北京的 8 月 24 日这天送给他，现在外甥已到北京，自己购买电脑的目的即合同目的已无法实现，因此提出解除合同。由于双方不能协商解决，卖方诉讼到法院，要求买方继续履行合同；买方则提起反诉，要求解除合同，返还 1500 元预付款。

问：法院将支持买方还是卖方的诉讼请求？

法律快递

《最高人民法院关于适用〈中华人民共和国合同法〉若干问题的解释（二）》：2009 年 2 月 9 日由最高人民法院审判委员会第 1462 次会议通过，自 2009 年 5 月 13 日起施行。

《最高人民法院关于审理买卖合同纠纷案件适用法律问题的解释》：2012 年 3 月 31 日由最高人民法院审判委员会第 1545 次会议通过，自 2012 年 7 月 1 日起施行。

一、合同履行的规则

合同履行规则是指在合同履行过程中需要遵守的具体规范。

（一）当事人就有关合同内容约定不明确的履行规则

1. 按照约定或者交易习惯确定

就质量、价款或者报酬、履行地点等内容没有约定或者约定不明确的，可以协议补充；不能达成补充协议的，按照合同有关条款或者交易习惯确定。

所谓“交易习惯”是指不违反法律、行政法规强制性规定的下列情形：交易行为在当地或者某一领域、某一行业通常采用并为交易对方订立合同时所知道或者应当知道的做法；当事人双方经常使用的习惯做法。对于交易习惯，由提出主张的一方当事人承担举证责任。

2. 不能按照约定或者交易习惯确定的，适用下列规定

（1）质量要求不明确的，按照国家标准、行业标准履行；没有国家标准、行业标准的，按照通常标准或者符合合同目的的特定标准履行。

（2）价款或者报酬不明确的，按照订立合同时履行地的市场价格履行；依法应当执行政府定价或者政府指导价的，按照规定履行。

（3）履行地点不明确，给付货币的，在接受货币一方所在地履行；交付不动产的，在不动产所在地履行；其他标的，在履行义务一方所在地履行。

（4）履行期限不明确的，债务人可以随时履行，债权人也可以随时要求履行，但应

当给对方必要的准备时间。

（5）履行方式不明确的，按照有利于实现合同目的的方式履行。

（6）履行费用的负担不明确的，由履行义务一方负担。

（二）执行政府定价或者政府指导价的合同履行规则

执行政府定价或者政府指导价的，在合同约定的交付期限内政府价格调整时，按照交付时的价格计价。逾期交付标的物的，遇价格上涨时，按照原价格执行；价格下降时，按照新价格执行。逾期提取标的物或者逾期付款的，遇价格上涨时，按照新价格执行；价格下降时，按照原价执行。

（三）第三人代为履行或代为接受履行合同的规则

合同的履行，通常由合同当事人亲自履行和亲自接受履行。但是在不违反法定或约定的情况下，也可以由第三人代为履行或代为接受履行合同。

（1）当事人约定由债务人向第三人履行债务的，债务人未向第三人履行债务或者履行债务不符合约定，应当向债权人承担违约责任。

（2）当事人约定由第三人向债权人履行债务的，第三人不履行债务或者履行债务不符合约定，债务人应当向债权人承担违约责任。

（四）其他履行规则

（1）债权人分立、合并或者变更住所没有通知债务人，致使履行债务发生困难的，债务人可以中止履行或者将标的物提存。

（2）合同生效后，当事人不得因姓名、名称的变更或者法定代表人、负责人、承办人的变动而不履行合同义务。

（3）债权人可以拒绝债务人提前履行债务，但提前履行不损害债权人利益的除外。债务人提前履行债务给债权人增加的费用，由债务人负担。

债权人可以拒绝债务人部分履行债务，但部分履行债务不损害债权人利益的除外。债务人部分履行债务给债权人增加的费用，由债务人负担。

（4）债务人的给付不足以清偿其对同一债权人所负的数笔相同种类的全部债务，应当优先抵充已到期的债务；几项债务均到期的，优先抵充对债权人缺乏担保或者担保数额最少的债务；担保数额相同的，优先抵充债务负担较重的债务；负担相同的，按照债务到期的先后顺序抵充；到期时间相同的，按比例抵充。但是，债权人与债务人对清偿的债务或者清偿抵充顺序有约定的除外。

（5）债务人除主债务之外还应当支付利息和费用，当其给付不足以清偿全部债务时，并且当事人没有约定的，人民法院应当按照下列顺序抵充：①实现债权的有关费用；②利息；③主债务。

二、合同的解释原则

合同成立以后，或者在合同履行过程中，可能会出现当事人对合同条款有不同的理解，因此，对合同进行解释就成为解决分歧的有效途径。《合同法》第一百二十五条规定，“当事人对合同条款的理解有争议的，应当按照合同所使用的词句、合同的有关条款、合同的目的、交易习惯以及诚实信用原则，确定该条款的真实意思”。合同解释应当遵循以下原则：

（一）文义解释

所谓文义解释，就是通过对合同所使用的词句的含义作出通常解释。例如合同条款中有“订金”字样，一方要求适用定金罚则而对方否定时，则依据所使用的词汇，认定该“订金”约定不属定金，不适用定金罚则。

从通常解释出发，而不是基于当事人的自身利益作主观任意解释，有利于维护交易安全。

（二）整体解释

所谓整体解释，是指不拘泥于合同的个别词句或个别条款，而是根据合同的全部条款以及条款之间的相关性，通观全文而作出解释。例如合同条款前后多处出现定金和订金，其中某一条款有适用定金罚则的明确约定，则可以依据整体解释方法，认定可以适用定金罚则。

（三）交易习惯解释

当事人对合同条款的理解有争议的，根据交易习惯解释该条款，也有利于解决纷争。如广东省就有以“三鸟”代表“鸡、鸭、鹅”三种家禽的习惯。当合同的当事人是广东人、合同中出现“三鸟”时，就应该依据习惯作出解释。

（四）合同目的解释

合同目的，是指合同双方通过合同的订立和履行最终所期望得到的东西或者达到的状态。当事人订立合同均为达到一定目的，合同的各项条款及其用语均是达到该目的的手段。因此，确定合同用语的含义乃至整个合同内容自然须适合于合同目的。

合同目的是当事人真实意思的核心，是决定合同条款内容的指针。如果文义解释、整体解释、交易习惯解释的结果与依合同目的解释的结果不一致，应取后者。不过，如果合同目的模糊，通常会寻求文义解释等方法；合同目的违法，更不得依合同目的解释；适用情事变更原则，也不依合同目的解释合同条款。

（五）诚实信用原则解释

诚实信用既是一种道德要求也是法律要求。以诚实信用原则来解释合同条款，有助于弥补合同的疏漏、模糊性、不合目的性等，也有利于降低交易成本，保障交易安全。

以上五种解释方法，应当结合使用，以确定争议条款的真实含义。

课堂讨论 1

【材料】2009 年 3 月 23 日，T 县饮食服务公司与何某签订承包经营协议，T 县饮食服务公司将其 H 宾馆部分房间及院落发包给何某经营。协议约定承包期限为 2009 年 5 月 1 日至 2010 年 4 月 30 日，承租费 55000 元。其中协议第八条约定，“自签订协议之日起两年内若该房县政府不收购、拍卖、变卖，T 县饮食服务公司不得变更承包人，不得提高租金，双方继续履行该协议”。后双方均按约定履行了协议，2009 年 5 月 1 日，双方对房间物品进行了实物交接。2011 年 7 月 2 日，何某对承租的宾馆进行装修时，T 县饮食服务公司进行阻止，认为何某的承租期限已届满，要求立即停止侵害，恢复原状，并在 3 日内按交接表返还房屋及其他全部财产，并赔偿损失。何某认为若承租房屋在签订协议之日起两年内县政府不收购、拍卖、变卖，合同就应继续履行，不受 2 年限制。两年内县政府并未对该房屋“收购、拍卖、变卖”，因此应按协议约定继续履行合同。

【问题】对于该协议的第八条应当如何理解？

（资料来源：河南省高级人民法院网）

（六）不利解释规则

对于采用格式条款订立合同的，提供格式条款的一方应当遵循公平原则确定当事人之间的权利和义务，并采取合理的方式提请对方注意免除或限制其责任的内容，按照对方的要求，对该条款予以说明。所谓“采取合理的方式”是指，在合同订立时采用足以引起对方注意的文字、符号、字体等特别标志，并按照对方的要求对该格式条款予以说明。提供格式条款的一方当事人违反《合同法》关于提示和说明义务的规定，导致对方没有注意免除或者限制其责任的条款，对方当事人申请撤销该格式条款的，人民法院应当支持。

对格式条款的理解发生争议的，应当按照通常理解予以解释。对格式条款有两种以上解释的，应当作出不利于提供格式条款的一方的解释。格式条款和非格式条款不一致的，应当采用非格式条款。

课堂讨论 2

【材料】王某提前两周以 600 元订购了某航空公司全价 1000 元的六折机票，后因临时改变行程，王某于航班起飞前一小时前往售票处办理退票手续，该航空公司对外有提示，即起飞前两小时内退票按机票价格收取 25% 的手续费。

【问题】下列哪种说法是正确的？

1. 退票手续费的规定是无效格式条款。
2. 王某应当支付 250 元的退票手续费。
3. 王某应当支付 150 元的退票手续费。

三、双务合同履行中的抗辩权

抗辩权，是指在双务合同中，一方当事人对抗他人请求权的权利。在双务合同中，当事人互负对等给付义务，如果一方履行了义务，而得不到对方的履行，将使自己的合同债权受到损害。《合同法》规定了同时履行抗辩权、后履行抗辩权和不安抗辩权三种。

（一）同时履行抗辩权

当事人互负债务，没有先后履行顺序的，应当同时履行。一方在对方履行之前有权拒绝其履行要求。一方在对方履行债务不符合约定时，有权拒绝其相应的履行要求。

（二）后履行抗辩权

当事人互负债务，有先后履行顺序，先履行一方未履行的，后履行一方有权拒绝其履行要求。先履行一方履行债务不符合约定的，后履行一方有权拒绝其相应的履行要求。

（三）不安抗辩权

应当先履行债务的当事人，有确切证据证明对方有下列情形之一的，可以中止履行合同：

(1) 经营状况严重恶化；

(2) 转移财产、抽逃资金，以逃避债务；

(3) 丧失商业信誉；

(4) 有丧失或者可能丧失履行债务能力的其他情形。

当事人没有确切证据中止履行的，应当承担违约责任。

当事人依法中止履行，应当及时通知对方；对方提供适当担保时，应当恢复履行。中止履行后，对方在合理期限内未恢复履行能力并且未提供适当担保的，中止履行的一方可以解除合同。

四、合同的保全

合同的保全，是为了防止因债务人的财产不当减少给债权人的债权造成损害，法律允许债权人为保全其债权的实现而采取的法律措施。保全措施包括代位权和撤销权两种。通过采取保全措施，能起到间接强制债务人履行合同的作用。

（一）代位权

1. 代位权的行使条件

因债务人怠于行使其到期债权，对债权人造成损害的，债权人可以向人民法院请求以自己的名义代位行使债务人的债权，但该债权专属于债务人自身的除外。

"债务人怠于行使其到期债权，对债权人造成损害的"，是指债务人不履行其对债权人的到期债务，又不以诉讼方式或者仲裁方式向其债务人主张其享有的具有金钱给付内容的到期债权，致使债权人的到期债权未能实现。

专属于债务人自身的债权，是指基于扶养关系、抚养关系、赡养关系、继承关系产生的给付请求权和劳动报酬、退休金、养老金、抚恤金、安置费、人寿保险、人身伤害赔偿请求权等权利。

2. 代位权的行使范围和行使后果

代位权的行使范围以债权人的债权为限。

债权人行使代位权的必要费用，由债务人负担。

在代位诉讼中，次债务人（即债务人的债务人）为被告，债务人为第三人。经人民法院审理，代位权成立的，由次债务人向债权人履行清偿义务。债权人与债务人之间的债务关系予以消灭，债务人与次债务人之间的债务关系也予以消灭。代位权的行使，不允许债务人抛弃、免除或让与其债权，否则，代位权制度将失去其效用。

（二）撤销权

1. 撤销权行使的条件

因债务人放弃其到期债权或者无偿转让财产，对债权人造成损害的，债权人可以请求人民法院撤销债务人的行为。

债务人以明显不合理的低价转让财产，对债权人造成损害，并且受让人知道该情形的，债权人可以请求人民法院撤销债务人的行为。所谓“明显不合理的低价”，应当以交易当地一般经营者的判断，并参考交易当时交易地的物价部门指导价或者市场交易价，结合其他相关因素综合考虑予以确认。转让价格达不到交易时交易地的指导价或者市场交易价70%的，一般可以视为明显不合理的低价；对转让价格高于当地指导价或者市场交易价30%的，一般可以视为明显不合理的高价。债务人以明显不合理的高价收购他人财产，债权人可以请求人民法院撤销债务人的行为。

债务人放弃其未到期的债权或者放弃债权担保，或者恶意延长到期债权的履行期，对债权人造成损害，债权人也可以请求人民法院撤销债务人的行为。这是因为：（1）债务人放弃其未到期的债权，同放弃到期债权的法律效果是一样的，都导致债务人责任财产的流失，从而损及债权人利益；（2）债务人放弃债权担保，债权人虽未放弃其债权，但放弃其债权担保，同样可能导致债务人责任财产的减少，损害债权人利益；（3）债务人恶意延长到期债权的履行期，这实质上是债务人通过侵害债权人的期限利益而损及其债权，甚至使债权人的债权事实上落空。

2. 撤销权的行使范围和行使后果

撤销权的行使范围以债权人的债权为限。

债权人行使撤销权的必要费用，由债务人负担。

债务人的行为一经被撤销，即从行为开始失去法律约束力。已经依据被撤销行为给付的，受领人负有返还财产的义务，不能返还的，应作价返还。

撤销权自债权人知道或者应当知道撤销事由之日起一年内行使。自债务人的行为发生之日5年内没有行使撤销权的，该撤销权消灭。

五、合同的变更、转让

（一）合同变更

合同的变更，是指合同成立后，合同的主体不变，合同的内容发生变化。

1. 合同变更的方式

一般情况下，当事人协商一致，就可以变更合同。但是，法律、行政法规规定变更合同内容应当办理批准、登记等手续的，依照其规定。

一方当事人可以请求人民法院或仲裁机构依法变更合同。例如，《最高人民法院关于适用〈中华人民共和国合同法〉若干问题的解释（二）》第二十六条规定，“合同成立以后客观情况发生了当事人在订立合同时无法预见的、非不可抗力造成的不属于商业风险的重大变化，继续履行合同对于一方当事人明显不公平或者不能实现合同目的，当事人请求人民法院变更或者解除合同的，人民法院应当根据公平原则，并结合案件的实际情况确定是否变更或者解除”。

2. 合同变更的效力

当事人对合同变更的内容约定不明确的，推定为未变更。合同变更后，当事人应当按照变更后的内容履行合同。

（二）合同的转让

合同的转让，一般由当事人自主决定。法律、行政法规规定转让权利或者转移义务应当办理批准、登记等手续的，依照其规定。

1. 合同权利转让

合同权利转让，是指由债权人将合同权利的全部或者部分转让给第三人。转让权利的人称为让与人，受让权利的人称为受让人。

债权人转让权利的，应当通知债务人。未经通知，该转让对债务人不发生效力。

有下列情形之一的，债权人不得转让合同权利：根据合同性质不得转让；根据当事人约定不得转让；依照法律规定不得转让。

合同权利全部转让的，原合同关系消灭，受让人取代原债权人的地位，成为新的债权人。合同权利部分转让的，受让人作为第三人加入合同关系中，与原债权人共同享有债权。债权人转让权利的，受让人取得与债权有关的从权利，但该从权利专属于债权人自身的除外。

债权人转让权利的通知不得撤销，但经受让人同意的除外。

债务人接到债权转让通知后，债务人对让与人的抗辩，可以向受让人主张。

债务人接到债权转让通知时，债务人对让与人享有债权，并且债务人的债权先于转让的债权到期或者同时到期的，债务人可以向受让人主张抵消。

2. 合同义务转移

合同义务转移，是指债务人将合同的义务全部或者部分转移给第三人。

合同义务转移应当经债权人同意。

债务人全部转移合同义务时，新债务人完全取代了原债务人的地位，可以主张原债务人对债权人的抗辩。同时，与所转移的主债务有关的从债务，也应当由新债务人承担，但该从债务专属于原债务人自身的除外。债务人部分转移合同义务时，和原债务人一起向债权人履行义务。

3. 合同权利义务的一并转让

合同权利义务的一并转让，是指一方当事人将自己在合同中的权利和义务一并转让给第三人。一并转让又叫概括承受。

合同权利和义务一并转让的，有下列情形：

（1）合同承受。是指一方当事人与第三人订立合同，将自己在合同中的权利和义务一并转让给第三人。这种转让，除了应当经对方当事人的同意外，还应当遵守《合同法》有关转让权利和转移义务的其他规定。

合同承受既转让合同权利，又转让合同义务，因而被移转的合同只能是双务合同。单务合同只能发生特定承受，即要么权利转让，要么义务移转。

（2）合并或分立引起合同权利义务的一并转让。当事人订立合同后合并的，由合并后的法人或者其他组织行使合同权利，履行合同义务。当事人订立合同后分立的，除债权人和债务人另有约定的以外，由分立的法人或者其他组织对合同的权利和义务享有连带债权、承担连带债务。

（3）基于法律的直接规定而发生。例如，《合同法》第二百二十九条规定："租赁物在租赁期间发生所有权变动的，不影响租赁合同的效力。"买受人除取得物的所有权外，还承受该租赁物上原已存在的租赁合同关系中出租人的权利义务。

六、合同终止

合同终止指合同当事人双方在合同关系建立以后，因一定的法律事实的出现，使合同确立的权利义务关系消灭。《合同法》规定，有下列情形之一的，合同的权利义务终止：

（一）债务已经按照约定履行

合同当事人按照约定履行合同，可以达到合同目的，使各方当事人的权利得以实现。清偿债务是当事人实现合同目的的基本形式。

（二）合同解除

合同解除有约定解除和法定解除两种情况：

1. 约定解除

当事人协商一致，可以解除合同。当事人可以约定一方解除合同的条件。解除合同的条件成就时，解除权人可以解除合同。

2. 法定解除

根据《合同法》的规定，有下列情形之一的，当事人可以解除合同：

（1）因不可抗力致使不能实现合同目的；

（2）在履行期限届满之前，当事人一方明确表示或者以自己的行为表明不履行主要债务；

（3）当事人一方迟延履行主要债务，经催告后在合理期限内仍未履行；

（4）当事人一方迟延履行债务或有其他违约行为致使不能实现合同目的；

（5）法律规定的其他情形。

当事人一方主张解除合同的，应当通知对方。合同自通知到达对方时解除，对方有异议的，可以请求人民法院或者仲裁机构确认解除合同的效力。

法律、行政法规规定解除合同应当办理批准、登记手续的，依照其规定。

合同解除后，尚未履行的，终止履行；已经履行的，根据履行情况和合同性质，当事人可以要求恢复原状、采取其他补救措施，并有权要求赔偿损失。

课堂讨论3

【材料】原告、被告双方于2011年10月12日签订了一份加工承揽合同，合同约定：由原告提供设计图样，委托被告加工抛丸机4台，共计24万元。合同签订后10日内，由原告付7万元预付款，10月30日前再支付7万元，2011年12月底，被告交付4台抛丸机，原告付清全部价款。合同签订后，原告于同年10月15日向被告汇去7万元，同年10月25日，被告给原告去函称原材料价格急剧上涨，需要提高抛丸机的价格。原告于10月26日复函，表示拒绝。同年11月1日，原告向被告汇去7万元，被告将该7万元返还原告，并提出因原告迟延交付第二笔预付款构成了违约，被告要求终止合同。已生产的两台抛丸机，因原告交付7万元而由原告取回，双方不再发生关系。原告提出迟延交付第二笔预付款，是因为等待被告是否继续履行合同的答复。双方因协商不成，原告向法院起诉，请求被告继续履行合同并承担违约责任。

【问题】本案当事人谁违约了？被告要求终止合同是否有法律依据？

（资料来源：中国法院网）

（三）债务相互抵消

1. 法定抵消

当事人互负到期债务，该债务的标的物种类、品质相同的，任何一方可以将自己的债务与对方的债务抵消，但依照法律规定或者按照合同性质或者当事人约定不得抵消的除外。

当事人主张抵消的，应当通知对方。通知自达到对方时生效。

抵消不得附条件或者附期限。因为附条件或者附期限，使抵消的意思表示不确定，与抵消的本意相悖。

应当指出，在破产程序中，破产债权人对其享有的债权，无论是否已届清偿期，无论是否附有期限或解除条件，均可抵消。

2. 约定抵消

当事人互负债务，标的物种类、品质不相同的，经双方协商一致，也可以抵消。另外，法定抵消规定当事人互负债务必须都已到期，但是，在约定抵消的情况下，也可以不受这一条件的限制，因为债务人有权放弃期限利益。

（四）债务人依法将标的物提存

提存，是指由于债权人的原因，债务人无法向其交付合同标的物而将该标的物交给提存机关，从而消灭合同的制度。

根据《合同法》的规定，有下列情形之一，难以履行债务的，债务人可以将标的物提存：

（1）债权人无正当理由拒绝受领；

（2）债权人下落不明；

（3）债权人死亡未确定继承人或者丧失民事行为能力未确定监护人；

（4）法律规定的其他情形。

标的物不适于提存或者提存费用过高的，债务人依法可以拍卖或者变卖标的物，提存所得的价款。

标的物提存后，除债权人下落不明的以外，债务人应当及时通知债权人或者债权人的继承人、监护人。

标的物提存后，毁损、灭失的风险由债权人承担。提存期间，标的物的孳息归债权人享有。提存费用由债权人负担。

债权人可以随时领取提存物，但债权人对债务人负有到期债务的，在债权人未履行债务或者提供担保之前，提存部门根据债务人的要求应当拒绝其领取提存物。债权人领取提存物的权利，自提存之日起5年内不行使而消灭，提存物扣除提存费用后归国家所有。

（五）债权人免除债务

债权人免除债务人部分或者全部债务的，合同的权利义务部分或者全部终止。

免除，是债权人的单方行为，也是无因行为。一旦债权人作出免除的意思表示，不得撤回。

（六）债权债务同归于一人

债权和债务同归于一人的，合同的权利义务终止，但涉及第三人利益的除外。例如，两个企业之间有债权债务，后来企业合并，则因债权债务同归于一个企业而使合同终止。

（七）法律规定或者当事人约定终止的其他情形

合同的权利义务终止，不影响合同中结算和清理条款的效力，也不影响合同中独立存在的有关解决争议方法的条款的效力。

七、违约责任

违约责任，即违反合同的民事责任，是指合同当事人一方不履行合同义务或者履行合同义务不符合约定时，依照法律规定或者合同约定所承担的法律责任。

此外，《最高人民法院关于审理买卖合同纠纷案件适用法律问题的解释》第二条规定，当事人签订认购书、订购书、预订书、意向书、备忘录等预约合同，约定在将来一定期限内订立买卖合同，一方不履行订立买卖合同的义务，对方请求其承担预约合同违约责任或者要求解除预约合同并主张损害赔偿的，人民法院应予支持。

（一）违约责任的特征

1. 违约责任以合同有效为前提

合同未成立或成立后无效、被撤销的，即使当事人有过错，也只承担缔约过失责任，无违约责任可言。

2. 违约责任是发生在合同当事人之间的责任

合同关系以外的人不负违约责任，合同当事人也不对合同关系以外的人承担违约责任。

3. 违约责任是一种财产责任

违约责任的设立，旨在弥补违约行为所造成的财产损害，通常不发生精神损害赔偿。

4. 违约责任的主要功能体现为补偿性

违约责任的主要功能体现为补偿性，此外对于违约行为也具有一定的惩罚性。

（二）违约责任的归责原则

违约责任的归责原则，即确定违约的合同当事人承担民事责任必须依据的原则。我国目前的违约责任的归责原则，是以严格责任原则为主，过错责任原则为例外。

1. 严格责任原则

严格责任原则是指在确定违约责任时，以合同当事人是否有违约行为为条件，不考虑当事人有无过错，只要无法定或约定的免责事由，行为人即负违约责任。

2. 过错责任原则

过错责任原则是指在确定违约责任时，以合同当事人有过错为必要条件。过错责任原则的适用范围，必须符合《合同法》的特别规定，如《合同法》第三百零三条第一款规定，“在运输过程中旅客自带物品毁损、灭失，承运人有过错的，应当承担损害赔偿责任”。

（三）违约行为类型

1. 履行不能

履行不能是指合同不可能履行。金钱债务，通常不能发生履行不能。

2. 履行迟延

履行迟延是指在履行期届满之后的履行。合同的履行期，应按照约定确定；如未约定期限的，经一方当事人请求并催告，对方于催告之时起，负履行迟延责任，如催告有约定或法定期限的，自期限届满起，负违约责任。

3. 履行不当

履行不当，是指当事人没有完全按合同约定所为的履行。如履行的地点不妥、数量不足、方式不当、质量不符合约定或未履行附随义务等。

4. 履行拒绝

履行拒绝，是指合同当事人一方在履行期限到来之前，明确表示或者以自己的行为表明不履行合同义务。

（四）承担违约责任的方式

承担违约责任的方式主要有5种：继续履行、采取补救措施、赔偿损失、支付违约金、履行定金罚则。

1. 继续履行

继续履行又称为实际履行。继续履行可以实现合同目的。

当事人一方未支付价款或者报酬的，对方可以要求其支付价款或者报酬。

当事人一方不履行非金钱债务或者履行非金钱债务不符合约定的，对方可以要求履行，但有下列情形之一的除外：法律上或者事实上不能履行；债务的标的不适于强制履行或者履行费用过高；债权人在合理期限内未要求履行。

2. 采取补救措施

对于履行不当，应当采取补救措施。在一方履行不当后，通过采取补救措施，对方可以实现合同目的。

质量不符合约定的，应当按照当事人的约定承担违约责任。对违约责任没有约定或约定不明确，当事人不能达成补充协议，也不能按照合同有关条款或者交易习惯确定的，受损害方根据标的的性质以及损失的大小，可以合理选择要求对方采取修理、更换、重做、退货、减少价款或者报酬等补救措施。

3. 赔偿损失

当事人一方不履行合同义务或者履行合同义务不符合约定，给对方造成损失的，应当赔偿对方损失。

当事人一方不履行合同义务或者履行合同义务不符合约定的，在履行义务或者采取补救措施后，对方还有其他损失的，应当赔偿损失。

损失赔偿额应当相当于因违约所造成的损失，包括合同履行后可以获得的利益，但不得超过违反合同一方订立合同时预见到或者应当预见到的因违反合同可能造成的损失。

经营者对消费者提供商品或者服务有欺诈行为的，依照《中华人民共和国消费者权益保护法》的规定承担损害赔偿责任。

当事人一方违约后，对方应当采取适当措施防止损失的扩大；没有采取适当措施致使损失扩大的，不得就扩大的损失要求赔偿。当事人因防止损失扩大而支出的合理费用，由违约方承担。

《最高人民法院关于审理买卖合同纠纷案件适用法律问题的解释》第三十条规定，买卖合同当事人一方违约造成对方损失，对方对损失的发生也有过错，违约方主张扣减相应的损失赔偿额的，人民法院应予支持。第三十一条规定，买卖合同当事人一方因对方违约而获有利益，违约方主张从损失赔偿额中扣除该部分利益的，人民法院应予支持。

4. 支付违约金

当事人可以约定一方违约时应当根据违约情况向对方支付一定数额的违约金，也可以约定因违约产生的损失赔偿额的计算方法。

约定的违约金低于造成的损失的，当事人可以请求人民法院或者仲裁机构予以增加；请求人民法院增加违约金的，增加后的违约金数额以不超过实际损失额为限。增加违约金以后，当事人又请求对方赔偿损失的，人民法院不予支持。

约定的违约金过分高于造成的损失的，当事人可以请求人民法院或者仲裁机构予以适当减少。人民法院应当以实际损失为基础，兼顾合同的履行情况、当事人的过错程度以及预期利益等综合因素，根据公平原则和诚实信用原则予以衡量，并作出裁决。

当事人约定的违约金超过造成损失的30%的，一般可以认定为“过分高于造成的损失”。

当事人就迟延履行约定违约金的，违约方支付违约金后，还应当履行债务。

案例解读

【案情概述】2008 年，被告祁某夫妇花了 15 万元购买徐州某新开发小区住房一套，2009 年 8 月，祁某夫妇与原告李女士签订合同，约定：李女士购买祁某夫妇的房屋，面积 91.9 平方米，地下室 12 平方米，总价款 24 万元。合同签订之日原告支付定金 12 万元，余款 12 万元在房屋过户手续办理完毕之后 30 日内给付。违约金 1 万元。合同签订以后，李女士按照合同约定给付祁某定金 12 万元。2010 年 1 月，祁某办理了相应上房手续。不久，李女士找到祁某要求按照合同约定交付房屋并协助办理过户手续。但是，两年来房价上涨很快，祁某的房子已经升值，祁某夫妇觉得自己吃亏了，提出让李女士补偿因房价上涨形成的差额后再交房。

【处理结果】法院判决，祁某夫妇将房屋交付李女士，协助办理过户手续，并支付李女士违约金 1 万元。

【解读意见】当事人之间订立的合同，除法律另有规定或者合同另有约定外，自合同依法成立时生效；未办理物权登记的，不影响合同效力。当事人一方明确不履行合同义务或者履行合同义务不符合约定的，应当承担违约责任。当事人就迟延履行约定违约金的，违约方支付违约金后，还应当继续履行。

（资料来源：徐州市中级人民法院网）

5. 履行定金罚则

当事人可以依照《担保法》约定一方向对方给付定金作为债权的担保。债务人履行债务后，定金应当抵作价款或者收回。给付定金的一方不履行约定的债务的，无权要求返还定金；收受定金的一方不履行约定的债务的，应当双倍返还定金。

当事人既约定违约金，又约定定金时，一方违约时，对方可以选择适用，二者不能并用。

买卖合同约定的定金不足以弥补一方违约造成的损失，对方请求赔偿超过定金部分的损失的，人民法院可以并处，但定金和损失赔偿的数额总和不应高于因违约造成的损失。

（五）免责事由

1. 不可抗力

因不可抗力不能履行合同的，根据不可抗力的影响，部分或者全部免除责任，但法律另有规定的除外。当事人迟延履行后发生不可抗力的，不能免除责任。

当事人一方因不可抗力不能履行合同的，应当及时通知对方，以减轻可能给对方造成的损失，并应当在合理期限内提供证明。

2. 约定免责事由

当事人可以在合同中约定免责事由。但是约定的免责事由不得违反法律和社会公序良俗。《合同法》第五十三规定，下列免责条款无效：一是造成对方人身伤害的；二是因故意或者重大过失造成对方财产损失的。

讨论提示1

1. 应当理解为：承租期为两年，现承租期已届满。

2. 本案中，通过对协议第八条语句的阅读，产生了两种截然相反的理解。因此仅凭文义解释原则不能解决争议的问题。出现这种情况时就应当采用合同解释的其他原则。如果依何某的理解解释，合同应无期限地继续履行，T县饮食服务公司不得变更承包人，不得提高租金。这显然不符合交易习惯和常理，也明显违背发包人订立合同的目的。

讨论提示2

1. 该航空公司关于“起飞前两小时内退票按机票价格收取25%的手续费”的规定属于格式条款。“起飞前两小时内退票按机票价格收取25%的手续费”的规定不是免责条款，也没有加重客户责任、排除客户的主要权利，因为飞机起飞前两小时内办理退票手续，很可能导致该机票无法在两小时内售出，造成航空公司的损失，收取手续费是让退票者分担损失的措施，并未违背公平原则。该格式条款是有效的。

2. 本例中的“机票价格”可以按照机票票面价格解释，也可以按照机票折后价格解释，因此应当作出不利于航空公司的解释。刘某应当按照购买机票的折后价格支付退票手续费，即150元。

讨论提示3

1. 原告没有按期支付第二笔预付款，构成违约。被告因单方面变更合同也构成违约。被告提出因原告迟延交付第二笔预付款而终止合同，但同时又要求原告取走已生产的2台抛丸机，这并不是要求解除合同，而是变更合同。

2. 被告要求终止合同没有法律依据。原告迟延两天付款的违约行为并不会导致合同目的不能实现。被告变更合同的真正原因是原材料涨价。

能力测试

1. 甲、乙订立一份价款为10万元的图书买卖合同，约定甲先支付书款，乙两个月后交付图书。甲由于资金周转困难只交付5万元，答应余款尽快支付，但乙不同意。两个月后甲要求乙交付图书，遭乙拒绝。对此，下列哪一表述是正确的？(　　)

A. 乙对甲享有同时履行抗辩权

B. 乙对甲享有不安抗辩权

C. 乙有权拒绝交付全部图书

D. 乙有权拒绝交付与5万元书款价值相当的部分图书

2. 甲公司对乙公司享有10万元债权，乙公司对丙公司享有20万元债权。甲公司将其债权转让给丁公司并通知了乙公司，丙公司未经乙公司同意，将其债务转移给戊公司。如丁公司对戊公司提起代位权诉讼，戊公司下列哪一抗辩理由能够成立？(　　)

A. 甲公司转让债权未获乙公司同意

B. 丙公司转移债务未经乙公司同意

C. 乙公司已经要求戊公司偿还债务

D. 乙公司、丙公司之间的债务纠纷有仲裁条款约束

3. 乙买甲一套房屋，已经支付1/3价款，双方约定余款待过户手续办理完毕后付清。后甲反悔，要求解除合同，乙不同意，起诉要求甲继续履行合同，转移房屋所有权。下列哪一选项是正确的？(　　)

A. 合同尚未生效，甲应返还所受领的价款并承担缔约过失责任

B. 合同无效，甲应返还所受领的价款

C. 合同有效，甲应继续履行合同

D. 合同有效，法院应当判决解除合同、甲赔偿乙的损失

4. 甲、乙订立买卖合同，双方约定：甲应于2014年6月1日向乙交付货物，乙应于6月8日向甲支付货款。5月底，甲发现乙经营状况严重恶化，并有证据证明，则在6月1日时，甲可以采取的措施是（　　）。

A. 须按约定交付货物，但可以请求乙提供相应担保

B. 须交付货物，但可以仅仅先交付部分货物

C. 须按约定交付货物，如乙不付款可追究其违约责任

D. 有权拒绝交货，除非乙提供相应担保

5. 根据我国《合同法》的规定，当事人一方不履行合同义务或者履行义务不符合约定的，应当承担继续履行、采取补救措施或者赔偿损失等违约责任。该规定采用的民事责任归责原则是什么？(　　)

A. 过错责任原则　　　　B. 过错推定原则

C. 公平责任原则　　　　D. 无过错责任原则

6. 根据《合同法》的规定，下列不属于代位权行使所必备的条件是（　　）。

A. 债务人怠于行使其到期债权，对债权人造成损害

B. 债务人的债权已到期

C. 债权人对债务人的债权合法

D. 债务人有放弃到期债权或者无偿转让财产等减少财产的行为

7. 甲公司与乙公司签订买卖合同。合同约定甲公司先交货。交货前夕，甲公司派人调查乙公司的偿债能力，有确切材料证明乙公司负债累累，根本不能按时支付货款。甲公司遂暂时不向乙公司交货。甲公司的行为是（　　）。

A. 违约行为　　B. 行使同时履行抗辩权

C. 行使先诉抗辩权　　D. 行使不安抗辩权

8. 甲、乙在火车上相识，甲怕自己到站时未醒，请求乙在A站唤醒自己下车，乙欣然同意。火车到达A站时，甲沉睡，乙也未醒。甲未能在A站及时下车，为此支出了额外费用。甲要求乙赔偿损失。对此，应如何处理？（　　）

A. 由乙承担违约责任　　B. 由乙承担侵权责任

C. 由乙承担缔约过失责任　　D. 由甲自己承担损失

9. 甲公司欠乙公司500万元货款未付，丙公司是甲公司的母公司。甲公司与丙公司订立协议，约定将甲公司欠乙公司的该笔债务转移给丙公司承担。下列关于甲公司和丙公司之间债务转让行为的表述中，正确的是（　　）。

A. 经乙公司同意才能生效

B. 通知乙公司即可生效

C. 直接生效

D. 直接生效，且甲公司和丙公司对乙公司承担连带清偿责任

10. 甲公司应乙公司之邀赴京洽谈签约，后因双方对合同价款无法达成一致协议而未能如愿签订合同。对甲公司赴京发生的差旅费应由（　　）。

A. 乙公司承担缔约过失责任　　B. 乙公司承担违约责任

C. 乙公司承担损害赔偿责任　　D. 甲公司自行承担

11. 甲、乙签订一份买卖合同，约定违约方应向对方支付18万元违约金。后甲违约，给乙造成损失15万元。下列哪一表述是正确的？（　　）

A. 乙有权要求甲支付违约金18万元，不再支付其他费用或者赔偿损失

B. 乙有权要求甲赔偿损失15万元，不再支付其他费用或者赔偿损失

C. 乙有权要求甲赔偿损失15万元并支付违约金18万元，共计33万元

D. 乙有权要求甲赔偿损失15万元及其利息

12. 2014年8月20日，甲公司和乙公司订立承揽合同一份。合同约定，甲公司按乙公司要求，为乙公司加工500套桌椅，交货时间为10月1日。乙公司应在合同成立之日起20日内支付加工费10万元人民币。合同成立后，甲公司积极组织加工。同年9月2日，当地消防部门认为甲公司生产车间存在严重的安全隐患，要求其停工整顿。甲公司因此将无法按合同约定期限交货。乙公司在得知这一情形后，可以采取什么措施？（　　）

A. 乙公司可以要求甲公司提供适当担保

B. 乙公司可以通知甲公司解除合同

C. 乙公司可以要求甲公司承担缔约过失约责任

D. 乙公司可以要求甲公司继续加工桌椅

13. L公司向H厂订购空调1000台，约定交货期为6月1日。由于当年暑期早至，L公司向H厂提出，将交货期提前至5月10日，H厂提出生产能力有限，只能根据库存情况，尽量提前。5月10日，H厂未能交货。以下说法哪种正确？(　　)

A. 双方关于交货日期的提前未达成明确约定，应视为合同未变更

B. H厂未能交货是违约行为

C. 合同成立以后，不能变更

D. L公司可以通知H厂解除合同

14. 甲与乙订立了合同，约定由丙向甲履行债务，现丙履行的行为不符合合同的约定，甲有权请求（　　）。

A. 丙承担违约责任　　B. 乙承担违约责任

C. 乙和丙承担违约责任　　D. 乙或者丙承担违约责任

15. 甲、乙两人2012年3月5日订立了一份借款合同，甲从乙处借10万元，约定年利率9%，但是没有约定还款日期。以下哪种描述是正确的？(　　)

A. 甲方不得要求还本金

B. 甲可以在任何时间要求乙还款

C. 甲方只能在1年后要求还款

D. 甲只能与乙达成补充协议后才能按照补充约定向乙主张还款

16. 买卖合同成立之后，第三人的原因导致卖方无法履行合同，从而给买方造成损失的，责任如何承担？(　　)

A. 卖方承担责任　　B. 第三人承担责任

C. 不用承担责任　　D. 卖方和第三人共同承担责任

正确答案： 1. D　2. B　3. C　4. D　5. D　6. D　7. D　8. D　9. A　10. D　11. A　12. A　13. A　14. B　15. B　16. A

任务简析

本案买方购买笔记本电脑的目的在签约时没有告知卖方，卖方在订立和履行合同过程中没有预见到也不应当预见到这一目的，因而该目的对卖方没有约束力；卖方虽然迟延履行主要债务，但买方没有履行催告义务，不具备解除合同的法定条件，该合同应当继续履行，支持卖方的诉讼请求。另外，买方可以要求卖方承担违约责任。

工作任务13　履行产品质量义务

学习目标

探究知识： 产品、产品质量的概念；《产品质量法》的调整范围；产品质量行政监督管理体制；生产者、销售者的产品质量义务；违反《产品质量法》的法律责任。

获取能力： 熟知产品质量行政监督管理制度；明确生产者、经营者的产品质量义务与

责任；能够界定产品瑕疵和产品缺陷，分析和解决产品质量问题。

导入任务

2014 年 4 月 3 日，市民张女士在成都某商场花费 1016.9 元购买了 7 辆电动遥控车。使用后发现包装中均配有充电电池和充电器，但这些电池和充电器都没有标注生产商、合格证、执行标准、合格证明等信息。她认为，这些电池和充电器，使用起来肯定存在一定安全隐患。随后，张女士诉至法院，请求判令该商场退还货款 1016.9 元，并且三倍赔偿。问：

法院会支持张女士的诉求吗？

（资料来源：法制时报：2014-11-02）

法律快递

《中华人民共和国产品质量法》：1993 年 2 月 22 日由第七届全国人民代表大会常务委员会第三十次会议通过，自 1993 年 9 月 1 日起施行；2000 年 7 月 8 日第九届全国人民代表大会常务委员会第十六次会议作了修订，自 2000 年 9 月 1 日起施行。

《计量法》、《标准化法》、《药品管理法》、《农产品质量安全法》、《食品安全法》、《认证认可条例》等法律法规与《产品质量法》共同构成了我国产品质量法律体系。

《消费者权益保护法》与《产品质量法》二者相互补充、相互配合。

一、产品质量概述

（一）产品

我国《产品质量法》所称产品是指经过加工、制作，用于销售的产品。

1. 经过加工、制作

经过加工制作的产品包括工业产品、手工业产品、农产品。未经过加工制作的矿产品（如煤、铁矿石、石油等）、初级农产品（如小麦、蔬菜、水果等）、初级畜产品、水产品等，都不适用《产品质量法》的规定。服务显然也不适用《产品质量法》。

供食用的源于农业的初级产品（以下称食用农产品）的质量安全管理，遵守《农产品质量安全法》的规定。但是，制定有关食用农产品的质量安全标准、公布食用农产品安全有关信息，应遵守《食品安全法》的有关规定。

2. 用于销售

理解“销售”的含义，重要的是看生产者是否将产品投入流通环节，这是确立产品质量法律意义上产品的重要特征。

3. 特别规定

建设工程不适用《产品质量法》；但是，建设工程使用的建筑材料、建筑构配件和设备，属于规定的产品范围的，适用《产品质量法》。军工产品质量监督管理办法，由国务院、中央军事委员会另行制定。因核设施、核产品造成损害的赔偿责任，法律、行政法规另有规定的，依照其规定。

（二）产品质量

产品质量是指产品适应社会生产和生活消费需要而具备的特性，它是产品使用价值的体现，包括产品内在质量和外观质量两个方面。

产品的内在质量是指产品的内在属性，包括性能、寿命、适用性、可靠性、维修性、安全性、经济性五个方面。产品的外观质量指产品的外部属性，包括产品的光洁度、造型、色泽、包装等，如自行车的造型、色彩、光洁度等。

二、产品质量行政监督管理

（一）产品质量行政监管主体

1. 国务院产品质量监督部门和国务院有关部门

国务院产品质量监督部门是国家质检总局。国家质检总局主管全国质量、计量、出入境商品检验、出入境卫生检疫、出入境动植物检疫、进出口食品安全和认证认可、标准化等工作，并行使行政执法职能。

"国务院有关部门"是指国家工商行政管理局、卫生部、商务部、农业部、工业和信息化部等。

2. 地方产品质量行政监管主体

县级以上产品质量监督部门是指质量技术监督局和出入境检验检疫局。

县级以上产品质量监督部门根据已经取得的违法嫌疑证据或者举报，对涉嫌违反《产品质量法》规定的行为进行查处时，可以行使下列职权：

（1）对当事人涉嫌从事违法的生产、销售活动的场所实施现场检查；

（2）向当事人的法定代表人、主要负责人和其他有关人员调查、了解与涉嫌从事违法的生产、销售活动有关的情况；

（3）查阅、复制当事人有关的合同、发票、账簿以及其他有关资料；

（4）对有根据认为不符合保障人体健康和人身、财产安全的国家标准、行业标准的产品或者有其他严重质量问题的产品以及直接用于生产、销售该项产品的原辅材料、包装物、生产工具，予以查封或者扣押。

县级以上工商行政管理部门按照国务院规定的职责范围，对涉嫌违法的行为进行查处时，可以行使上述职权。

（二）产品质量行政监督管理制度

1. 抽查制度

国家对产品质量实行以抽查为主要方式的监督检查制度，对可能危及人体健康和人身、财产安全的产品，影响国计民生的重要工业产品以及消费者、有关组织反映有质量问题的产品进行抽查。抽查的样品应当在市场上或者企业成品仓库内的待销产品中随机抽取。监督抽查工作由国务院产品质量监督部门规划和组织。县级以上地方产品质量监督部门在本行政区域内也可以组织监督抽查。法律对产品质量的监督检查另有规定的，依照有关法律的规定执行。

国家监督抽查的产品，地方不得另行重复抽查；上级监督抽查的产品，下级不得另行重复抽查。

根据监督抽查的需要，可以对产品进行检验。检验抽取样品的数量不得超过检验的合理需要，并不得向被检查人收取检验费用。监督抽查所需检验费用按照国务院规定列支。

生产者、销售者对抽查检验的结果有异议的，可以自收到检验结果之日起15日内向实施监督抽查的产品质量监督部门或者其上级产品质量监督部门申请复检，由受理复检的产品质量监督部门作出复检结论。

抽查的产品质量不合格的，由实施监督抽查的产品质量监督部门责令其生产者、销售者限期改正。逾期不改正的，由省级以上人民政府产品质量监督部门予以公告；公告后经复查仍不合格的，责令停业，限期整顿；整顿期满后经复查产品质量仍不合格的，吊销营业执照。

国务院和省、自治区、直辖市人民政府的产品质量监督部门应当定期发布其监督抽查的产品的质量状况公告。

2. 标准化管理制度

所谓标准化管理制度，是关于产品质量标准的制定、实施、监督检查的各项制度的总和。可以说，没有标准化，就没有产品质量的依据。我国1988年和1990年相继制定了《标准化法》和《标准化法实施条例》，对产品的标准制定、实施、监督等都作了明确规定，两部法律法规的制定，标志着我国产品质量标准化管理制度的初步建立。

《标准化法》将标准划分为四个层次，即国家标准、行业标准、地方标准、企业标准。

3. 推行企业质量体系认证制度和产品质量认证制度

国家根据国际通用的质量管理标准，推行企业质量体系认证制度。企业根据自愿原则可以向国务院产品质量监督管理部门或者国务院产品质量监督管理部门授权的部门认可的认证机构申请企业质量体系认证。经认证合格的，由认证机构颁发企业质量体系认证证书。所谓国际通用的“质量管理和质量保证”系列标准，指的是国际标准化组织（ISO）于1987年3月正式发布的ISO9000系列国际标准。

国家参照国际先进的产品标准和技术要求，推行产品质量认证制度。

4. 强制认证制度

中国强制性产品认证英文名称为“China Compulsory Certification”，简称CCC认证或3C认证。

对于国家实行强制认证的产品，由国家公布统一的目录，确定统一适用的国家标准、技术规则和实施程序，制定统一的标志，规定统一的收费标准。凡列入强制性产品认证目录内的产品，必须经国家指定的认证机构认证合格，取得相关证书并加施认证标志后，方能出厂销售、进口和在经营性活动中使用。

三、产品质量义务

（一）生产者的产品质量义务

生产者应当对其生产的产品质量负责。生产者的产品质量义务包括作为的义务和不作为的义务。

1. 生产者的作为义务

（1）生产者应当保证产品质量合格

产品质量合格应当符合下列要求：

①不存在危及人身、财产安全的不合理的危险，有保障人体健康和人身、财产安全的国家标准、行业标准的，应当符合该标准。

②具备产品应当具备的使用性能，但是，对产品存在使用性能的瑕疵作出说明的除外。

③符合在产品或者其包装上注明采用的产品标准，符合以产品说明、实物样品等方式表明的质量状况。

（2）生产者应当保证在产品或者其包装上的标识真实、合法

生产者通过产品标识，向销售者、用户、消费者提供有关产品的真实信息，帮助他们了解产品的质量状况，起到指导消费的作用。

根据《产品质量法》的规定，产品或者其包装上的标识必须真实，并符合下列要求：

①有产品质量检验合格证明。

②有中文标明的产品名称、生产厂厂名和厂址。

③根据产品的特点和使用要求，需要标明产品规格、等级、所含主要成分的名称和含量的，用中文相应予以标明；需要事先让消费者知晓的，应当在外包装上标明，或者预先向消费者提供有关资料。

④限期使用的产品，应当在显著位置清晰地标明生产日期和安全使用期或者失效日期。

⑤使用不当，容易造成产品本身损坏或者可能危及人身、财产安全的产品，应当有警示标识或者中文警示说明。

裸装的食品和其他根据产品的特点难以附加标识的裸装产品，可以不附加产品标识。

（3）生产者应当保证特殊产品的包装符合相应质量要求

易碎、易燃、易爆、有毒、有腐蚀性、有放射性等危险物品以及储运中不能倒置和其他有特殊要求的产品，其包装质量必须符合相应要求，依照国家有关规定作出警示标识或者中文警示说明，标明储运注意事项。

2. 生产者的不作为义务

（1）生产者不得生产国家明令淘汰的产品。

（2）生产者不得伪造产地，不得伪造或者冒用他人的厂名、厂址。

（3）生产者不得伪造或者冒用认证标识等质量标志。

（4）生产者生产产品，不得掺杂、掺假，不得以假充真、以次充好，不得以不合格产品冒充合格产品。

（二）销售者的产品质量义务

1. 作为义务

（1）销售者应执行进货验收制度，验明产品合格证明和其他合格标识，以确保流转过程中产品质量状况，防止伪劣商品进入流通领域。

（2）销售者应保持销售产品的质量。

（3）销售者应保证销售产品的标识符合法律的要求。

2. 不作为义务

（1）销售者不得销售国家明令淘汰并停止销售的产品和失效、变质的产品。

（2）销售者不得伪造产地，不得伪造或者冒用他人的厂名、厂址。

（3）销售者不得伪造或者冒用认证标识等质量标识。

（4）销售者销售产品，不得掺杂、掺假，不得以假充真、以次充好，不得以不合格产品冒充合格产品。

案例解读1

【案情概述】2012年5月1日，原告孙某在被告S超市有限公司江宁店（简称S超市江宁店）购买“××牌”香肠15包，其中价值558.6元的14包香肠已过保质期。孙某到收银台结账后，即径直到服务台索赔，后因协商未果诉至法院，要求S超市江宁店支付14包香肠售价十倍的赔偿金5586元。

【处理结果】江苏省南京市江宁区人民法院于2012年9月10日作出民事判决：被告S超市江宁店于判决发生法律效力之日起10日内赔偿原告孙某5586元。宣判后，双方当事人均未上诉，判决已发生法律效力。

【解读意见】（1）关于被告S超市江宁店是否属于销售明知是不符合食品安全标准的食品的问题。《食品安全法》第二十八条第（八）项规定，超过保质期的食品属于禁止生产经营的食品。食品销售者负有保证食品安全的法定义务，应当对不符合安全标准的食品自行及时清理。S超市江宁店作为食品销售者，应当按照保障食品安全的要求储存食品，及时检查待售食品，清理超过保质期的食品，但S超市江宁店摆放并销售货架上超过保质期的“××牌”香肠，可以认定为销售明知是不符合食品安全标准的食品。（2）关于被告S超市江宁店的责任承担问题。《食品安全法》第九十六条第一款规定：“违反本法规定，造成人身、财产或者其他损害的，依法承担赔偿责任。”第二款规定：“生产不符合食品安全标准的食品或者销售明知是不符合食品安全标准的食品，消费者除要求赔偿损失外，还可以向生产者或者销售者要求支付价款十倍的赔偿金。”当销售者销售明知是不符合安全标准的食品时，消费者可以同时主张赔偿损失和支付价款十倍的赔偿金，也可以只主张支付价款十倍的赔偿金。本案中，原告孙某仅要求S超市江宁店支付售价十倍的赔偿金，属于当事人自行处分权利的行为，应予支持。至于原告是否明知食品过期而购买，法律并未对消费者的主观购物动机作出限制性规定。

（资料来源：中国法院网）

四、产品质量责任

（一）生产者、销售者应承担的民事责任

1. 产品瑕疵担保责任

《产品质量法》第四十条规定，售出的产品有下列情形之一的，销售者应当负责修理、更换、退货；给购买产品的消费者造成损失的，销售者应当赔偿损失：

（1）不具备产品应当具备的使用性能而事先未作说明的；

（2）不符合在产品或者其包装上注明采用的产品标准的；

（3）不符合以产品说明、实物样品等方式表明的质量状况的。

销售者依照前款规定负责修理、更换、退货、赔偿损失后，属于生产者的责任或者属于向销售者提供产品的其他销售者（以下简称供货者）的责任的，销售者有权向生产者、供货者追偿。

销售者未按照规定给予修理、更换、退货或者赔偿损失的，由产品质量监督部门或者工商行政管理部门责令改正。

生产者之间，销售者之间，生产者与销售者之间订立的买卖合同、承揽合同有不同约定的，合同当事人按照合同约定执行。

《消费者权益保护法》第五十五条规定，经营者提供商品或者服务有欺诈行为的，应当按照消费者的要求增加赔偿其受到的损失，增加赔偿的金额为消费者购买商品的价款或者接受服务的费用的3倍；增加赔偿的金额不足500元的，为500元。法律另有规定的，依照其规定。

2. 产品缺陷损害赔偿责任

产品缺陷，是指产品存在危及人身、他人财产安全的不合理的危险；产品有保障人体健康和人身、财产安全的国家标准、行业标准的，是指不符合该标准。产品存在不合理的危险，是认定产品存在缺陷的核心依据。合理的危险是不可避免的危险，不是产品缺陷。例如香烟一般都有焦油，否则便无香味。

产品缺陷一般表现为设计上的缺陷、制造上的缺陷和指示上的缺陷。设计上的缺陷，是指产品在设计上存在着不安全的、不合理的危险因素，产品投放市场后具有不合理的危险。制造上的缺陷，是指产品生产环节上因工艺操作、质量管理不善等使产品存在不合理的危险性，这种缺陷又可分为原材料、零部件方面的缺陷和装配方面的缺陷。指示上的缺陷，具体指产品的警示说明、警示标识等产品标识未能清楚地告知使用人应当注意的使用方法及注意事项以便预防不安全因素，从而危及使用人的人身安全。例如，热水器的产品说明书中没有写明要将热水器安装在通风之处，就属于指示上的缺陷。

因产品存在缺陷造成人身、缺陷产品以外的其他财产（以下简称他人财产）损害的，生产者应当承担赔偿责任。但是，生产者能够证明有下列情形之一的，不承担赔偿责任：①未将产品投入流通的；②产品投入流通时，引起损害的缺陷尚不存在的；③将产品投入流通时的科学技术水平尚不能发现缺陷的存在的。

销售者的过错使产品存在缺陷，造成人身、他人财产损害的，销售者应当承担赔偿责

任。销售者不能指明缺陷产品的生产者也不能指明缺陷产品的供货者的，销售者应当承担赔偿责任。

因产品存在缺陷造成受害人人身伤害的，侵害人应当赔偿医疗费、治疗期间的护理费、因误工减少的收入等费用；造成残疾的，还应当支付残疾者生活自助具费、生活补助费、残疾赔偿金以及由其扶养的人所必需的生活费等费用；造成受害人死亡的，并应当支付丧葬费、死亡赔偿金以及由死者生前扶养的人所必需的生活费等费用。因产品存在缺陷造成受害人财产损失的，侵害人应当恢复原状或者折价赔偿。受害人因此遭受其他重大损失的，侵害人应当赔偿损失。

《产品质量法》第四十三条规定，因产品存在缺陷造成人身、他人财产损害的，受害人可以向产品的生产者要求赔偿，也可以向产品的销售者要求赔偿。属于产品的生产者的责任，产品的销售者赔偿的，产品的销售者有权向产品的生产者追偿。属于产品的销售者的责任，产品的生产者赔偿的，产品的生产者有权向产品的销售者追偿。

案例解读2

【案情概述】2011年10月1日，唐某在本村村民办结婚典礼时帮忙，燃放一件无外包装、无名称、无燃放说明的烟花，因引线燃烧过快，右眼被炸伤。由于受伤过重，唐某的右眼被摘除。他所燃放的烟花是婚礼主家委托他人从浏阳一花炮厂购买烟花时厂家附带赠送的。诉讼过程中，花炮厂不予认可花炮是其生产，诉讼一时陷入僵局。承办法官根据燃放剩下的烟花筒边缘纸上的标识、事发后当地派出所拍摄爆炸烟花的照片及证人证言，相互印证，形成证据链，认定烟花系该花炮厂所有。

【处理结果】湖南省浏阳市人民法院作出判决：该花炮厂赔偿唐某各项损失17.2万元，并补偿精神损害抚慰金2.5万元。

【解读意见】花炮厂作为生产烟花的企业，明知其生产的烟花具有危险性，进入流通领域必须经检验合格，并在产品包装上标示产品的正确使用方法，但缺乏必要的安全意识，将无包装、无燃放说明，可能产生危险的缺陷产品送给他人，让其进入流通领域，主观上有过错，为维护消费者的合法权益，法院遂作出上述判决。

（资料来源：中国法院网）

课堂讨论

【材料】2001年1至2月，原告先后两次从被告公司购进单价为22.2元的某菜花种子180袋，并在当年销售到某村农民手中。其中72户农民在种植过程中发现幼苗发育不正常，出现苗小、不出花等现象。市种子质量监督检验站于2001年6月对封存的菜花种子进行检验，结论为：种子不合格，纯度差距为16.6%。72户农民向法院提起诉讼，法院判决农产品服务站按实际种植面积每亩赔偿农民399元。农产品服务站于2002年10月向农民支付了赔偿款6万多元。原告遂向法院提起诉讼，要求被告赔偿损失。

法院审理后认为，被告种苗公司未能提供合格产品，造成农产品服务站经济损失，对此，种苗公司应负赔偿责任。故判决种苗公司赔偿农产品服务站经济损失3.7万多元。被告不服提起上诉，二审法院维持原判。

【问题】法院判决的主要法律依据是什么？

3. 产品瑕疵担保责任和产品缺陷损害赔偿责任的主要区别

（1）责任性质不同

产品瑕疵担保责任是违约责任，产品缺陷损害赔偿责任属于侵权责任。

（2）诉讼时效不同

产品瑕疵担保责任适用《民法通则》相关规定，诉讼时效期限为1年。因产品存在缺陷造成损害要求赔偿的诉讼时效期限为2年，自当事人知道或者应当知道其权益受到损害时起计算。因产品存在缺陷造成损害要求赔偿的请求权，在造成损害的缺陷产品交付最初消费者满10年丧失；但是，尚未超过明示的安全使用期的除外。

（二）生产者、销售者应承担的行政责任、刑事责任

（1）生产、销售不符合保障人体健康和人身、财产安全的国家标准、行业标准的产品的，责令停止生产、销售，没收违法生产、销售的产品，并处违法生产、销售产品（包括已售出和未售出的产品，下同）货值金额等值以上3倍以下的罚款；有违法所得的，并处没收违法所得；情节严重的，吊销营业执照；构成犯罪的，依法追究刑事责任。

货值金额以违法生产、销售产品的标价计算；没有标价的，按照同类产品的市场价格计算。

（2）生产者、销售者在产品中掺杂、掺假，以假充真，以次充好，或者以不合格产品冒充合格产品的，责令停止生产、销售，没收违法生产、销售的产品，并处违法生产、销售产品货值金额50%以上3倍以下的罚款；有违法所得的，并处没收违法所得；情节严重的，吊销营业执照；构成犯罪的，依法追究刑事责任。

（3）生产国家明令淘汰的产品的，销售国家明令淘汰并停止销售的产品的，责令停止生产、销售，没收违法生产、销售的产品，并处违法生产、销售产品货值金额等值以下的罚款；有违法所得的，并处没收违法所得；情节严重的，吊销营业执照。

（4）销售失效、变质产品的，责令停止销售，没收违法销售的产品并处违法销售产品货值金额两倍以下的罚款；有违法所得的，并处没收违法所得；情节严重的，吊销营业执照；构成犯罪的，依法追究刑事责任。

（5）生产者、销售者伪造产品的产地的，伪造或冒用他人的厂名、厂址的，伪造或冒用认证标志等质量标志的，责令改正，没收违法生产、销售的产品，并处违法生产、销售产品货值金额等值以下的罚款；有违法所得的，并处没收违法所得；情节严重的，吊销营业执照。

（6）产品标识不符合《产品质量法》规定的，责令改正；不包装的产品标识不符合《产品质量法》规定、情节严重的，责令停止生产、销售，并处违法生产、销售产品货值金额30%以下的罚款；有违法所得的，并处没收违法所得。

(7) 生产者、销售者拒绝接受依法进行的产品质量监督检查的，给予警告、责令改正；拒不改正的，责令停业整顿；情节特别严重的，吊销营业执照。

(8)《刑法》第三章第一节还专门规定了“生产、销售伪劣商品罪”。

需要说明的是：《产品质量法》规定，应当承担民事赔偿责任和缴纳罚款、罚金的，其财产不足以同时支付时，先承担民事赔偿责任。

五、对产品质量检验、认证以及承诺、保证的法律责任

从事产品质量检验、认证的社会中介机构必须依法设立，不得与行政机关和其他国家机关存在隶属关系或者其他利益关系。产品质量检验机构不得向社会推荐生产者的产品；不得以对产品进行监制、监销等方式参与产品经营活动。

产品质量检验机构、认证机构必须依法客观、公正地出具检验结果或者认证证明。产品质量认证机构应当依照国家规定对准许使用认证标志的产品进行认证后的跟踪检查；对不符合认证标准而使用认证标志的，要求其改正；情节严重的，取消其使用认证标志的资格。

产品质量检验机构、认证机构伪造检验结果或者出具虚假证明的，责令改正，对单位处5万元以上10万元以下的罚款，对直接负责的主管人员和其他直接责任人员处1万元以上5万元以下的罚款；有违法所得的，并处没收违法所得；情节严重的，取消其检验资格、认证资格；构成犯罪的，依法追究刑事责任。产品质量检验机构、认证机构出具的检验结果或者证明不实，造成损失的，应当承担相应的赔偿责任；造成重大损失的，撤销其检验资格、认证资格。

产品质量认证机构违反规定，对不符合认证标准而使用认证标志的产品，未依法要求其改正或者取消其使用认证标志资格的，对因产品不符合认证标准给消费者造成的损失，与产品的生产者、销售者承担连带责任；情节严重的，撤销其认证资格。

社会团体、社会中介机构对产品质量作出承诺和保证，而该产品又不符合其承诺、保证的质量要求，给消费者造成损失的，与生产者、销售者承担连带责任。

讨论提示

法院一审、二审判决的法律依据是《产品质量法》第四十条。

能力测试

1.（　　）是《产品质量法》所称的产品。

A. 水泥　　B. 建设工程　　C. 水果　　D. 原矿石

2.《产品质量法》规定的吊销营业执照的行政处罚由（　　）决定。

A. 人民法院　　B. 工商行政管理部门

C. 技术监督管理部门　　D. 经营者的上级主管部门

3. 限期使用的产品，应标明生产日期和安全使用期或（　　）。

A. 保鲜期　　B. 保存期　　C. 保质期　　D. 失效日期

4. 产品或者其包装上的标识必须真实，并且有（　　）标明的产品名称、生产厂厂名和厂址。

A. 中文　　B. 英文　　C. 中文或英文　　D. 中文和英文

5. 销售者的（　　）使产品存在缺陷，造成人身、他人财产损害的，销售者应该承担赔偿责任。

A. 故意　　B. 过失　　C. 过错　　D. 大意

6. 因产品存在缺陷造成损害要求赔偿的请求权，在造成损害的产品交付最初用户、消费者满（　　）丧失。

A. 2 年　　B. 5 年　　C. 8 年　　D. 10 年

7. 甲从国外低价购得未获当地政府批准销售的专利产品“近视治疗仪”。甲将产品样品和技术资料提交给我国 X 市卫生局指定的医疗产品检验机构。该机构未作任何检验，按照甲书写的文稿出具了该产品的检验合格报告。随后，该市退休医师协会的秘书长乙又以该协会的名义出具了该产品的质量保证书。该产品投入市场后，连续造成多起青少年因使用该产品致眼睛严重受损的事件。现除要求追究甲的刑事责任外，受害者还可以采取民事补救方法，以下哪种方法没有法律依据？（　　）

A. 要求甲承担损害赔偿责任

B. 要求该卫生局承担连带赔偿责任

C. 要求该检验机构承担连带赔偿责任

D. 要求该退休医师协会承担连带赔偿责任

8. 《产品质量法》所称的“货值金额”以（　　）计算。

A. 物价部门的评估价格

B. 违法生产、销售产品的标价

C. 违法生产、销售产品的实际售价

D. 违法生产、销售产品的当事人自述的价格

9. 生产者、销售者对抽查检验的结果有异议的，可以自收到检验结果之日起（　　）内向实施监督抽查的产品质量监督部门或者其上级产品质量监督部门申请复检。

A. 15 日　　B. 30 日　　C. 7 日　　D. 60 日

10. （　　）可以不附加产品标识。

A. 瓶装白酒　　B. 罐装饮料　　C. 裸装月饼　　D. 皮鞋

正确答案： 1. A　2. B　3. D　4. A　5. C　6. D　7. B　8. B　9. A　10. C

任务简析

1. 法院判决商场须退还张女士货款 1016.9 元，并依法赔偿 3050.7 元，同时，张女士将所购买的 7 辆电动玩具车退还给商场。

2. 按照我国《产品质量法》，产品或者其包装上必须标示产品质量检验合格证明；有中文标明的产品名称、生产厂厂名和厂址；根据产品特点和使用要求，需要标明产品规格、等级、所含主要成分的名称和含量等。涉案产品在外包装上未用中文标明电动玩具充

电电池和充电器的产品信息的行为不符合规定，其行为属于隐瞒真实情况，已构成欺诈。《消费者权益保护法》规定，经营者提供商品或者服务有欺诈行为的，应当按照消费者的要求增加赔偿其受到的损失，增加赔偿的金额为消费者购买商品的价款或者接受服务的费用的三倍。本案中，电池和电动遥控车是一个整体，部分未标示同样导致整体上的不合格，因此应以电动遥控车的整体价格来确定赔偿数额。

工作任务14 保护商标权、专利权

学习目标

探究知识：商标的概念，商标注册的申请程序，注册商标的续展、保护、使用许可和争议的裁定。专利的概念，专利权的主体、客体与内容，取得专利权的条件、程序、保护与强制许可。

获取能力：明确商标权人与专利权人的权利与义务；能够结合实际申请商标、专利，分析和解决有关商标、专利的法律纠纷。

导入任务

1980年7月，天津狗不理包子饮食（集团）公司取得国家工商行政管理局第138850号“狗不理”商标注册证；1993年3月1日经国家工商局批准续展10年。1991年1月7日，第二被告高某的委托代理人董某与第一被告哈尔滨市T饭店法定代表人陶某签订合作协议一份，决定由T饭店聘请高某为面案厨师，从3月份起经营包子。该饭店开业后，即在店门上方悬挂了一块写有“正宗天津狗不理包子第四代传人高某某、第五代传人高某”内容的牌匾，中间大号字书写着“天津狗不理包子”，上款的“正宗”和下款的“第四代传人高某某、第五代传人高某”均为小号字。店门附近未悬挂T饭店牌匾。天津狗不理包子饮食（集团）公司认为，“狗不理”是该公司为自己经营的包子所注册的商标，T饭店的招牌侵犯了该公司注册商标专用权。该公司遂向有关人民法院起诉，要求被告立即停止侵权行为，在报纸上公开道歉并赔偿损失。

（资料来源：中国法院网）

请你分析一下该案应该如何判决。

法律快递

《中华人民共和国商标法》：1982年8月23日由第五届全国人民代表大会常务委员会第二十四次会议通过，自1983年3月1日起施行；1993年2月22日由第七届全国人民代表大会常务委员会第三十次会议第一次修正，自1993年7月1日起施行；2001年10月27日由第九届全国人民代表大会常务委员会第二十四次会议第二次修正，自2001年12月1日起施行；2013年8月30日由第十二届全国人民代表大会常务委员会第四次会议第三次修正，自2014年5月1日起施行。

《中华人民共和国商标法实施条例》：2002年8月3日由中华人民共和国国务院令第358号公布，自2002年9月15日起施行；2014年4月29日由中华人民共和国国务院令第651号修订，自2014年5月1日起施行。

《中华人民共和国专利法》：1984年3月12日由第六届全国人民代表大会常务委员会第四次会议通过，自1985年4月1日起施行；1992年9月4日由第七届全国人民代表大会常务委员会第二十七次会议第一次修正，自1993年1月1日起施行；2000年8月25日由第九届全国人民代表大会常务委员会第十七次会议第二次修正，自2001年7月1日起施行；2008年12月27日由第十一届全国人民代表大会常务委员会第六次会议第三次修正，自2009年10月1日起施行。

《中华人民共和国专利法实施细则》：2001年6月15日由中华人民共和国国务院令第306号公布，根据2002年12月28日《国务院关于修改〈中华人民共和国专利法实施细则〉的决定》第一次修订，根据2010年1月9日《国务院关于修改〈中华人民共和国专利法实施细则〉的决定》第二次修订。

一、保护商标权

（一）商标的概念

商标是商品生产者或者经营者用以标明其生产、制造、加工、拣选、经销的商品或者提供的服务，与他人的商品或者提供的服务相区别的标志。任何能够将自然人、法人或者其他组织的商品与他人的商品区别开来的可视性标志，包括文字、图形、字母、数字、三维标志和颜色组合以及上述要素的组合，均可以作为商标申请注册。

（二）商标的分类

（1）根据商标的构成形式，可将商标分为文字商标、图形商标、组合商标、三维商标以及声音商标。

（2）根据商标的行政管理状态，可将商标分为注册商标与未注册商标。注册商标指经商标申请人按照法定手续向国家商标局申请注册，经过审核后准予注册的商标。未注册商标是指未经过商标注册而在商品或服务上使用的商标。

（3）根据商标的用途，可将商标分为商品商标和服务商标。商品商标是用于生产销售的商品上的标记。服务商标是用于服务行业，以便与其他服务行业相区别的标记。

（4）根据商标所有者、使用者的不同，可将商标分为证明商标、集体商标。证明商标是指是指由对某种商品或者服务具有监督能力的组织所控制，而由该组织以外的单位或者个人使用于其商品或者服务，用以证明该商品或者服务的原产地、原料、制造方法、质量或者其他特定品质的标志。集体商标是指以团体、协会或者其他组织名义注册，供该组织成员在商事活动中使用，以表明使用者在该组织中的成员资格的标志。

(5) 根据商标的知名度，可将商标分为驰名商标、著名商标、普通商标。驰名商标是指由商标局或法院认定的在市场上享有较高声誉并为相关公众所熟知的商标。著名商标是指由省级工商行政管理部门认可的，在该行政区划范围内具有较高声誉和市场知名度的商标。普通商标是指在正常情况下使用未受到特别法律保护的绝大多数商标。

(6) 根据商标所有权人保护商标的方式，可将商标分为联合商标和防御商标。联合商标是指商标所有人在自己相同的商品上注册几个近似的商标，或在同一类别的不同商品上注册几个相同或近似的商标，这些相互近似的商标称为联合商标。联合商标作为一个整体，不能分割转让。防御商标是指商标所有人在非类似商品上，将其商标分别注册，即注册不同类别的商品。注册不是为了使用，而是防御别人注册和使用，以免影响自己商标的声誉。防御商标一般是对较为知名的商标而采取的特殊保护措施。

(三) 商标注册制度

商标注册是商标使用人按照商标法规定的条件和程序向商标局提出注册申请，经商标局审查、公告、核准后发给商标注册证的法律行为。通过商标注册，商标使用人可以取得商标专用权。

1. 商标注册的主要原则

(1) 自愿注册与强制注册相结合

1982 年颁布的《商标法》确定了以自愿注册为主，强制注册为辅的原则。对法律、行政法规没有规定必须使用注册商标的商品，是否申请商标注册，使用注册商标，由商标使用人自己决定。《商标法》第六条规定："法律、行政法规规定必须使用注册商标的商品，必须申请商标注册，未经核准注册的，不得在市场销售。"目前强制注册的商品只有烟草制品。

(2) 申请在先与使用在先分别适用

申请在先原则，是指两个或者两个以上的商标注册申请人，在同一种商品或者类似商品上，以相同或者近似的商标申请注册的，申请在先的商标，其申请人可获得商标专用权，在后的商标注册申请予以驳回。如果是同一天申请，初步审定并公告使用在先的商标，驳回其他人的申请，不予公告；同日使用或均未使用的，申请人之间可以协商解决，协商不成的，由各申请人抽签决定。我国商标法在坚持申请在先原则的同时，还强调使用在先的正当性，防止不正当的抢注行为。《商标法》第三十二条规定，申请商标注册不得损害他人现有的在先权利，也不得以不正当手段抢先注册他人已经使用并有一定影响的商标。

(3) 诚实信用

申请注册和使用商标，应当遵循诚实信用原则。商标使用人应当对其使用商标的商品质量负责。各级工商行政管理部门应当通过商标管理，制止欺骗消费者的行为。

课堂讨论

【材料】第 3562067 号"易建联 Yi Jian Lian"商标（即争议商标）由案外人名乐公司

于2003年5月向国家工商行政管理总局商标局（以下简称商标局）提出注册申请，并于2005年9月被核准注册，其专用期限至2015年9月，核定使用商品为第25类服装、柔道服、足球鞋等。2009年5月，经商标局核准，争议商标转让给易建联体育用品（中国）有限公司。2006年3月，易建联向国家工商行政管理总局商标评审委员会请求撤销争议商标。评审期间，易建联提交的新浪网网页打印件等证据载明：易建联自1999年开始从事篮球训练，2002年入选广东队，同年入选国家青年队。2002年获得亚洲青年篮球锦标赛冠军，2003年获得全国男篮甲A联赛亚军。网页打印时间为2006年3月。

（资料来源：中国知识产权研究网）

【问题】该争议商标是否应该被撤销？

2. 申请注册商标应具备的条件

（1）商标应具有显著特征

《商标法》第九条规定，申请注册的商标，应当有显著特征，便于识别，并不得与他人在先取得的合法权利相冲突。商标的显著特征可以通过两种途径获得：一是标志本身固有的显著性特征，如立意新颖、设计独特的商标；二是通过使用获得显著特征。

（2）非禁止使用的商标

我国《商标法》第十条规定，下列标志不得作为商标使用：

①同中华人民共和国的国家名称、国旗、国徽、国歌、军旗、军徽、军歌、勋章等相同或者近似的以及同中央国家机关的名称、标志、所在地特定地点的名称或者标志性建筑物的名称、图形相同的；

②同外国的国家名称、国旗、国徽、军旗等相同或者近似的，但经该国政府同意的除外；

③同政府间国际组织的名称、旗帜、徽记等相同或者近似的，但经该组织同意或者不易误导公众的除外；

④与表明实施控制、予以保证的官方标志、检验印记相同或者近似的，但经授权的除外；

⑤同“红十字”、“红新月”的名称、标志相同或者近似的；

⑥带有民族歧视性的；

⑦带有欺骗性，容易使公众对商品的质量等特点或者产地产生误认的；

⑧有害于社会主义道德风尚或者有其他不良影响的。

县级以上行政区划的地名或者公众知晓的外国地名，不得作为商标。但是，地名具有其他含义或者作为集体商标、证明商标组成部分的除外；已经注册的使用地名的商标继续有效。

（3）非禁止注册的商标

我国《商标法》第十一条规定，下列标志不得作为商标注册：仅有本商品的通用名称、图形、型号的；仅直接表示商品的质量、主要原料、功能、用途、重量、数量及其他特点的；其他缺乏显著特征的。前款所列标志经过使用取得显著特征，并便于识别的，可以作为商标注册。

以三维标志申请注册商标的，仅由商品自身的性质产生的形状、为获得技术效果而需有的商品形状或者使商品具有实质性价值的形状，不得注册。

未经授权，代理人或者代表人以自己的名义将被代理人或者被代表人的商标进行注册，被代理人或者被代表人提出异议的，不予注册并禁止使用。

商标中有商品的地理标志，而该商品并非来源于该标志所标示的地区，误导公众的，不予注册并禁止使用；但是，已经善意取得注册的继续有效。

同一种商品或者类似商品申请注册的商标与他人在先使用的未注册商标相同或者近似，申请人与该他人具有代理、代表以外的合同、业务往来关系或者其他关系而明知该他人商标存在，该他人提出异议的，不予注册。

3. 商标注册的程序

（1）申请和受理

商标注册申请人应当按规定的商品分类表填报使用商标的商品类别和商品名称，提出注册申请。商标注册申请人可以通过一份申请就多个类别的商品申请注册同一商标。商标注册申请等有关文件，可以书面方式或者数据电文方式提出。为申请商标注册所申报的事项和所提供的材料应当真实、准确、完整。

商标注册申请人自其商标在外国第一次提出商标注册申请之日起6个月内，又在中国就相同商品以同一商标提出商标注册申请的，依照该外国同中国签订的协议或者共同参加的国际条约，或者按照相互承认优先权的原则，可以享有优先权。要求优先权的，应当在提出商标注册申请的时候提出书面声明，并且在3个月内提交第一次提出的商标注册申请文件的副本；未提出书面声明或者逾期未提交商标注册申请文件副本的，视为未要求优先权。

商标在中国政府主办的或者承认的国际展览会展出的商品上首次使用的，自该商品展出之日起6个月内，该商标的注册申请人可以享有优先权。要求优先权的，应当在提出商标注册申请的时候提出书面声明，并且在3个月内提交展出其商品的展览会名称、在展出商品上使用该商标的证据、展出日期等证明文件；未提出书面声明或者逾期未提交证明文件的，视为未要求优先权。

申请人委托商标代理组织申请办理商标注册或者办理其他商标事宜，应当交送代理人委托书一份。代理人委托书应当载明代理内容及权限，外国人或者外国企业的代理人委托书还应当载明委托人的国籍。

外国人或者外国企业申请商标注册或者办理其他商标事宜，应当使用中文。代理人委托书和有关证明的公证、认证手续，按照对等原则办理。外文书件应当附中文译本。

商标注册的申请日期，以商标局收到申请书件的日期为准。商标注册申请手续齐备、按照规定填写申请文件并缴纳费用的，商标局予以受理并书面通知申请人；申请手续不齐备、未按照规定填写申请文件或者未缴纳费用的，商标局不予受理，书面通知申请人并说明理由。申请手续基本齐备或者申请文件基本符合规定，但是需要补正的，商标局通知申请人予以补正，限其自收到通知之日起30日内，按照指定内容补正并交回商标局。在规定期限内补正并交回商标局的，保留申请日期；期满未补正的或者不按照要求进行补正的，商标局不予受理并书面通知申请人。

注册商标需要在核定使用范围之外的商品上取得商标专用权的，应当另行提出注册申请。注册商标需要改变其标志的，应当重新提出注册申请。

（2）审查和核准

对申请注册的商标，商标局应当自收到商标注册申请文件之日起9个月内审查完毕，符合《商标法》有关规定的，予以初步审定公告。

在审查过程中，商标局认为商标注册申请内容需要说明或者修正的，可以要求申请人做出说明或者修正。申请人未做出说明或者修正的，不影响商标局做出审查决定。

对初步审定公告的商标，自公告之日起3个月内，在先权利人、利害关系人或者任何人认为违反《商标法》规定的，可以向商标局提出异议。公告期满无异议的，予以核准注册，发给商标注册证，并予公告。

申请注册的商标，凡不符合《商标法》有关规定或者同他人在同一种商品或者类似商品上已经注册的或者初步审定的商标相同或者近似的，由商标局驳回申请，不予公告。

对驳回申请、不予公告的商标，商标局应当书面通知商标注册申请人。商标注册申请人不服的，可以自收到通知之日起15日内向商标评审委员会申请复审。商标评审委员会应当自收到申请之日起9个月内做出决定，并书面通知申请人。有特殊情况需要延长的，经国务院工商行政管理部门批准，可以延长3个月。当事人对商标评审委员会的决定不服的，可以自收到通知之日起30日内向人民法院起诉。

对初步审定公告的商标提出异议的，商标局应当听取异议人和被异议人陈述事实和理由，经调查核实后，自公告期满之日起12个月内做出是否准予注册的决定，并书面通知异议人和被异议人。有特殊情况需要延长的，经国务院工商行政管理部门批准，可以延长6个月。商标局做出准予注册决定的，发给商标注册证，并予公告。异议人不服的，可以依照《商标法》的规定向商标评审委员会请求宣告该注册商标无效。

商标局做出不予注册决定，被异议人不服的，可以自收到通知之日起15日内向商标评审委员会申请复审。商标评审委员会应当自收到申请之日起12个月内做出复审决定，并书面通知异议人和被异议人。有特殊情况需要延长的，经国务院工商行政管理部门批准，可以延长6个月。被异议人对商标评审委员会的决定不服的，可以自收到通知之日起3日内向人民法院起诉。人民法院应当通知异议人作为第三人参加诉讼。

商标评审委员会在依照规定进行复审的过程中，所涉及的在先权利的确定必须以人民法院正在审理或者行政机关正在处理的另一案件的结果为依据的，可以中止审查。中止原因消除后，应当恢复审查程序。

法定期限届满，当事人对商标局宣告注册商标无效的决定不申请复审或者对商标评审委员会的复审决定、维持注册商标或者宣告注册商标无效的裁定不向人民法院起诉的，商标局的决定或者商标评审委员会的复审决定、裁定生效。

经审查异议不成立而准予注册的商标，商标注册申请人取得商标专用权的时间自初步审定公告3个月期满之日起计算。自该商标公告期满之日起至准予注册决定做出前，对他人在同一种或者类似商品上使用与该商标相同或者近似的标志的行为不具有追溯力；但是，因该使用人的恶意给商标注册人造成的损失，应当给予赔偿。

4. 注册商标的续展、变更

注册商标的有效期限为10年，自核准注册之日起计算。注册商标有效期满，需要继续使用的，商标注册人应当在期满前12个月内按照规定办理续展手续；在此期间未能办理的，可以给予6个月的宽展期。每次续展注册的有效期为10年，自该商标上一届有效期满次日起计算，续展的次数不限。期满未办理续展手续的，注销其注册商标。商标局应当对续展注册的商标予以公告。

注册商标需要变更注册人的名义、地址或者其他注册事项的，应当提出变更申请。

（四）注册商标的无效与撤销

1. 宣告注册商标无效

已经注册的商标，违反《商标法》的，或者是以欺骗手段或者其他不正当手段取得注册的，由商标局宣告该注册商标无效；利害关系人、其他单位或者个人可以请求商标评审委员会宣告该注册商标无效。

依照《商标法》规定宣告无效的注册商标，由商标局予以公告，该注册商标专用权视为自始即不存在。

宣告注册商标无效的决定或者裁定，对宣告无效前人民法院做出并已执行的商标侵权案件的判决、裁定、调解书和工商行政管理部门做出并已执行的商标侵权案件的处理决定以及已经履行的商标转让或者使用许可合同不具有追溯力。但是，不返还商标侵权赔偿金、商标转让费、商标使用费，明显违反公平原则的，应当全部或者部分返还。另外，如因商标注册人的恶意给他人造成的损失，应当给予赔偿。

2. 撤销注册商标

商标注册人在使用注册商标的过程中，自行改变注册商标、注册人名称、地址或者其他注册事项的，由地方工商行政管理部门责令限期改正；期满不改正的，由商标局撤销其注册商标。

注册商标成为其核定使用的商品的通用名称或者没有正当理由连续3年不使用的，任何单位或者个人可以向商标局申请撤销该注册商标。商标局应当自收到申请之日起9个月内做出决定。有特殊情况需要延长的，经国务院工商行政管理部门批准，可以延长3个月。

注册商标被撤销、被宣告无效或者期满不再续展的，自撤销、宣告无效或者注销之日起一年内，商标局对与该商标相同或者近似的商标注册申请，不予核准。

（五）注册商标权人的权利和义务

1. 注册商标权人的权利

（1）独占使用权

商标的使用，是指将商标用于商品、商品包装或者容器以及商品交易文书上，或者将商标用于广告宣传、展览以及其他商业活动中，用于识别商品来源的行为。注册商标的专用权，以核准注册的商标和核定使用的商品为限。

（2）禁止权

商标权人对他人未经许可在同一种商品或类似商品上使用与其注册商标相同或近似的商标，均有禁止的权利。

注册商标中含有的本商品的通用名称、图形、型号，或者直接表示商品的质量、主要原料、功能、用途、重量、数量及其他特点，或者含有的地名，注册商标专用权人无权禁止他人正当使用。

三维标志注册商标中含有的商品自身的性质产生的形状、为获得技术效果而需有的商品形状或者使商品具有实质性价值的形状，注册商标专用权人无权禁止他人正当使用。

商标注册人申请商标注册前，他人已经在同一种商品或者类似商品上先于商标注册人使用与注册商标相同或者近似并有一定影响的商标的，注册商标专用权人无权禁止该使用人在原使用范围内继续使用该商标，但可以要求其附加适当区别标识。

（3）商标转让权

转让注册商标，转让人和受让人应当签订转让协议，并共同向商标局提出申请。商标注册人对其在同一种商品上注册的近似的商标，或者在类似商品上注册的相同或者近似的商标，应当一并转让。对容易导致混淆或者有其他不良影响的转让，商标局不予核准，书面通知申请人并说明理由。转让注册商标经核准后，予以公告。受让人自公告之日起享有商标专用权。

（4）许可使用权

商标专用权人可以将其注册商标许可他人使用，并因此而获得报酬。商标注册人可以通过签订商标使用许可合同，许可他人使用其注册商标。经许可使用他人注册商标的，必须在使用该注册商标的商品上标明被许可人的名称和商品产地。许可他人使用其注册商标的，许可人应当将其商标使用许可报商标局备案，由商标局公告。未经备案不得对抗善意第三人。

2. 注册商标权人的义务

（1）按规定使用注册商标。使用注册商标应当标明“注册商标”字样或者标明注册标记（㊟或®）。在商品上不便标明的，应当在包装或者说明书以及其附着物上说明。

（2）商标注册人应当对其使用注册商标的商品或服务的质量负责。许可他人使用其注册商标时，应当监督被许可人使用其注册商标的商品或者服务的质量。

（六）商标专用权的法律保护

1. 商标侵权行为的类型

商标侵权行为是指侵害他人注册商标专用权的行为。我国《商标法》第五十七条规定了七类侵犯注册商标专用权的行为。

（1）未经商标注册人的许可，在同一种商品上使用与其注册商标相同的商标的行为。

（2）未经商标注册人的许可，在同一种商品上使用与其注册商标近似的商标，或者在类似商品上使用与其注册商标相同或者近似的商标，容易导致混淆的行为。

（3）销售侵犯注册商标专用权的商品的行为。为避免那些确实不知道或无法知道是假冒注册商标专用权的商品的销售者受到打击。我国《商标法》第六十四条规定，销售不知道是侵犯注册商标专用权的商品，能证明该商品是自己合法取得并说明提供者的，不承担赔偿责任。

(4) 伪造、擅自制造他人注册商标标识的或者销售伪造、擅自制造的注册商标标识的行为。

(5) 未经商标注册人同意，更换其注册商标并将该更换商标的商品又投入市场的行为。在国外，这种行为也被称为商标的反向假冒。

(6) 故意为侵犯他人商标专用权行为提供便利条件，帮助他人实施侵犯商标专用权的行为。

(7) 给他人的注册商标专用权造成其他损害的行为。

将他人注册商标、未注册的驰名商标作为企业名称中的字号使用，误导公众，构成不正当竞争行为的，依照《中华人民共和国反不正当竞争法》处理。

案例解读1

【案情概述】“特仑苏”是蒙牛公司在2005年推出的我国第一款高端牛奶品牌。2007年11月14日，天津特仑苏公司获得企业名称预先核准，并于2008年5月9日经核准正式成立。随后，天津特仑苏公司在其生产、销售的牛奶商品上使用“来自特仑苏的问候”、“呼伦贝尔——特仑苏公司心灵的天然牧场”、“特仑苏公司出品”、“特仑五谷”等字样，并将其商品销售至北京、天津、重庆、山东、山西、黑龙江等全国各地多个省市。蒙牛公司遂向法院提起诉讼，请求判令天津特仑苏公司停止侵害商标权，停止使用并变更带有“特仑苏”文字的企业名称，停止侵害其知名商品特有包装装潢，赔偿经济损失及合理支出50万元，刊登声明消除影响。

【处理结果】

北京市第三中级人民法院一审判决被告天津特仑苏公司立即停止侵犯“特仑苏”商标、停止使用并变更带有“特仑苏”文字的企业名称、刊登声明消除影响、赔偿原告蒙牛公司经济损失及合理支出50万元。

【解读意见】

天津特仑苏公司未经许可，在其生产、销售的商品上突出使用“特仑苏”字样的行为，侵犯了蒙牛公司的商标专用权，应当承当相应的民事责任。由于天津特仑苏公司成立之时，蒙牛公司的“特仑苏”商标已在中国境内为相关公众所知晓，天津特仑苏公司注册、使用“天津市特仑苏乳制品销售有限公司”作为企业名称，主观上存在明显恶意，且容易导致相关消费者将其误认为专门销售“特仑苏”品牌乳制品的公司，损害了蒙牛公司对“特仑苏”商标享有的权利，违反诚实信用原则，违背公认的商业道德，依法应当承担停止使用、变更企业名称的民事责任。蒙牛公司在诉讼中还主张天津特仑苏公司构成对其知名商品特有包装装潢利益的侵犯，法院经过审理认为，蒙牛公司主张的包装装潢并不具有显著性，其在诉讼中提供的证据也不能证明该包装装潢经过使用获得了一定知名度或者经过使用获得了显著性，因此对于蒙牛公司的这项主张，法院没有支持。

（资料来源：中国法院网）

2. 对商标侵权行为的处理

（1）处理方式

因商标侵权行为引起纠纷的，由当事人协商解决；不愿协商或者协商不成的，商标注册人或者利害关系人可以向人民法院起诉，也可以请求工商行政管理部门处理。

工商行政管理部门处理时，认定侵权行为成立的，责令立即停止侵权行为，没收、销毁侵权商品和主要用于制造侵权商品、伪造注册商标标识的工具，违法经营额5万元以上的，可以处违法经营额五倍以下的罚款，没有违法经营额或者违法经营额不足5万元的，可以处25万元以下的罚款。对5年内实施两次以上商标侵权行为或者有其他严重情节的，应当从重处罚。销售不知道是侵犯注册商标专用权的商品，能证明该商品是自己合法取得并说明提供者的，由工商行政管理部门责令停止销售。对侵犯商标专用权的赔偿数额的争议，当事人可以请求进行处理的工商行政管理部门调解，也可以依照《中华人民共和国民事诉讼法》向人民法院起诉。经工商行政管理部门调解，当事人未达成协议或者调解书生效后不履行的，当事人可以依照《中华人民共和国民事诉讼法》向人民法院起诉。

对侵犯注册商标专用权的行为，工商行政管理部门有权依法查处；涉嫌犯罪的，应当及时移送司法机关依法处理。

（2）商标侵权行为的法律责任

民事责任：停止侵害、消除影响、赔偿损失。

行政责任：没收、销毁侵权商品和专门用于制造侵权商品、伪造注册商标标识的工具，并可处以罚款。

刑事责任：根据我国《刑法》，商标犯罪行为有三种：假冒注册商标罪、销售假冒注册商标的商品罪、非法制造或销售非法制造的注册商标标识罪。

（3）赔偿数额的确定

侵犯商标专用权的赔偿数额，按照权利人因被侵权所受到的实际损失确定；实际损失难以确定的，可以按照侵权人因侵权所获得的利益确定；权利人的损失或者侵权人获得的利益难以确定的，参照该商标许可使用费的倍数合理确定。对恶意侵犯商标专用权，情节严重的，可以在按照上述方法确定数额的1倍以上3倍以下确定赔偿数额。赔偿数额应当包括权利人为制止侵权行为所支付的合理开支。

人民法院为确定赔偿数额，在权利人已经尽力举证，而与侵权行为相关的账簿、资料主要由侵权人掌握的情况下，可以责令侵权人提供与侵权行为相关的账簿、资料；侵权人不提供或者提供虚假的账簿、资料的，人民法院可以参考权利人的主张和提供的证据判定赔偿数额。

权利人因被侵权所受到的实际损失、侵权人因侵权所获得的利益、注册商标许可使用费难以确定的，由人民法院根据侵权行为的情节判决给予300万元以下的赔偿。

注册商标专用权人请求赔偿，被控侵权人以注册商标专用权人未使用注册商标提出抗辩的，人民法院可以要求注册商标专用权人提供此前3年内实际使用该注册商标的证据。注册商标专用权人不能证明此前3年内实际使用过该注册商标，也不能证明因侵权行为受到其他损失的，被控侵权人不承担赔偿责任。

（七）驰名商标的认定、保护和使用

1. 驰名商标的认定

驰名商标是指具有很高的知名度，为公众所熟知的商标。认定驰名商标应当考虑下列因素：（1）相关公众对该商标的知晓程度；（2）该商标使用的持续时间；（3）该商标的任何宣传工作的持续时间、程度和地理范围；（4）该商标作为驰名商标受保护的记录；（5）该商标驰名的其他因素。

在商标注册审查、工商行政管理部门查处商标违法案件过程中，当事人依照《商标法》规定主张权利的，商标局根据审查、处理案件的需要，可以对商标驰名情况作出认定。

在商标争议处理过程中，当事人依照《商标法》规定主张权利的，商标评审委员会根据处理案件的需要，可以对商标驰名情况作出认定。

在商标民事、行政案件审理过程中，当事人依照《商标法》规定主张权利的，人民法院根据审理案件的需要，可以对商标驰名情况作出认定。

2. 驰名商标的保护和使用

《商标法》规定，为相关公众所熟知的商标，持有人认为其权利受到侵害时，可以依照《商标法》请求驰名商标保护。就相同或者类似商品申请注册的商标是复制、模仿或者翻译他人未在中国注册的驰名商标，容易导致混淆的，不予注册并禁止使用。就不相同或者不相类似商品申请注册的商标是复制、模仿或者翻译他人已经在中国注册的驰名商标，误导公众，致使该驰名商标注册人的利益可能受到损害的，不予注册并禁止使用。

生产、经营者不得将“驰名商标”字样用于商品、商品包装或者容器上，或者用于广告宣传、展览以及其他商业活动中。违反规定的，由地方工商行政管理部门责令改正，处十万元罚款。

二、保护专利权

（一）专利权概述

1. 专利的含义

专利是专利权的简称，它是国家按专利法授予申请人在一定时间内对其发明创造成果所享有的独占、使用和处分的权利。

2. 专利与商业秘密的区别

（1）商业秘密是事实上的独占性无形财产，一般通过《反不正当竞争法》和《合同法》加以保护。专利则是受到《专利法》认可和保护的无形财产。

（2）商业秘密是严格保密的。专利虽具独占性，但却必须依法公开。

（3）商业秘密享有的权利没有时间上的限制。专利的独占权受到法定时间的限制，若超过了法定期限，专利就变成社会共同财富，任何人都可以无偿使用。

（二）专利权的主体、客体与内容

1. 专利权的主体

专利权的主体也称专利权人，是指可以申请并取得专利权的单位和个人。

（1）发明人与设计人

发明人与设计人，是指对发明创造的实质性特点作出了创造性贡献的人。在完成发明创造过程中，只负责组织工作的人、为物质技术条件的利用提供方便的人或者从事其他辅助性工作的人，均不是发明人或设计人。发明人是指发明的完成人；设计人是指实用新型或外观设计的完成人。发明人或设计人，只能是自然人，不能是单位、集体或课题组。

发明创造不受民事行为能力的限制。

（2）发明人或设计人的单位

执行本单位的任务或者主要是利用本单位的物质技术条件所完成的发明创造为职务发明创造。职务发明创造申请专利的权利属于该单位；申请被批准后，该单位为专利权人。

执行本单位的任务完成的发明创造包括三种情况：①在本职工作中所完成的发明创造；②履行本单位交付的本职工作之外的任务所完成的发明创造；③退职、退休或调动工作一年内作出的，与其在原单位承担的本职工作或分配的任务有关的发明创造。

本单位的物质技术条件，是指本单位的资金、设备、零部件、原材料或者不对外公开的技术资料等。一般认为，如果在发明创造过程中，全部或者大部分利用了单位的资金、设备、零部件、原料以及不对外公开的技术资料，这种利用对发明创造的完成起着必不可少的决定性作用，就可以认定为主要利用本单位物质技术条件。如果仅仅是少量利用了本单位的物质技术条件，且这种物质条件的利用，对发明创造的完成无关紧要，则不能因此认定是职务发明创造。

利用本单位的物质技术条件所完成的发明创造，单位与发明人或者设计人订有合同，对申请专利的权利和专利权的归属作出约定的，从其约定。

被授予专利权的单位应当对职务发明创造的发明人或者设计人给予奖励；发明创造专利实施后，根据其推广应用的范围和取得的经济效益，对发明人或者设计人给予合理的报酬。

（3）完成或者共同完成的单位或者个人

两个以上单位或者个人合作完成的发明创造、一个单位或者个人接受其他单位或者个人委托所完成的发明创造，除另有协议的以外，申请专利的权利属于完成或者共同完成的单位或者个人；申请被批准后，申请的单位或者个人为专利权人。

（4）受让人

在合法转让专利申请权或者专利权后，受让人成为专利权人。但是，受让人并不因此而成为发明人、设计人，该发明创造的发明人、设计人也不因发明创造的专利申请权或专利权转让而丧失其特定的人身权利。

（5）外国人

外国人包括具有外国国籍的自然人和法人。在中国有经常居所或者营业所的外国人，享有与中国公民或单位同等的专利申请权和专利权。在中国没有经常居所或者营业所的外国人、外国企业或者外国其他组织在中国申请专利的，依照其所属国同中国签订的协议或者共同参加的国际条约，或者依照互惠原则，可以申请专利，但应当委托国务院专利行政部门指定的专利代理机构办理。

2. 专利权的客体

专利权的客体，是指依法可以被授予专利权的发明创造。我国《专利法》所称的发明创造，包括发明、实用新型和外观设计。

（1）发明是指对产品、方法或者其改进所提出的新的技术方案，包括产品发明和方法发明。

（2）实用新型是指对产品的形状、构造或者其结合所提出的适于实用的新的技术方案。实用新型的创造性和技术水平与发明相比较低，通常被称为“小发明”。实用新型所指的产品形状，是指产品所具有的、可以从外部观察到的确定的空间形状。无确定形状的产品，如气态、液态、粉末状、颗粒状的物质或材料，其形状不能作为实用新型产品的形状特征。

（3）外观设计是指对产品的形状、图案或者其结合以及色彩与形状、图案的结合所作出的富有美感并适于工业应用的新设计。

3. 专利权人的主要权利

（1）独占权

除法律另有规定的以外，发明和实用新型专利权被授予后，任何单位或者个人未经专利权人许可，都不得实施其专利，即不得为生产经营目的制造、使用、许诺销售、销售、进口其专利产品，或者使用其专利方法以及使用、许诺销售、销售、进口依照该专利方法直接获得的产品。

外观设计专利权被授予后，任何单位或者个人未经专利权人许可，都不得实施其专利，即不得为生产经营目的制造、许诺销售、销售、进口其外观设计专利产品。

（2）许可权

任何单位或者个人实施他人专利的，应当与专利权人订立实施许可合同，向专利权人支付专利使用费。专利权人与他人订立的专利实施许可合同，应当自合同生效之日起三个月内向国务院专利行政部门备案。

专利申请权或者专利权的共有人对权利的行使有约定的，从其约定。没有约定的，共有人可以单独实施或者以普通许可方式许可他人实施该专利；许可他人实施该专利的，收取的使用费应当在共有人之间分配。

专利权人与被许可人签订的许可合同，就其被许可的权限范围来看，有以下几种：独占实施许可、排他实施许可、普通实施许可、分实施许可、交叉实施许可。

（3）转让权

《专利法》规定，专利申请权和专利权可以转让。转让专利申请权或者专利权的，当事人应当订立书面合同，并向国务院专利行政部门登记，由国务院专利行政部门予以公告。专利申请权或者专利权的转让自登记之日起生效。

中国单位或者个人向外国人、外国企业或者外国其他组织转让专利申请权或者专利权的，应当依照有关法律、行政法规的规定办理手续。

（4）标记权

专利权人有权在其专利产品或该产品的包装上标明专利标记和专利号。国家知识产权局规定，从2003年7月1日起标注专利标记和专利号应当标明专利类别，例如中国发明专利、中国实用新型专利、中国外观设计专利，同时表明授权专利号。

（5）请求保护权

对未经专利权人许可，实施其专利的侵权行为，专利权人或者利害关系人可以请求专利管理机关进行处理，也可以直接向人民法院起诉。

4. 专利权人的主要义务

《专利法》第四十三条规定，专利权人应当自被授予专利权的当年开始缴纳年费；《专利法实施细则》规定，申请人办理登记手续时，应当缴纳专利登记费、公告印刷费和授予专利权当年的年费；期满未缴纳或者未缴足的，视为未办理登记手续。授予专利权当年以后的年费应当在上一年度期满前缴纳。

（三）取得专利权的条件和程序

1. 授予专利权的条件

《专利法》第二十二条规定，授予专利权的发明和实用新型，应当具备新颖性、创造性和实用性。

（1）新颖性，是指该发明或者实用新型不属于现有技术；也没有任何单位或者个人就同样的发明或者实用新型在申请日以前向国务院专利行政部门提出过申请，并记载在申请日以后公布的专利申请文件或者公告的专利文件中。现有技术，是指申请日以前在国内外为公众所知的技术。

但是，也有例外情况，我国《专利法》第二十四条规定，申请专利的发明创造在申请日以前六个月内，有下列情况之一的，不丧失新颖性：（1）在中国政府主办或者承认的国际展览会上首次展出的；（2）在规定的学术会议上首次发表的；（3）他人未经申请人同意而泄露其内容的。

（2）创造性，是指与现有技术相比，该发明具有突出的实质性特点和显著的进步，该实用新型具有实质性特点和进步。

（3）实用性，是指该发明或者实用新型能够制造或者使用，并且能够产生积极效果。

《专利法》第二十三条规定，授予专利权的外观设计，应当不属于现有设计；也没有任何单位或者个人就同样的外观设计在申请日以前向国务院专利行政部门提出过申请，并记载在申请日以后公告的专利文件中。授予专利权的外观设计与现有设计或者现有设计特征的组合相比，应当具有明显区别。授予专利权的外观设计不得与他人在申请日以前已经取得的合法权利相冲突。现有设计，是指申请日以前在国内外为公众所知的设计。

2. 不授予专利权的情形

（1）对违反国家法律、社会公德或者妨害公共利益的发明创造，不授予专利权。对违反法律、行政法规的规定获取或者利用遗传资源，并依赖该遗传资源完成的发明创造，不授予专利权。

任何单位或者个人将在中国完成的发明或者实用新型向外国申请专利的，应当事先报经国务院专利行政部门进行保密审查。对违反规定向外国申请专利的发明或者实用新型，在中国申请专利的，不授予专利权。

（2）科学发现；

（3）智力活动的规则和方法；

（4）疾病的诊断和治疗方法；

（5）动物和植物品种；

（6）用原子核变换方法获得的物质；

（7）对平面印刷品的图案、色彩或者二者的结合作出的主要起标识作用的设计。对动物和植物品种的生产方法，可以依照《专利法》规定授予专利权。

3. 专利申请的原则

（1）书面申请

专利申请人应当按照《专利法》及其实施细则的规定，以书面形式向专利局提交专利申请文件。不仅是申请，以后整个审批程序中的所有手续，都必须以书面形式办理。

（2）一项发明一件专利申请

一件发明或者实用新型专利申请应当限于一项发明或者实用新型，属于一个总的发明构思的两项以上的发明或者实用新型，可以作为一件申请提出。

一件外观设计专利申请应当限于一项外观设计。同一产品两项以上的相似外观设计，或者用于同一类别并且成套出售或者使用的产品的两项以上外观设计，可以作为一件申请提出。

（3）申请在先

两个以上的申请人分别就同样的发明创造申请专利的，专利权授予最先申请的人。如果是在同一天申请的，申请人应当在收到专利局通知后自行协商确定申请人，协商不成的，该发明即成为社会公有技术。申请日以专利申请文件递交到国务院专利行政部门之日算起，如果是邮寄的，以寄出的邮戳日为申请日。专利申请一旦被受理，专利局立即对该申请给一个编号，称为申请号。此号在专利授权后即作为专利号。

同样的发明创造只能授予一项专利权。但是，同一申请人同日对同样的发明创造既申请实用新型专利又申请发明专利，先获得的实用新型专利权尚未终止，且申请人声明放弃该实用新型专利权的，可以授予发明专利权。

（4）优先权

申请人自发明或者实用新型，在外国第一次提出专利申请之日起 12 个月之内，或者自外观设计在外国第一次提出专利申请之日起 6 个月内，又在中国就相同主题提出专利申请的，依照该国同中国签订的协议或共同参加的国际条约，或者依照相互承认优先权的原则，可以享有优先权。

申请人自发明或者实用新型在中国第一次提出专利申请之日起 12 个月内，又向专利局就相同主题提出专利申请的，可以享有优先权。

申请人要求优先权的，应当在申请的时候提出书面声明，并且在 3 个月内提交第一次提出的专利申请文件的副本；未提出书面声明或者逾期未提交专利申请文件副本的，视为未要求优先权。

4. 授予专利的程序

（1）授予发明专利权的程序

①提交申请文件并缴费。申请发明专利的，申请文件应当包括：发明专利请求书、摘要、摘要附图（适用时）、说明书、权利要求书、说明书附图（适用时）。办理专利申请还应当按规定缴纳费用。

②初步审查。初步审查，又称为形式审查，指国务院专利行政部门审查专利申请在形式上是否符合《专利法》及其实施细则的规定和要求，包括申请手续是否完备、申请文件是否齐全、文件格式是否符合法律规定、申请费是否缴纳、委托申请的是否有委托书等专利申请形式方面的事项。一些明显的实质性问题，如申请专利的发明是否合法、是否违反社会主义道德、是否妨害公共利益、是否符合授予专利权的范围、是否需要保密等，也属于形式审查的范围。

③早期公开。国务院专利行政部门收到发明专利申请后，经初步审查认为符合要求的，自申请日起满十八个月，即行公布。国务院专利行政部门可以根据申请人的请求早日公布其申请。为了保护申请人的利益，自公布之日起至颁发专利证书之日止，对该发明给予临时保护。即发明专利申请公布后，申请人可以要求实施其发明的单位或个人支付适当的费用。

④实质审查。实质审查，是指国务院专利行政部门依法对申请专利的发明是否具有新颖性、创造性和实用性等实质性问题的审查。发明专利申请自申请日起三年内，国务院专利行政部门可以根据申请人随时提出的请求，对其申请进行实质审查；申请人无正当理由逾期不请求实质审查的，该申请即被视为撤回。国务院专利行政部门认为必要的时候，可以自行对发明专利申请进行实质审查。

专利局对发明专利申请进行实质审查后，按下列程序处理：一是认为不符合规定的，应当通知申请人，要求其在指定的期限内陈述意见，或者对其申请进行修改；无正当理由逾期不答复的，该申请即被视为撤回。发明专利申请经申请人陈述意见或者进行修改后，国务院专利行政部门仍然认为不符合规定的，应当予以驳回。二是没有发现驳回理由的，作出授予发明专利权的决定，发给发明专利证书，同时予以登记和公告。发明专利权自公告之日起生效。

（2）授予实用新型和外观设计专利权的程序

申请实用新型专利的，提交的申请文件应当包括：实用新型专利请求书、摘要、摘要附图（适用时）、说明书、权利要求书、说明书附图。

申请外观设计专利的，提交的申请文件应当包括：外观设计专利请求书、图片或者照片（要求保护色彩的，应当提交彩色图片或者照片）以及对该外观设计的简要说明。

实用新型和外观设计专利申请经初步审查没有发现驳回理由的，由专利局作出授予实用新型专利权或者外观设计专利权的决定，发给相应的专利证书，同时予以登记和公告。实用新型专利权和外观设计专利权自公告之日起生效。

（3）专利申请驳回的复审

国务院专利行政部门设立专利复审委员会。专利申请人对专利局驳回专利申请的决定不服的，可以自收到通知之日起3个月内，向专利复审委员会请求复审。专利复审委员会复审后，作出决定，并通知专利申请人。专利申请人对专利复审委员会的复审决定不服的，可以自收到通知之日起 3 个月内向人民法院起诉。

（四）专利权的期限、终止和无效

1. 专利权的期限

发明专利权的期限为 20 年，实用新型专利权和外观设计专利权的期限为 10 年，均自申请日起计算。

2. 专利权的终止

一般情况下，专利权在期限届满而终止。有下列情形之一的，专利权在期限届满前终止：（1）没有按照规定缴纳年费的；（2）专利权人以书面声明放弃其专利权的。

3. 专利权的无效

自国务院专利行政部门公告授予专利权之日起，任何单位或者个人认为该专利权的授予不符合《专利法》有关规定的，可以请求专利复审委员会宣告该专利权无效。

对专利复审委员会宣告专利权无效或者维持专利权的决定不服的，可以自收到通知之日起 3 个月内向人民法院起诉。人民法院应当通知无效宣告请求程序的对方当事人作为第三人参加诉讼。

宣告无效的专利权视为自始即不存在。宣告专利权无效的决定，对在宣告专利权无效前人民法院作出并已执行的专利侵权的判决、调解书，已经履行或者强制执行的专利侵权纠纷处理决定以及已经履行的专利实施许可合同和专利权转让合同，不具有追溯力。但是因专利权人的恶意给他人造成的损失，应当给予赔偿。

如果依照上述规定，专利权人或者专利权转让人不向被许可实施专利人或者专利权受让人返还专利使用费或者专利权转让费，明显违反公平原则，专利权人或者专利权转让人应当向被许可实施专利人或者专利权受让人返还全部或者部分专利使用费或者专利权转让费。

（五）专利实施的强制许可

1. 可以给予专利实施强制许可的情形

（1）有下列情形之一的，国务院专利行政部门根据具备实施条件的单位或者个人的申请，可以给予实施发明专利或者实用新型专利的强制许可：①专利权人自专利权被授予之日起满 3 年，且自提出专利申请之日起满 4 年，无正当理由未实施或者未充分实施其专利的。②专利权人行使专利权的行为被依法认定为垄断行为，为消除或者减少该行为对竞争产生的不利影响的。

（2）在国家出现紧急状态或者非常情况时，或者为了公共利益，国务院专利行政部门可以给予实施发明专利或者实用新型专利的强制许可。

（3）为了公共健康，对取得专利权的药品，国务院专利行政部门可以给予制造并将其出口到符合我国参加的有关国际条约规定的国家或者地区的强制许可。“取得专利权的药品”，是指解决公共健康问题所需的医药领域中的任何专利产品或者依照专利方法直接获得的产品，包括取得专利权的制造该产品所需的活性成分以及使用该产品所需的诊断用品。

(4) 一项取得专利权的发明或者实用新型比前已经取得专利权的发明或者实用新型具有显著经济意义的重大技术进步，其实施又有赖于前一发明或者实用新型的实施的，国务院专利行政部门根据后一专利权人的申请，可以给予实施前一发明或者实用新型的强制许可。在依照上述规定给予实施强制许可的情形下，国务院专利行政部门根据前一专利权人的申请，也可以给予实施后一发明或者实用新型的强制许可。

另外，我国《专利法》第十四条规定："国有企业事业单位的发明专利，对国家利益或者公共利益具有重大意义的，国务院有关主管部门和省、自治区、直辖市人民政府报经国务院批准，可以决定在批准的范围内推广应用，允许指定的单位实施，由实施单位按照国家规定向专利权人支付使用费。"

国务院专利行政部门作出的给予实施强制许可的决定，应当及时通知专利权人，并予以登记和公告。强制许可的理由消除并不再发生时，国务院专利行政部门应当根据专利权人的请求，经审查后作出终止实施强制许可的决定。

取得实施强制许可的单位或者个人不享有独占的实施权，并且无权允许他人实施。

2. 强制许可的使用费

取得实施强制许可的单位或者个人应当付给专利权人合理的使用费，或者依照我国参加的有关国际条约的规定处理使用费问题。使用费的数额由双方协商；双方不能达成协议的，由国务院专利行政部门裁决。

当事人对国务院专利行政部门关于强制许可的决定不服的，可以依法申请行政复议或者提起行政诉讼。

（六）专利权的保护

1. 专利侵权行为

(1) 发明和实用新型专利权被授予后，除获得国家知识产权局的强制许可以外，任何单位或者个人未经专利权人许可，实施其专利，即为生产经营目的制造、使用、许诺销售、销售、进口其专利产品，或者使用其专利方法以及使用、许诺销售、销售、进口依照该专利方法直接获得的产品的行为。

(2) 外观设计专利权被授予后，任何单位或者个人未经专利权人许可，实施其专利，即为生产经营目的制造、许诺销售、销售、进口其外观设计专利产品的行为。

2. 不视为侵犯专利权的行为

(1) 专利产品或者依照专利方法直接获得的产品，由专利权人或者经其许可的单位、个人售出后，使用、许诺销售、销售、进口该产品的；

(2) 在专利申请日前已经制造相同产品、使用相同方法或者已经作好制造、使用的必要准备，并且仅在原有范围内继续制造、使用的；

(3) 临时通过中国领陆、领水、领空的外国运输工具，依照其所属国同中国签订的协议或者共同参加的国际条约，或者依照互惠原则，为运输工具自身需要而在其装置和设备中使用有关专利的；

（4）专为科学研究和实验而使用有关专利的；

（5）为提供行政审批所需要的信息，制造、使用、进口专利药品或者专利医疗器械的以及专门为其制造、进口专利药品或者专利医疗器械的。

为生产经营目的使用、许诺销售或者销售不知道是未经专利权人许可而制造并售出的专利侵权产品，能证明该产品合法来源的，不承担赔偿责任。

案例解读 2

【案情概述】 L株式会社系名称为“容器盖”的发明专利的权利人。其在某购物网以298元购买了“超人气美之扣保鲜收纳盒30件组”，该购物网站显示“超人气美之扣保鲜收纳盒30件组”累计售出7508件。本案销售商在收到专利权人律师函后，未及时采取停止销售的措施。原告认为该收纳盒盖落入涉案专利的保护范围，故诉至法院，请求判令被告：H实业有限公司、M商贸有限公司停止侵权、销毁侵权产品及相应的模具和专用工具，删除网站上有关侵权产品的宣传内容、连带赔偿经济损失80万元及合理费用53998元。

【处理结果】 法院判决两被告停止侵权、赔偿原告经济损失30万元。

【解读意见】 该案涉及的发明专利“容器盖”可以适用于不同尺寸大小的保鲜容器，解决了无盖保鲜容器的保鲜防漏问题。美之扣保鲜收纳盒盖具备涉案专利权利要求所述的全部技术特征，即美之扣保鲜收纳盒盖的技术特征完全落入涉案专利权利要求的保护范围。销售商在知道其销售或许诺销售的产品系侵犯他人专利权的情况下，未及时采取有效的停止侵权措施，仍然实施销售和许诺销售行为，难以认为其属于善意销售商。

（资料来源：北京法院网）

3. 专利权保护的范围

发明或者实用新型专利权的保护范围以其权利要求书的内容为准，说明书及附图可以用于解释权利要求的内容。

外观设计专利权的保护范围以表示在图片或者照片中的该产品的外观设计为准，简要说明可以用于解释图片或者照片所表示的该产品的外观设计。

4. 专利侵权责任

（1）假冒专利的，除依法承担民事责任外，由管理专利工作的部门责令改正并予公告，没收违法所得，可以并处违法所得四倍以下的罚款；没有违法所得的，可以处20万元以下的罚款；构成犯罪的，依法追究刑事责任。

（2）侵犯专利权的赔偿数额按照权利人因被侵权所受到的实际损失确定；实际损失难以确定的，可以按照侵权人因侵权所获得的利益确定。权利人的损失或者侵权人获得的利益难以确定的，参照该专利许可使用费的倍数合理确定。赔偿数额还应当包括权利人为制止侵权行为所支付的合理开支。

权利人的损失、侵权人获得的利益和专利许可使用费均难以确定的，人民法院可以根据专利权的类型、侵权行为的性质和情节等因素，确定给予1万元以上100万元以下的赔偿。

5. 诉讼时效

侵犯专利权的诉讼时效为2年，自专利权人或者利害关系人得知或者应当得知侵权行为之日起计算。

发明专利申请公布后至专利权授予前使用该发明未支付适当使用费的，专利权人要求支付使用费的诉讼时效为2年，自专利权人得知或者应当得知他人使用其发明之日起计算，但是，专利权人于专利权授予之日前即已得知或者应当得知的，自专利权授予之日起计算。

讨论提示

《商标法》第三十二条规定，“申请商标注册不得损害他人现有的在先权利”，这里的在先权利，包括姓名权、名誉权等。姓名权人在申请撤销争议商标时，应当举证证明争议商标的文字部分与其姓名相同。判断姓名权是否因争议商标申请注册而受到损害，应当以该姓名在先具有一定知名度为前提。这里对知名度的要求并不是为公众普遍知悉的程度，而是在某一领域具有一定的知名度即可。争议商标所使用的文字与易建联姓名完全相同，使用在柔道服、足球鞋等商品上，容易导致相关公众将其与易建联相联系，从而认为相关商品或服务的来源与易建联有关，侵害了易建联的姓名权，根据我国《商标法》的规定，应当予以撤销。

能力测试

1. 商标每次续展注册的有效期为（　　）。

A. 3年　　B. 5年　　C. 20年　　D. 10年

2. 侵犯注册商标专用权的，任何人可以向（　　）的县级以上工商行政管理机关控告或者检举，被侵权人也可以直接向人民法院起诉。

A. 被侵权人所在地　　B. 侵权人所在地

C. 侵权人所在地或者侵权行为地　　D. 侵权行为地

3. 新疆哈密地区果农生产的哈密瓜系地方名特产品。果农张某欲以“哈密”二字作为哈密瓜的商标，并向有关部门申请注册。根据有关规定，就“哈密”二字（　　）。

A. 张某可以取得注册商标权

B. 张某与其他果农可以共同取得注册商标权

C. 张某可以独家享有地理标记权

D. 张某不能取得注册商标权

4. 我国《商标法》规定，商标中有地理标志，而商品并非来源于该地区，误导公众的，除善意取得的以外（　　）。

A. 不得作为商标注册　　B. 撤销该商标

C. 不得作为商标使用　　D. 不予注册并禁止使用

5. 我国（ ）为驰名商标的认定机构。

A. 国务院　　B. 地方人民政府

C. 国家商标局　　D. 基层人民法院

6. 我国《商标法》规定下列哪种形式不能作为商标申请注册？（ ）

A. 文字商标　　B. 图形商标　　C. 气味商标　　D. 声音商标

7. 下列选项中，我国《商标法》禁止申请注册的商标是（ ）。

A. “茅台”酒　　B. “花生”油

C. “飞鸽”牌自行车　　D. “达达”汽车

8. 根据我国《商标法》的规定，办理续展的申请时间只能是（ ）。

A. 期满前 6 个月内　　B. 期满前后各 6 个月内

C. 期满后 6 个月内　　D. 期满前后各 12 个月内

9. 单位或个人接受其他单位或个人委托所完成的发明创造，若没有关于专利权归属的协议，则申请专利权的权利属于（ ）。

A. 委托人　　B. 受托人

C. 委托人和受托人　　D. 双方均不能申请专利

10. 专利申请人的申请案被公布后，申请人应当自申请日起（ ）内向专利局申请进行实质审查。

A. 3 个月　　B. 6 个月　　C. 12 个月　　D. 3 年

11. 确定发明、实用新型专利权保护范围的依据是（ ）。

A. 请求书　　B. 说明书　　C. 权利要求书　　D. 摘要

12. 我国《专利法》规定发明专利的保护期限为（ ）。

A. 10 年　　B. 15 年　　C. 20 年　　D. 30 年

13. 我国《专利法》规定外观设计专利的保护期限是（ ）。

A. 5 年　　B. 10 年　　C. 15 年　　D. 20 年

14. 我国在专利权的授予上采取的是（ ）。

A. 先发明原则　　B. 先实施原则　　C. 先申请原则　　D. 无手续原则

15. 甲公司指派其研究人员乙和丙共同研究开发一项技术，该技术开发完成后，甲公司决定就该项技术申请专利。在填写专利申请文件时，“发明人”一栏应当填写（ ）。

A. 甲公司的名称　　B. 乙或者丙的姓名

C. 甲公司的名称和乙与丙的姓名　　D. 乙和丙的姓名

正确答案： 1. D　2. C　3. D　4. D　5. C　6. C　7. B　8. B　9. B　10. D　11. C　12. C　13. B　14. C　15. D

任务简析

“狗不理”商标是天津狗不理包子饮食（集团）公司在国家工商局注册的有效商标，依法享有专有权并受法律保护。高某虽自称为狗不理包子创始人的后代，但其不享有“狗不理”商标的使用权，也无权与 T 饭店签订有关“狗不理”商标权使用方面的协议。

T饭店和高某制作并悬挂牌匾，是为了经营饭店，不是为了宣传“狗不理”包子的传人。因此，T饭店未经天津狗不理包子饮食（集团）公司的许可，擅自制作并使用“狗不理”商标，属于《商标法》规定的“未经注册商标所有人的许可，在同一种商品或者类似商品上使用与其注册商标相同或者近似商标”的商标侵权行为，构成对天津狗不理包子饮食（集团）公司的商标专用权的侵害。T饭店和高某应当停止侵害，赔礼道歉，并赔偿因此给天津狗不理包子饮食（集团）公司造成的损失。

工作任务15　正当竞争

学习目标

探究知识：不正当竞争的概念和特征、反不正当竞争法的基本原则、不正当竞争行为的表现形式及法律责任。

获取能力：能够识别不正当竞争行为；能够依法从事正当竞争。

导入任务

甲集团生产的“绿叶”洗衣粉，每公斤售价8元，生产成本5元，在A市销量很好，有很高的市场占有率。A市乙厂也看好洗衣粉市场，投资生产“花香”牌洗衣粉，由于乙厂生产成本每公斤只要4元，其售价为每公斤6元，加上服务好，乙厂的洗衣粉销量直线上升，抢占了甲集团在A市50%的市场份额。面对激烈的市场竞争，甲集团采取以下措施：第一，加强管理，压缩生产成本，每公斤降到4.5元；第二，加大宣传，增加广告投放量；第三，降价销售，每公斤售价4元；第四，由于降价销售肯定会亏本，决定拨出100万元专项资金，作为亏损准备金。甲集团采取上述措施后，乙厂的产品开始滞销，半年后，乙厂由于销量大减而停产。乙厂于是起诉到法院，认为甲集团压价竞争，侵犯其合法权益，要求甲集团赔偿其损失。问：

1. 甲集团的行为是否属于不正当竞争行为？
2. 这种行为对消费者有无损害？

法律快递

《中华人民共和国反不正当竞争法》：1993年9月2日由第八届全国人民代表大会常务委员会第三次会议通过，自1993年12月1日起施行。

《最高人民法院关于审理不正当竞争民事案件应用法律若干问题的解释》：2006年12月30日由最高人民法院审判委员会第1412次会议通过，自2007年2月1日起施行。

一、不正当竞争的概念和特征

（一）不正当竞争的概念

《反不正当竞争法》第二条第二款规定：“本法所称的不正当竞争，是指经营者违反本法规定，损害其他经营者的合法权益，扰乱社会经济秩序的行为。”

“不正当竞争”这个术语一般认为出自1883年的《保护工业产权巴黎公约》。该公约规定，凡在工商活动中违反诚实经营的竞争行为即构成不正当的竞争行为。

（二）不正当竞争的特征

1. 主体特定性

不正当竞争是经营者的行为，经营者是指从事商品经营或营利性服务的法人、其他经济组织和个人。

2. 社会危害性

不正当竞争行为损害其他经营者的合法权益，损害消费者的权益，扰乱社会经济秩序。不正当竞争行为的危害性已经从经营者的私权和私益领域扩大到对公众利益的损害和对社会经济秩序的破坏。这也正是不正当竞争行为与一般的民事侵权行为和违约行为的区别所在。

二、反不正当竞争法的基本原则

（一）自愿

自愿原则是包括市场交易在内的一切民事活动的主要前提。自愿交易意味着市场竞争中的优胜劣汰，违背自愿原则而限制经营者的交易自由，必然导致保护落后、限制公平竞争、扭曲交易关系等结果。

（二）平等

经营者一旦进入市场，不论其规模大小、所有制形式如何，在法律上都应该是平等的。基于这一原则，那些在市场交易中滥用经济优势或依法具有的独占经济地位排挤其他竞争者的行为，某些地方政府或所属部门运用行政权力进行市场分割和封锁，限制商品流通的做法，都是与平等原则相背离的。

（三）公平

公平原则主要有两个方面的含义：第一，交易条件的公平。交易条件应该是真实的并且交易机会是平等的，反对任何采取非法的或不道德的手段获取竞争优势的行为。第二，交易结果的公平。交易双方交易以后对权利和义务的设定大致相当，不能显失公平，更不能一方只享有权利，另一方只承担义务。

（四）诚实守信、遵守公认的商业道德

经营者应当以善意、诚实的态度与他人进行交易，并恪守信用，不践踏诺言。商业道德是在长期经济生活中逐渐形成的符合交易各方利益、得到公认的交易规范，是市场秩序得以维持的基本条件。社会生活不断变化，商业道德也在不断被“公认”而形成。遵守公认的商业道德，对于发挥市场自身的调节功能，弥补成文法的不足，具有

重要意义。

案例解读1

【案情概述】2012年2月和3月，H公司的某安全软件在B网搜索结果页面上有选择地插入了红底白色感叹号图标作为警告标志，以警示用户该搜索结果对应的网站存在风险，即使搜索结果对应的为同一个网站，对其他搜索引擎网站的结果页面却没有进行插标，而且，H公司不仅进行了插标，还逐步引导用户点击安装其公司的安全浏览器。2012年3月和4月，H公司在其网址导航网站网页上嵌入B网的搜索框，改变了B网在其搜索框上向用户提供的下拉提示词，引导用户访问本不在相关关键字搜索结果中靠前位置的、甚至与用户搜索目的完全不同的H公司经营的影视、游戏等页面，获得更多的用户访问量，并且在网络用户仅设置搜索方向、并未输入相关关键词的时候也进入H公司的相关网页。B网以不正当竞争为由诉至法院。

【处理结果】法院判决：H公司立即停止涉案不正当竞争行为；H公司连续十五日在其所属网站首页显著位置刊载消除影响的声明；赔偿B网经济损失四十万元及合理支出5万元。

【解读意见】H公司的上述行为干扰了网络用户对B网搜索的正常使用，还减少了使用其搜索框的网络用户对其搜索结果网页的访问，损害了其搜索服务提供者的合法权益。H公司干扰他人互联网产品或服务正常运行的行为并非出于保护公共利益的目的，也不产生保护公共利益的效果，反而扰乱了互联网的正常经营秩序。

（资料来源：中国法院网）

三、不正当竞争行为的类别

（一）假冒仿冒行为

假冒仿冒行为，是指经营者采用欺骗性的手段，使自己的商品或服务与竞争对手的商品或服务相混淆，以造成购买者误认或误购的不正当竞争行为。

假冒仿冒行为的主要表现形式是：

（1）假冒他人注册商标的行为；

（2）仿冒知名商品特有的名称、包装、装潢的行为；

（3）擅自使用他人的企业名称或姓名的行为；

（4）伪造、冒用各种质量标志和产地的行为。

（二）限制竞争行为

1. 限制竞争行为的主体

限制竞争行为的主体是公用企业或者其他依法具有独占地位的经营者。公用企业，是指涉及公用事业的经营者，包括供水、供电、供热、供气、邮政、电信、交通运输等行业的经营者。

2. 限制竞争行为的主要表现形式

（1）限定用户、消费者只能购买和使用其附带提供的相关产品，而不得购买和使用其他经营者提供的符合技术标准要求的同类商品；

（2）限定用户、消费者只能购买和使用其指定的经营者生产或者经销的商品，而不得购买和使用其他经营者提供的符合技术标准要求的同类商品；

（3）强制用户、消费者购买其提供的不必要的商品及配件；

（4）强制用户、消费者购买其指定的经营者提供的不必要的商品；

（5）以检验商品质量、性能等为借口，阻碍用户、消费者购买、使用其他经营者提供的符合技术标准要求的其他商品；

（6）对不接受其不合理条件的用户、消费者拒绝、中断或者削减供应相关商品，或者滥收费用。

课堂讨论

【材料】某煤气公司对申请办理燃气热水器的用户，根据其购买燃气热水器渠道不同收取不同的安装费。对从煤气公司指定经销点购买燃气热水器的用户收取550元/台的安装费，对未在指定经销点购买的用户，除收取安装费外，每台燃气热水器增收100～200元入网费。

【问题】该煤气公司的行为属于什么行为？

（三）滥用行政权力限制竞争行为

1. 滥用行政权力限制竞争行为的主体

滥用行政权力限制竞争行为的主体，通常是行政机关和法律、法规授权的具有管理公共事务职能的组织。

2. 滥用行政权力限制竞争行为的主要表现形式

（1）以明确要求、暗示或者拒绝、拖延行政许可以及重复检查等方式限定或者变相限定单位或者个人经营、购买、使用其指定的经营者提供的商品或者限定他人正常的经营活动；

（2）对外地商品执行与本地同类商品不同的技术要求、检验标准，或者采取重复检验、重复认证等歧视性技术措施，阻碍、限制外地商品进入本地市场；

（3）采取专门针对外地商品的行政许可，或者对外地商品实施行政许可时采取不同的许可条件、程序、期限等，阻碍、限制外地商品进入本地市场；

（4）设置关卡或者采取其他手段，阻碍、限制外地商品进入本地市场或者本地商品运往外地市场；

（5）以设定歧视性资质要求、评审标准或者不依法发布信息等方式，排斥或者限制外地经营者参加本地的招标投标活动；

（6）采取不平等待遇等方式，排斥或者限制外地经营者在本地投资或者设立分支机构或者妨碍外地经营者在本地的正常经营活动；

（7）强制经营者之间达成、实施限制竞争的协议，强制具有市场支配地位的经营者从事滥用市场支配地位行为。

（四）商业贿赂行为

1. 商业贿赂行为的认定

商业贿赂，是指经营者为销售或者购买商品而采用财物或者其他手段贿赂对方单位或者个人的行为。在账外暗中给予对方单位或者个人回扣的，以行贿论处；对方单位或者个人在账外暗中收受回扣的，以受贿论处。

经营者销售或者购买商品，可以明示方式给对方折扣，可以给中间人佣金。经营者给对方折扣、给中间人佣金的，必须如实入账。接受折扣、佣金的经营者必须如实入账。

2. 商业贿赂行为的主要表现形式

（1）经营者为销售或者购买商品，假借促销费、宣传费、赞助费、科研费、劳务费、咨询费、佣金等名义，或者以报销各种费用等方式，给付对方单位或者个人财物。

（2）经营者为销售或者购买商品，提供对方单位或者个人国内外各种名义的旅游、考察等财物以外的其他利益。

（五）引人误解的虚假宣传行为

1. 虚假宣传的内容

对商品的质量、制作成分、性能、用途、生产者、有效期限、产地等做引人误解的虚假宣传。

2. 对虚假宣传行为的认定

经营者具有下列行为之一，足以造成相关公众误解的，可以认定为引人误解的虚假宣传行为：

（1）对商品做片面的宣传或者对比的；

（2）将科学上未定论的观点、现象等当做定论的事实用于商品宣传的；

（3）以歧义性语言或者其他引人误解的方式进行商品宣传的。

以明显的夸张方式宣传商品，不足以造成相关公众误解的，不属于引人误解的虚假宣传行为。应当根据日常生活经验、相关公众一般注意力、发生误解的事实和被宣传对象的实际情况等因素，对引人误解的虚假宣传行为进行认定。

（六）侵犯商业秘密的行为

1. 商业秘密的含义

商业秘密是指不为公众所知悉、能为权利人带来经济利益、具有实用性并经权利人采取了保密措施的技术信息和经营信息。

（1）“不为公众所知悉”，是指有关信息不为其所属领域的相关人员普遍知悉和容易获得。

(2)“保密措施”，是指权利人为防止信息泄露所采取的与其商业价值等具体情况相适应的合理保护措施。应当根据所涉信息载体的特性、权利人保密的意愿、保密措施的可识别程度、他人通过正当方式获得的难易程度等因素，认定权利人是否采取了保密措施。具有下列情形之一，在正常情况下足以防止涉密信息泄露的，应当认定权利人采取了保密措施：

①限定涉密信息的知悉范围，只对必须知悉的相关人员告知其内容；

②对于涉密信息载体采取加锁等防范措施；

③在涉密信息的载体上标有保密标志；

④对于涉密信息采用密码或者代码等；

⑤签订保密协议；

⑥对于涉密的机器、厂房、车间等场所限制来访者或者提出保密要求；

⑦确保信息秘密的其他合理措施。

2. 侵犯商业秘密行为的主要表现形式

(1) 以盗窃、利诱、胁迫或者其他不正当手段获取权利人的商业秘密；

(2) 披露、使用或者允许他人使用以前项手段获取的商业秘密；

(3) 违反约定或者违反权利人有关保守商业秘密的要求，披露、使用或允许他人使用其所掌握的商业秘密。

此外，第三人明知或应知以上违法行为，获取、使用或者披露他人的商业秘密，视为侵犯商业秘密。

(七) 倾销行为

倾销是指经营者以排挤竞争对手为目的，以低于成本的价格销售商品的行为。根据《反不正当竞争法》，有下列情形之一的，不属于不正当竞争行为：销售鲜活商品的；处理有效期限即将到期或者其他积压的商品的；季节性降价的；因清偿债务、转产、歇业降价销售商品的。

(八) 搭售和附加不合理交易条件的行为

搭售和附加不合理交易条件的行为，是指经营者违背交易相对人的意愿，在提供商品或服务时，搭售其他商品或附加其他不合理交易条件的行为。该种行为的主要表现形式有：

(1) 商品或服务直接搭配出售，即经营者在销售商品或提供服务时，要求购买必须接受另一种商品或接受另一种服务；

(2) 限定转售价格，即制造商向销售商提供商品时，要求销售必须按制造商限定的价格销售商品，不得自行变动；

(3) 限定销售地区，即供应商提供商品时，要求经销商只能向某一类顾客销售该商品；

(4) 独家经销限制，即供应商向经销商提供商品时，要求经销商只能销售其提供的商品，而不得销售其他竞争对手提供的同类商品；

(5) 其他搭售商品或者附加其他不合理条件的行为。

(九) 不正当有奖销售行为

《反不正当竞争法》第十三条规定经营者不得从事下列有奖销售：

(1) 采用谎称有奖或者故意让内定人员中奖的欺骗方式进行有奖销售；

(2) 利用有奖销售的手段推销质次价高的商品；

(3) 抽奖式的有奖销售，最高奖的金额超过5000元。

国家工商行政管理局1993年12月24日发布的《关于禁止有奖销售活动中不正当竞争行为的若干规定》进一步明确规定：禁止以下列方式进行有奖销售：①谎称有奖销售或对所设奖的种类，中奖概率，最高奖金额，总金额，奖品种类、数量、质量、提供方法等作虚假不实的表示；②采取不正当手段故意让内定人员中奖；③故意将设有中奖标志的商品、奖券不投放市场或不与商品、奖券同时投放；故意将带有不同奖金金额或者奖品标志的商品、奖券按不同时间投放市场；④抽奖式的有奖销售，最高奖的金额超过5000元(以非现金的物品或者其他经济利益作为奖励的，按照同期市场同类商品或者服务的正常价格折算其金额)；⑤利用有奖销售手段推销质次价高的商品；⑥其他欺骗性有奖销售行为。

(十) 商业诽谤行为

商业诽谤，是指经营者散布虚假情况贬低竞争对手的商业信誉、商品或服务声誉。

案例解读2

【案情概述】 2012年2月，W教育服务有限公司与W外国语学校发现，B公司擅自在D公司的网络推广中以"W英语"为关键词，发布"W英语不咋样，要选就选B"的推广标题，且该标题链接到B公司的网站。

W教育服务有限公司与W外国语学校认为B公司和D公司的行为违反《反不正当竞争法》，构成商业诋毁，遂起诉至重庆市第一中级人民法院要求二被告停止侵权并赔偿损失。

庭审中，B公司辩称，D公司的网络推广中的"W英语不咋样，要选就选B"，未使用"不咋样"等贬义字眼，不构成诋毁，且B公司与二原告经营的业务范围不同，不构成不正当竞争。

D公司则辩称，D公司未实施针对二原告的不正当竞争行为，且D公司已停止二原告所诉称的行为，不应承担责任。

【处理结果】 重庆一中院一审判决B公司十日内登报声明，消除影响，并赔偿二原告经济损失1万元。法院认为，依本案的证据，不足以认定D公司构成共同的不正当竞争行为。

【解读意见】 B公司与W教育服务有限公司、W外国语学校经营范围有重叠，存在竞争关系。B公司在D公司的网络推广中擅自将"W外国语英语"设为搜索关键词，导致用户搜索该关键词首先获得的是B公司的网站链接，从而增加网络用户访问量，挤占了二原告的市场利益，构成不正当竞争。

尽管B公司发布的推广标题中写的是"不咋样"，但日常用语中，没有"不咋样"而只有"不咋样"的表述方式，"咋"与"咋"仅一笔之差，字形上极其近似，公众以一般注意力难以发现这一差别，极易理解为"不咋样"这一负面词语，因此，B公司的行为构成商业诋毁。

（资料来源：中国法院网）

（十一）违反法律规定的招投标行为

招标投标是一种竞争性缔约方式。在招标投标过程中，如果招标人与投标人或投标人之间相互串通，使招标投标的竞争性降低或丧失，就完全失去了招标投标制度的意义和作用。违法招投标行为的主要表现形式是：

（1）投标者串通投标，抬高标价或压低标价的行为

这类行为的表现形式主要有：①投标者之间相互串通，一致抬高标价；②投标者相互串通，一致压低标价；③投标者相互串通，轮流以高价位或低价位中标；④投标者相互间就标价以外的其他事项串通。

（2）投标者和招标者相互勾结，以排挤竞争对手的行为

这类行为的表现形式有：①招标者在开标前，私下开启投标者的投标条件，并泄密给内定投标者；②招标者在审查评选标书时，对不同的投标者实施差别对待；③投标者和招标者相互勾结，投标者在公平投标时压低标价，中标后再给招标者以额外补偿；④招标者向特定的投标者泄露其标底。

四、不正当竞争行为的法律责任

（一）民事责任

在《民法通则》关于民事责任一般规定的基础上，《反不正当竞争法》对不正当竞争行为的民事责任作了特别规定：不正当竞争行为给被侵害的经营者造成损害的，应当承担损害赔偿责任，被侵害的经营者的损失难以计算的，赔偿额为侵权人在侵权期间因侵权所获得的利润；并应当承担被侵害的经营者因调查该经营者侵害其合法权益的不正当竞争行为所支付的合理费用。

（二）行政责任

（1）经营者假冒他人的注册商标，擅自使用他人的企业名称或姓名，伪造或冒认认证标志、名优标志等质量标志，伪造产地，对商品质量作引人误解的虚假表示的，依照《商标法》和《产品质量法》的规定处罚。

经营者擅自使用知名商标特有的名称、包装、装潢，或者使用与知名商标近似的名

称、包装、装潢，造成和他人的知名商品相混淆，使购买者误认为是该知名商品的，监督检查部门应当责令停止违法行为，没收违法所得，可以根据情节处以违法所得1倍以上3倍以下的罚款；情节严重的可以吊销营业执照。

（2）公用企业或者其他依法具有独占地位的经营者，限定他人购买其指定的经营者的商品，以排挤其他经营者的公平竞争的，省级或设区的市的监督检查部门应当责令停止违法行为，可以根据情节处以5万元以上20万元以下的罚款。

被指定的经营者借此销售质次价高商品或者滥收费用的，监督检查部门应当没收违法所得，可以根据情节处以违法所得1倍以上3倍以下的罚款。

（3）政府及其所属部门违反《反不正当竞争法》的规定，限定他人购买其指定的经营者的商品、限制其他经营者正当的经营活动，或者限制商品在地区之间正常流通的，由上级机关责令其改正；情节严重的，由同级或者上级机关对直接责任人员给予行政处分。

被指定的经营者借此销售质次价高商品或者滥收费用的，监督检查部门应当没收违法所得，可以根据情节处以违法所得1倍以上3倍以下的罚款。

（4）经营者采用财物或者其他手段进行贿赂以销售或者购买商品，不构成犯罪的，监督检查部门可以根据情节处以1万元以上20万元以下的罚款，有违法所得的，予以没收。

（5）经营者利用广告或者其他方法，对商品作引人误解的虚假宣传的，监督检查部门应当责令停止违法行为，消除影响，可以根据情节处以1万元以上20万元以下的罚款。

广告的经营者，在明知或者应知的情况下，代理、设计、制作、发布虚假广告的，监督检查部门应当责令停止违法行为，没收违法所得，并依法处以罚款。这里的“依法”，是指依《广告法》。

（6）违反《反不正当竞争法》的规定侵犯商业秘密的，监督检查部门应当责令停止违法行为，可以根据情节处以1万元以上20万元以下的罚款。

（7）我国《价格法》第四十条第一款规定，有低价倾销行为的，有关主管部门可以责令改正、没收违法所得，并处违法所得5倍以下的罚款；没有违法所得的，予以警告，可以并处罚款；情节严重的，责令停业整顿，或者由工商行政管理机关吊销营业执照。

（8）经营者违反《反不正当竞争法》的规定进行有奖销售的，监督检查部门应当责令停止违法行为，可以根据情节处以1万元以上10万元以下的罚款。

（9）投标者串通投标，抬高标价或者压低标价；投标者和招标者互相勾结，以排挤竞争对手的公平竞争的，其中标无效。监督检查部门可以根据情节处以1万元以上20万元以下的罚款。

（10）经营者有违反被责令暂停销售，不得转移、隐匿、销毁与不正当竞争行为有关的财物的行为的，监督检查部门可以根据情节处以被销售、转移、隐匿、销毁财物的价款的1倍以上3倍以下的罚款。

（三）刑事责任

我国《刑法》规定，有侵犯商业秘密的行为的，给商业秘密的权利人造成重大损失的；损害他人的商业信誉、商品声誉，给他人造成重大损失或者有其他严重情节的；利用广告对商品或者服务作虚假宣传，情节严重的；有商业贿赂行为，构成犯罪的，依法追究刑事责任。

讨论提示

该煤气公司的上述行为属《反不正当竞争法》第六条所指的限制竞争行为。该煤气公司作为公用企业，利用其优势地位对不接受其不合理条件的用户滥收费用，这不仅限制了用户的自主选择权，同时也损害了其他燃气热水器经营者的利益，损害了市场的公平竞争机制。

能力测试

1. 甲酒厂生产的“景阳冈”牌高粱酒，在某省市场上颇有名气。后来，乙酒厂推出“不过冈”牌高粱酒，其酒瓶形态和瓶贴标签的图样、色彩与“景阳冈”几近一致，但使用的注册商标、商品名称以及厂名厂址均不同。对此，下列表述中正确的是（　　）。

A. 因注册商标、商品名称以及厂名厂址均不相同，乙厂对甲厂不构成侵权

B. “景阳冈”商标未申请商标注册，故甲厂不能起诉乙厂侵权

C. 两种商品装潢外观近似，足以造成购买者发生误认，故乙厂的行为构成不正当竞争

D. 两种商品装潢虽外观近似，但常喝“景阳冈”的人仔细辨认可以加以区别，故乙厂的行为不被法律禁止

2. 某电器销售公司甲与某电视机厂乙因货款纠纷而产生矛盾，甲不再经销乙的产品。当客户询问甲的营业人员是否有乙厂的电视机时，营业人员故意说道“乙厂的电视机质量不好，价格又贵，所以我们不再卖他们的产品了”。下列有关该事例的表述（　　）是正确的。

A. 甲侵犯了乙的名誉权

B. 甲的行为属于诋毁乙的商业信誉的不正当竞争行为

C. 甲的行为因未通过宣传媒介诋毁乙的商业信誉，故不构成诋毁商业信誉

D. 甲侵犯了乙的荣誉权

3. 经营者的不正当竞争行为给被侵害的经营者造成损失的，如果被害人的损失难以计算的，赔偿额为（　　）。

A. 侵权人在侵权期间全部所得

B. 按照曾经发生的相同或者相近的案例的赔偿额计算

C. 侵权人在侵权期间所获得的利润

D. 侵权人在侵权期间所获得的利润的二倍

4. 经张某介绍撮合，甲工厂与乙公司签订合同做成一笔交易。甲工厂通过银行向张某的个人信用卡账号上汇入1万元作为“酬谢”。该行为的性质属于（　　）。

A. 折扣　　B. 回扣　　C. 佣金　　D. 商业贿赂

5. 某县政府部门为了保证本地蜜橘能够顺利销售出去，禁止其他地区的蜜橘经销商

来本地销售蜜橘，该行为属于（　　）。

A. 滥用行政权力行为　　　　B. 滥用优势地位行为

C. 滥用法律约束行为　　　　D. 滥用政策制度行为

6. 某百货公司销售空调机，在门口广告牌上写明："凡在本处购买空调者，返给总价款百分之三的回扣。"被人发现后举报到有关部门，经调查发现该公司给付的"回扣"在账面上均有明确记载。该公司给付"回扣"的行为是（　　）。

A. 不正当竞争行为　　　　B. 变相行贿行为

C. 正当的促销行为　　　　D. 价格违法行为

7. 下列（　　）行为，属于法律禁止的不正当竞争行为。

A. 某市政府发文规定，由于最近本市连续发生多起煤气中毒事件，因此，各单位必须统一使用本市煤气公司的安全阀

B. 某市场为促销，张贴海报，宣传在年底举办有奖销售，最高奖品为价值4000元的彩电一台

C. 某公司购进一大批水果，由于不便保存，决定降价销售，致使本市水果的价格大幅度下降

D. 某单位以更高的报酬挖走另一单位的合同期限内的高级技术人员

8. 某啤酒厂在其产品的瓶颈上挂一标签，上印有"获2014年北京国际啤酒节金奖"字样和一个徽章，此奖项和徽章均属子虚乌有。这一行为（　　）。

A. 根据《反不正当竞争法》，构成虚假宣传行为

B. 根据《反不正当竞争法》，构成虚假表示行为

C. 根据《民法通则》，该行为构成欺诈的民事行为

D. 该行为违反商业道德，但不违反法律

9. 某商厦开展有奖销售活动，其公告中称：本次活动分两次抽奖：第一次一等奖8名，各奖彩电一台（价值4000元）；第二次一等奖3名，各奖录音机一台（价值2000元）；第一次获奖者还可参加第二次抽奖。对此事，以下判断中正确的是（　　）。

A. 开奖不允许分两次进行，该商厦构成不正当有奖销售

B. 可以两次开奖，但最高奖的总值不得超过5000元，该商厦构成不正当有奖销售行为

C. 可以两次开奖，因每次的最高奖励额未超过5000元，属正当的有奖销售

D. 是不是正当有奖销售，应取决于最后抽奖结果是否出现一人连续两次中一等奖

10. 某纸品厂在该厂生产的复印纸的外包装上标注"中外合资浙江某有限公司"和"杭州市×路××号"字样。经查，杭州市×路××号有一家"浙江某某有限公司"的企业，不生产复印纸，而所谓的"中外合资浙江某有限公司"根本不存在。问：该厂的违法行为是（　　）。

A. 擅自使用他人企业名称行为　　　　B. 制造、推销冒牌商品行为

C. 虚假的商品标志行为　　　　D. 虚假宣传行为

正确答案：1. C　2. B　3. C　4. C　5. A　6. C　7. A　8. B　9. B　10. C

任务简析

1. 甲集团的洗衣粉销售价格低于其生产成本，且具有抢占市场，尤其是排挤乙厂的目的，属于典型的降价排挤行为。

2. 短期来看，经营者自己的经济利益受损，消费者会受益。但实际上，实施这种行为的经营者往往具有相当的经济实力和优势，他们故意将某种或者某类商品的价格压低到成本以下抛售，目的是击败竞争对手，迫使他们退出市场，然后再抬高商品价格，获取更高的利润。

工作任务 16　办理保险事务

学习目标

探究知识：保险的概念和种类、保险法的基本原则、保险合同的常用术语、保险合同的主要条款。

获取能力：能够分析保险利益的构成，能够订立保险合同，判断保险合同的效力，运用保险基本原理分析处理保险实务。

导入任务

2007 年 4 月，钱某所在的 N 有限公司就其承建的沿海高速公路阜宁连接线通榆运河大桥工程，向 D 财产保险股份有限公司无锡中心支公司投保了建筑工程施工人员团体意外伤害保险和附加建筑工程施工人员团体意外伤害医疗保险，每名被保险人的保险金额为 20 万元。

2008 年 3 月 16 日，在安装大桥主桥龙门架过程中，突遇大风，正在吊装的承重构件贝雷片发生晃动，撞到已安装好的第一片贝雷片，造成其支架倾斜倒塌，导致在高空作业的钱某随第一片贝雷片支架一起坠落，后经抢救无效死亡。

钱某的家属随即向法院提起诉请，要求保险公司按保险合同支付保险金 20 万元。而保险公司辩称，根据我国《保险法》的规定，以死亡为给付保险金条件的合同，未经被保险人同意并认可保险金额的，合同无效。上述保险合同并未由被保险人本人签字，因此拒绝理赔。

（资料来源：中国法院网）

问：本案应当如何处理?

法律快递

《中华人民共和国保险法》（下称《保险法》）：1995 年 6 月 30 日由第八届全国人民代表大会常务委员会第十四次会议通过，自 1995 年 10 月 1 日起施行；2002 年 10 月 28 日由第九届全国人民代表大会常务委员会第三十次会议第一次修订，自 2003 年 1 月 1 日起施行；2009年2月28日由第十一届全国人民代表大会常务委员会第七次会议第二次修订，自2009年10月1日起施行；2014年8月31日由第十二届全国人民代表大会常务委员会第十次会议第三次修订，自公布之日起施行。

《最高人民法院关于适用〈中华人民共和国保险法〉若干问题的解释（一）》：2009年9月14日由最高人民法院审判委员会第1473次会议通过，自2009年10月1日起施行。

《最高人民法院关于适用〈中华人民共和国保险法〉若干问题的解释（二）》：2013年5月6日由最高人民法院审判委员会第1577次会议通过，自2013年6月8日起施行。

一、保险概述

（一）保险的概念

保险有广义和狭义之分。广义的保险是指为偿付自然灾害和意外事故带来的损失，保障社会安定，集合具有同类风险的众多单位和个人，以合理计算风险分担金的形式，向少数因该风险事故发生而受到经济损失的成员提供保险经济保障的一种行为。包括：社会保险、商业保险、互助（合作）保险。狭义的保险是指投保人根据合同约定，向保险人支付保险费，保险人对于合同约定的可能发生的事故因其发生所造成的财产损失承担赔偿保险金责任，或者当被保险人死亡、伤残、疾病或者达到合同约定的年龄、期限等条件时承担给付保险金责任的商业保险行为。我国《保险法》采用狭义的保险概念。

（二）保险的分类

1. 按保险标的不同，保险可以分为财产保险和人身保险

财产保险，是指以财产及其有关利益为保险标的的保险。这里的利益可以是现有的利益、期待的利益，也可以是责任利益。责任利益中的“责任”是指民事赔偿责任，不包括行政责任中的罚款与刑事责任中的罚金。

人身保险，是指以人的寿命和身体为保险标的的保险。人身保险的标的不是人，而是人的身体或者生命。

保险人不得兼营人身保险业务和财产保险业务。但是，经营财产保险业务的保险公司经国务院保险监督管理机构批准，可以经营短期健康保险业务和意外伤害保险业务。

2. 按照保险人承担责任次序的不同，可以分为原保险与再保险

一般意义上的保险都是原保险。保险人将其承担的保险业务，以分保形式部分转移给其他保险人的，为再保险。

3. 按照保险人人数的不同，可以分为单保险、共同保险和重复保险

单保险，是指投保人针对一个保险标的只与一个保险人建立保险合同关系的保险。

共同保险，是指两个以上的保险人对同一标的、同一利益、同一事故各自承保一定数额的保险。

重复保险是指投保人对同一保险标的、同一保险利益、同一保险事故分别与两个以上

保险人订立保险合同，且保险金额总和超过保险价值的保险。我国《保险法》中所称的重复保险是广义的，包括共同保险与上述狭义上的重复保险。

共同保险、重复保险是财产保险中特有的概念，人身保险中不存在共同保险、重复保险的概念，因为人的身体与生命是无法以金钱衡量的。

4. 按照保险的实施形式，可以分为自愿保险和强制保险

中国绝大多数的商业保险是自愿保险，即面对危险是否投保以及保险人是否承保都是自愿的。只对极少数保险实行强制保险，即投保人必须投保，保险人必须承保，如机动车辆的第三人责任险。

5. 按照保险金额和保险价值的关系分为足额保险、不足额保险和超额保险

足额保险，是指保险金额等于或大体相当于保险价值的保险。

不足额保险，是指保险金额低于保险价值的保险，除合同另有约定外，保险人按照保险金额与保险价值的比例承担赔偿责任。

超额投保是指保险金额高于保险价值。根据我国《保险法》的规定，保险金额不得超过保险价值；超过保险价值的，超过的部分无效。

6. 按照保险价值在保险合同中是否预先确定分为定值保险与不定值保险

定值保险，是指双方当事人在订立合同时已经确定保险标的的价值，并将记载于合同之中的保险。定值保险合同多适用于海上保险、国内货物运输保险、国内船舶保险及一些以不易确定价值的艺术品为保险标的的财产保险。

不定值保险，是指双方当事人在订立合同时不预先确定保险标的价值，仅载明保险事故发生后再根据所确定的损失估计其价值的保险。一般按保险事故发生时保险标的的实际价值为标准来计算。大多数财产保险合同采用不定值保险合同。

（三）保险法的基本原则

1. 保险利益原则

所谓保险利益，又称为可保利益，是投保人或被保险人对保险标的具有的法律上承认的利益。保险利益是保险制度的核心，因为保险的费率计算、理赔方式和保险条款无不以保险利益为基础。

保险利益成立的要件：（1）合法性，受到法律保护的利益才能构成保险利益，非法利益不能构成保险利益；（2）经济性，保险利益必须是经济上的利益，可以用货币计算估价的利益；（3）确定性，保险利益必须是确定的，包括可得利益和既得利益。

人身保险的投保人在保险合同订立时，对被保险人应当具有保险利益。财产保险的被保险人在保险事故发生时，对保险标的应当具有保险利益。保险事故发生时，被保险人对保险标的不具有保险利益的，不得向保险人请求赔偿保险金。

2. 最大诚信原则

最大诚信原则指保险合同当事人订立合同及在合同有效期内，应依法向对方提供足以影响对方作出订约与履约决定的全部实质性重要事实，同时绝对信守合同订立的约定与承诺。

对投保人而言，投保人订立合同时应当将保险标的有关的重大事项如实告知保险人。

对保险人而言，要求其在订立合同时将保险条款，尤其是免责条款向投保人说明；当

保险责任范围的事故发生时，要及时、全面地履行赔偿或者给付保险金的义务。保险人放弃因投保人或被保险人违反告知义务或保证而产生的保险合同解除权的，将来不得反悔，再向对方主张已经放弃的权利。

3. 损害补偿原则

当被保险人因保险事故而遭受损失时，其从保险人处所能获得的赔偿只能以实际损失为限。此原则强调保险赔付只能填补被保险人的损失，不能成为被保险人获利的工具。

赔偿金额是实际损失、保险金额和保险价值三者中最小的一个数额。凡是不符合最小数额原则的，即可构成道德风险。

4. 近因原则

近因原则是指保险人按照约定的保险责任范围承担责任时，其所承保的危险事故的发生与保险标的的损害之间必须存在因果关系，而且原因必须是主要的、决定性的原因。

二、保险合同的一般规定

（一）保险合同的概念和特征

1. 保险合同的概念

保险合同是投保人与保险人约定保险权利义务关系的协议。这里所指的保险权利义务关系包括以下内容：第一，它是以投保人依照约定向保险人支付保险费，保险人履行提供危险保障的义务为内容；第二，它是以保险人在保险事故发生时，承担赔偿和给付保险金责任为保险行为法律后果。

2. 保险合同的特征

（1）保险合同是双务合同

保险合同属于双务合同。保险合同中的投保人负有支付保险费的义务，保险人则负有在保险事故发生后给付保险金的义务。

（2）保险合同是有偿合同

保险人履行义务并承担赔偿和给付责任，是以投保人依照保险合同的约定向保险人支付保险费为前提的。保险费的支付，是保险人履行提供保险保障义务和承担赔偿或者给付保险金责任的对价。在保险实务上，各保险公司也在保险条款中规定将保险费的支付作为保险合同生效的前提要件。

（3）保险合同是诺成性合同

我国《保险法》规定投保人提出保险要求，经保险人同意承保，保险合同成立。因此，保险合同的成立，取决于保险当事人是否就保险合同的条款达成一致。另外我国《保险法》还规定，保险合同成立后，投保人按照约定交付保险费；保险人按照约定的时间开始承担保险责任。它明确规定了投保人是在保险合同订立后依约定交付保险费，所以投保人交付保险费是投保人在保险合同成立后的义务，而不构成保险合同成立的前提。

（4）保险合同是附合合同

保险公司多采用未与对方协商而预先制定保险条款的方式开展保险业务，从而使保险合同已经成为格式合同。投保人投保时，只能就保险合同作出接受或不接受的选择决定，没有就保险条款的内容进行商讨的余地。因此，保险合同是典型的附合合同。

为防止保险人利用附合合同损害投保人的利益，《保险法》特别规定了以下规则，对保险人予以限制：一是免除保险人依法应承担的义务或者加重投保人、被保险人责任的以及排除投保人、被保险人或者受益人依法享有的权利的格式条款无效；二是保险人与投保人、被保险人或者受益人对合同条款有争议的，应当按照通常理解予以解释。对合同条款有两种以上解释的，人民法院或者仲裁机构应当作出有利于被保险人和受益人的解释。

(5) 保险合同是射幸合同

所谓射幸合同，是指以将来偶然发生的事故作为利益取得条件的合同。此类合同的效果能否发生，在合同订立时尚处于不确定状态，要看在合同有效期限内是否实际发生保险事故。由此可见，保险合同具有射幸性，但是保险的目的则在于分散损失和相互救济，《保险法》更明确规定投保人必须与保险标的有保险利益。这是保险合同与赌博合同之间的根本区别。

(二) 保险合同的当事人、关系人和辅助人

1. 当事人

投保人是指与保险人订立保险合同，并按照合同约定负有支付保险费义务的人。根据《保险法》的规定，投保人应当具有缔约能力。

保险人又叫承保人，保险人是指与投保人订立保险合同，并按照合同约定承担赔偿或者给付保险金责任的保险公司。

2. 关系人

(1) 被保险人

被保险人是指其财产或者人身受保险合同保障，享有保险金请求权的人。

被保险人具有以下特征：①被保险人是保险事故损失的承受人。②被保险人是享有赔偿请求权的人。③在人身保险中，被保险人和投保人可以是同一人，也可以为不同的人。在财产保险中，被保险人和投保人必须是同一人。④被保险人不受有无行为能力的限制。

(2) 受益人

受益人，又称为保险金受领人，是指人身保险合同中由被保险人或者投保人指定的享有保险金请求权的人。

受益人具有以下特征：①受益人是享有赔偿请求权的人。②受益人必须是投保人或被保险人指定的人，也可以是投保人或被保险人。③受益人不受有无行为能力和保险利益的限制。④受益人资格可能被取消，也可能依法丧失。

3. 辅助人

(1) 保险代理人

保险代理人是根据保险人的委托，向保险人收取佣金，并在保险人授权的范围内代为办理保险业务的机构或者个人。保险代理机构应取得中国保险监督管理委员会颁发的经营保险代理业务许可证，向工商行政管理机关办理登记，领取营业执照，并缴存保证金或投保职业责任保险。

保险代理机构包括专门从事保险代理业务的保险专业代理机构和兼营保险代理业务的

保险兼业代理机构。个人保险代理人在代为办理人寿保险业务时，不得同时接受两个以上保险人的委托。

(2) 保险经纪人

保险经纪人是基于投保人的利益，为投保人与保险人订立保险合同提供中介服务，并依法收取佣金的机构。保险经纪人是为投保人服务的，但是根据保险业通例，佣金一般由保险人支付，当事人另有约定的除外。保险经纪人只能是单位，个人不能做保险经纪人。

保险经纪人，必须依法办理经纪业务许可证和工商登记，领取营业执照，缴存保证金或者投保职业责任保险。保险经纪人在办理保险过程中，因过错给投保人、被保险人造成损失的，要承担赔偿责任。

个人保险代理人、保险代理机构的代理从业人员、保险经纪人的经纪从业人员，应当具备国务院保险监督管理机构规定的资格条件，取得保险监督管理机构颁发的资格证书。

(3) 保险公估人

所谓保险公估人，是指接受保险合同当事人的委托，为其办理对保险标的的勘查、鉴定、估价和理赔计算，并给予证明的人。

我国《保险法》规定，保险人和被保险人可以聘请依法设立的独立的评估机构或者具有法定资格的专家，对保险事故进行评估和鉴定。依法受聘对保险事故进行评估和鉴定的评估机构和专家，应当依法公正地执行业务。因故意或者过失给保险人或者被保险人造成损害的，依法承担赔偿责任。

(三) 保险合同的形式

1. 投保单

所谓投保单又称要保单，是指保险人预制的，供投保人在提出保险要约时使用的格式文件。投保单由投保人填写，并交付给保险人，经保险人的核保机构核实后，一经保险人签章承保，保险合同即告成立。保险合同成立后，投保单就是保险合同的组成部分。

2. 保险单

所谓保险单又简称保单，是指在保险合同成立后，由保险人向投保人签发的正式书面凭证。保险单是保险合同的主要记载形式。

保险单的制作与交付，是保险人的法定义务，保险人应当将所议定的事项及保险合同的内容记载于保险单中。需要指出的是，保险人签发的人寿保险单和符合特定条件的财产保险单，还具有有价证券的性质。

3. 保险凭证

保险凭证是一种简化的保险单，又称小保单。保险人向投保人签发保险凭证，只是为了简化办理保险单的手续，保险凭证与保险单具有同等的法律效力。保险凭证记载的内容只是当事人约定的一些基本内容，凡保险凭证中未列明的内容，应以保险公司的同种保险条款记载的内容为准；在同类保险中，凡是保险凭证的记载与保险条款的记载内容相矛盾时，应以保险凭证的记载为准。

4. 暂保单

所谓暂保单，又称为临时保单，是指保险人同意核保但未正式承保并签发保险单之前，向投保人签发的临时保险凭证。暂保单的内容较保险单简单，在保险人正式承保并签发保险单之前，暂保单与保险单有着同等的效力，但是保险人一经承保并签发保险单，暂保单即自动失去效力。其主要功能是在保险人作出承保前为投保人或被保险人提供临时性保险保障。

暂保单作为一种临时保险凭证，主要用于以下三种情况：（1）保险代理人在争取到保险业务后，保险人尚未向其代理人办妥承保手续和签发保险单之前，可以向投保人签发暂保单；（2）保险人的分支机构对某些应当经批准的业务，在接受投保后尚未得到审批前，可向投保人签发暂保单；（3）保险人与投保人就保险合同的基本条款达成一致，但是就个别事项或条件需进一步协商时，可向投保人签发暂保单。

5. 批单

批单，是保险合同的有效期内变更合同条款时，当事人予以运用的书面证明文件。它是保险人根据投保人或被保险人的要求，经双方协商同意后，由保险人签发的，确认双方当事人所变更的保险合同内容的法律文件。

一般情况下，保险人可在原保险单或保险凭证上进行批注，也可以由保险人另行出具一张格式批单，附贴在保险单或者保险凭证上。

需要说明的是：《最高人民法院关于适用〈中华人民共和国保险法〉若干问题的解释（二）》的第三条第一款规定，投保人或者投保人的代理人订立保险合同时没有亲自签字或者盖章，而由保险人或者保险人的代理人代为签字或者盖章的，对投保人不生效。但投保人已经交纳保险费的，视为其对代签字或者盖章行为的追认。

案例解读1

【案情概述】保险公司的业务员张某与投保人王某是同学关系。在张某向王某推销保险产品时，王某在外地出差，于是王某让张某到自己家中找自己的妻子收取保险费。张某遂到王某家中找到王某的妻子取得了保险费，并代替王某在投保书上签字。投保书所记载的投保人与被保险人均为王某，投保的险种为重大疾病保险，保险期限为终生，交纳保险费期限为20年，每年应交纳保险费金额为2000元。王某出差回到北京以后，张某将保险合同及保险费发票交给了王某。此后，王某每年正常交纳保险费，累计交费12000元。直到2006年，王某、张某关系恶化，王某遂起诉保险公司，以投保书不是自己亲笔签字为由要求退还全部保险费。

【处理结果】法院判决驳回王某的诉讼请求。

【解读意见】王某在张某代其签署投保书后，取得了张某转交的保险合同文本及保险费发票，应视为其对张某所实施的代签约行为已经明知。在此后长达5年的时间里，王某按照保险合同的约定及时足额交纳各年度保险费的行为，即属于以积极参与合同履行的方式表达了其对于张某代其订立保险合同的追认。

（资料来源：人民法院报，2013-06-08）

（四）保险合同的主要条款

1. 当事人及关系人的基本情况

在该条款中，应记载保险人的名称和住所；记载投保人、被保险人的名称和住所；指定受益人的，还应当记载受益人的名称和住所。

2. 保险标的

所谓保险标的，是保险事故发生的客体，它具体是指作为保险对象的财产及其有关利益或被保险人的寿命和身体。保险标的条款中应当就具体的保险对象进行约定，它是确定保险金额和保险人的责任范围的前提。

3. 保险责任和责任免除

所谓保险责任，是指保险合同约定的保险事故发生导致保险标的受到损失或约定的人身保险事件出现时，保险人应当承担的赔偿或给付责任。

所谓责任免除又称为除外责任，是指保险合同中约定的保险人不承担保险责任的范围，用于界定保险人的承保责任的边界。

4. 保险期间与保险责任开始时间

所谓保险期间，是指保险人对投保人或被保险人承担保险保障义务，对保险事故承担保险责任的期间，是保险合同的有效期限。

所谓保险责任的开始，是指保险合同约定的，保险人根据保险合同承担保险责任的开始时间。

5. 保险金额

所谓保险金额是指保险人承担赔偿或者给付保险金责任的最高限额。

在人寿保险中，由于采用定额保险，由保险合同当事人直接约定保险金额，保险人所应给付的保险金额应与约定金额一致。

在财产保险、健康医疗费用保险和意外伤害医疗费用等具有损害填补性质的保险中，保险合同所约定的保险金额，则是指保险人所应当承担的赔偿责任的最高限额。

6. 保险费以及支付办法

保险费又称为保费，是保险人承担保险赔偿或给付义务的对价，是由投保人向保险人支付的费用。保险费的数额大小，主要取决于保险费率和保险金额。

7. 保险金赔偿或者给付办法

当事人应在保险合同中订立保险金计算方法以及赔偿或者给付保险金的方式、期限。通常，保险人承担的损失赔偿范围应当包括：（1）保险标的所受到的实际损失；（2）施救费用，即保险人应当支付被保险人为救助保险标的所产生的费用；（3）仲裁、诉讼费用和其他合理费用；（4）为查明和确定保险事故的性质、原因和保险标的的损失程度所支出的合理费用。

8. 违约责任和争议处理

在保险合同中对违约责任和争议的处理进行约定，其目的在于强化保险合同的法律效力。违约责任条款主要是约定因当事人一方违约而应当承担的违约金数额和赔偿损失的计算方法。关于争议的处理约定则是在保险合同中达成仲裁协议；未达成仲裁协议的，则可径直采用诉讼方式处理争议。

9. 订立合同的年、月、日

保险合同的订立时间应在保险合同中加以记载，因为它与保险合同的效力有着直接的关系，它的存在对于认定保险合同的效力、判断保险事故发生的先后有着重要的意义。

10. 约定记载事项

即在法定记载事项之外，由当事人约定的其他保险合同需要约定的内容。

(五) 保险合同当事人的义务

1. 投保人的义务

(1) 如实告知

投保人的告知义务限于保险人询问的范围和内容。当事人对询问范围及内容有争议的，保险人负举证责任。投保人如实告知的内容限于保险人询问的投保人知道或者应当知道的与保险标的或者被保险人有关的事项，即所谓重大事项。通常，保险人设计的风险询问表，视为保险人"提出询问"的书面形式。保险人不得以投保人违反了对投保单询问表中所列概括性条款的如实告知义务为由解除合同。但该概括性条款有具体内容的除外。

投保人违反告知义务应当承担以下法律后果：

第一，保险人的合同解除权。投保人故意隐瞒事实，不履行如实告知义务的，或因重大过失未履行如实告知义务，足以影响保险人决定是否同意承保或者提高保险费率的，保险人有权解除保险合同。

因投保人违反告知义务的合同解除权，自保险人知道有解除事由之日起，超过30日不行使而消灭。自合同成立之日起超过2年的，保险人不得解除合同；发生保险事故的，保险人应当承担赔偿或者给付保险金的责任。但保险人在合同订立时已经知道投保人未如实告知的情况的，保险人不得解除合同；发生保险事故的，保险人应当承担赔偿或者给付保险金的责任。保险事故是指保险合同约定的保险责任范围内的事故。

第二，免除保险人的保险责任。投保人故意不履行如实告知义务的，保险人对于保险合同解除前发生的保险事故，不承担赔偿或者给付保险金的责任，并不退还保险费。投保人因重大过失未履行如实告知义务，对保险事故的发生有严重影响的，保险人对于保险合同解除前发生的保险事故，不承担赔偿或者给付保险金的责任，但可以退还保险费。保险人未行使合同解除权，不得拒绝赔偿；但当事人就拒绝赔偿事宜及保险合同存续另行达成一致的情况除外。

(2) 及时通知

投保人、被保险人或者受益人知道保险事故发生后，应当及时通知保险人。故意或者因重大过失未及时通知，致使保险事故的性质、原因、损失程度等难以确定的，保险人对无法确定的部分，不承担赔偿或者给付保险金的责任，但保险人通过其他途径已经及时知道或者应当及时知道保险事故发生的除外。

保险事故发生后，按照保险合同请求保险人赔偿或者给付保险金时，投保人、被保险人或者受益人应当向保险人提供其所能提供的与确认保险事故的性质、原因、损失程度等有关的证明和资料。

（3）支付保险费

《保险法》第十四条规定，保险合同成立后，投保人按照约定交付保险费，保险人按照约定的时间开始承担保险责任。

保险合同成立后，除法律另有规定或者保险合同另有约定外，投保人未按照约定交付保险费的，应当承担违约责任；发生保险事故的，保险人应当承担保险责任。保险合同生效后，投保人未按约定的期限交付保险费，但是约定有交费宽限期的，保险人对在交费宽限期间内发生的保险事故承担保险责任。

2. 保险人的义务

（1）对保险条款的说明

保险人的说明义务，是指保险人在保险合同订立过程中，就保险合同的内容和条款，向投保人负有的解释其含义的义务。

保险条款是保险人制定的格式保险条款，为防止保险人利用其优势地位损害投保人、被保险人的利益，我国《保险法》规定，订立保险合同，采用保险人提供的格式条款的，保险人向投保人提供的投保单应当附格式条款，保险人应当向投保人说明合同的内容。

（2）对免责条款的说明

保险人提供的格式合同文本中的责任免除条款、免赔额、免赔率、比例赔付或者给付等免除或者减轻保险人责任的条款，都属于“免除保险人责任的条款”。我国《保险法》规定保险人在保险合同订立前，对免责条款负有明确说明的义务。

对保险合同中免除保险人责任的条款，保险人在订立合同时应当在投保单、保险单或者其他保险凭证上作出足以引起投保人注意的提示，并对该条款的内容以书面或者口头形式向投保人作出明确说明；未作提示或者明确说明的，该条款不产生效力。

保险人将法律、行政法规中的禁止性规定情形作为保险合同免责条款的免责事由，保险人对该条款作出提示后，投保人、被保险人或者受益人不得以保险人未履行明确说明义务为由主张该条款不生效。

（3）通知

所谓保险人的通知义务，是指于保险合同期限内，保险人所负有的对投保人或被保险人就法定事项为告知行为的义务。根据我国《保险法》的规定，保险人的通知义务包括：

第一，通知投保人、被保险人或者受益人补充提供有关的证明和资料。《保险法》规定，保险人按照合同的约定，认为有关的证明和资料不完整的，应当及时一次性通知投保人、被保险人或者受益人补充提供。

第二，保险人对不属于保险责任的，应当自作出核定之日起3日内向被保险人或者受益人发出拒绝赔偿或者拒绝给付保险金通知书，并说明理由。

第三，保险标的发生部分损失时保险人解除合同的，应当提前15日通知投保人等。

（4）及时核定及赔付

保险人收到被保险人或者受益人的赔偿或者给付保险金的请求后，应当及时作出核定；情形复杂的，应当在30日内作出核定，但合同另有约定的除外。保险人应当将核定结果通知被保险人或者受益人；对属于保险责任的，在与被保险人或者受益人达成赔偿或者给付保险金的协议后10日内，履行赔偿或者给付保险金义务。保险合同对赔偿或者给付保险金的期限有约定的，保险人应当按照约定履行赔偿或者给付保险金义务。

保险人未及时履行的，除支付保险金外，应当赔偿被保险人或者受益人因此受到的损失。

任何单位和个人不得非法干预保险人履行赔偿或者给付保险金的义务，也不得限制被保险人或者受益人取得保险金的权利。

保险人自收到赔偿或者给付保险金的请求和有关证明、资料之日起60日内，对其赔偿或者给付保险金的数额不能确定的，应当根据已有证明和资料可以确定的数额先予支付；保险人最终确定赔偿或者给付保险金的数额后，应当支付相应的差额。

赔偿或给付保险金的义务是保险人最主要的义务。

(5) 保密

保险人或者再保险接受人对在办理保险业务中知道的投保人、被保险人、受益人或者再保险分出人的业务和财产情况及个人隐私，负有保密的义务。

(六) 保险合同的变更、解除

1. 保险合同的变更

投保人和保险人可以协商变更合同内容。变更保险合同的，应当由保险人在保险单或者其他保险凭证上批注或者附贴批单，或者由投保人和保险人订立变更的书面协议。

2. 保险合同的解除

除《保险法》另有规定或者保险合同另有约定外，保险合同成立后，投保人可以解除合同，保险人不得解除合同。

出现下列情形时，保险人可以解除合同：

(1) 未发生保险事故，被保险人或者受益人谎称发生了保险事故，向保险人提出赔偿或者给付保险金请求的，保险人有权解除合同，并不退还保险费。

(2) 投保人、被保险人故意制造保险事故的，保险人有权解除合同，不承担赔偿或者给付保险金的责任，不退还保险费。

(3) 投保人故障隐瞒事实，或者因过失未履行如实告知义务的，足以影响保险人决定是否同意承保或提高保险费率的，保险人有权解除保险合同。

(4) 投保人、被保险人未按照约定履行其对保险标的安全应尽的责任的，保险人有权要求增加保险费或解除合同。

保险事故发生后，投保人、被保险人或者受益人以伪造、变造的有关证明、资料或者其他证据，编造虚假的事故原因或者夸大损失程度的，保险人对其虚报的部分不承担赔偿或者给付保险金的责任。

(七) 诉讼时效

人寿保险以外的其他保险的被保险人或者受益人，向保险人请求赔偿或者给付保险金的诉讼时效期间为二年，自其知道或者应当知道保险事故发生之日起计算。

人寿保险的被保险人或者受益人向保险人请求给付保险金的诉讼时效期间为5年，自其知道或者应当知道保险事故发生之日起计算。

三、人身保险合同

（一）人身保险合同的概念和特征

1. 人身保险合同的概念

人身保险合同是指以人的寿命和身体为保险标的的保险合同。其合同基本内容是当事人约定投保人支付保险费与保险人，当被保险人在合同期内发生死亡、伤残、疾病等事故或达到合同约定的年龄、期限时保险人依照合同约定给付保险金。

2. 人身保险合同的特征

（1）被保险人是自然人；

（2）是定额保险合同；

（3）投保人与被保险人必须有特殊的身份关系；

（4）保险人对人寿保险的保险费，不得用诉讼方式要求投保人支付。

（二）人身保险合同的分类

1. 人寿保险合同

人寿保险合同是以被保险人的生命为保险标的，以被保险人的生存或死亡为保险事故的人身保险合同。人寿保险可分为定期寿险、终身寿险、两全保险和年金保险。人寿保险是人身保险中最重要的部分。

2. 人身意外伤害保险合同

人身意外伤害保险是以被保险人因遭受意外事故造成的死亡或伤残为保险事故的人身保险合同。在全部人身保险业务中，只需支付少量保费就可获得高保障，投保简便，无需体检，所以承保人次较多，如旅行意外伤害保险、航空意外伤害保险等。

3. 健康保险合同

健康保险是以被保险人的身体为保险标的，保证被保险人在疾病或意外事故所致伤害时的费用或损失获得补偿的一种人身保险合同。包括重大疾病保险、住院医疗保险、意外伤害医疗保险、收入损失保险等。

（三）人身保险合同的具体规定

1. 保险利益条款

具有人身保险利益的基本条件是：

①投保人对本人、配偶、子女、父母以及与投保人有抚养、赡养或者扶养关系的家庭其他成员、近亲属具有保险利益。

②与投保人有劳动关系的劳动者。

③被保险人同意投保人为其订立保险合同的，视为投保人对被保险人具有保险利益，在此同意是指被保险人以书面承诺同意投保人为自己投保，如果没有被保险人的书面承诺，该保险合同就没有法律效力。

投保人不得为无民事行为能力人投保以死亡为给付保险金条件的人身保险，保险人也不得承保。父母为其未成年子女投保的人身保险，不受此规定限制。但是，因被保险人死亡给付的保险金总和不得超过国务院保险监督管理机构规定的限额。

以死亡为给付保险金条件的合同，未经被保险人同意并认可保险金额的，合同无效。按照以死亡为给付保险金条件的合同所签发的保险单，未经被保险人书面同意，不得转让或者质押。父母为其未成年子女投保的人身保险，不受此规定限制。

2. 误告年龄条款

（1）申报的被保险人年龄不真实，并且真实年龄不符合合同约定的年龄限制，保险人可以解除合同，并按约退还保单的现金价值。保险人的合同解除权，自保险人知道有解除事由之日起，超过30日不行使而消灭。自合同成立之日起超过2年的，保险人不得解除合同。保险人在合同订立时已经知道投保人未如实告知真实年龄的，保险人不得解除合同；发生保险事故的，保险人应当承担赔偿或者给付保险金的责任。

（2）投保人申报的被保险人年龄不真实，致使投保人支付的保险费少于应付保险费的，保险人有权更正并要求投保人补交保险费，或者在给付保险金时按照实付保险费与应付保险费的比例支付。

（3）投保人申报的被保险人年龄不真实，致使投保人支付的保险费多于应付保险费的，保险人应当将多收的保险费退还投保人。

3. 中止、复效条款

投保人可以按照合同约定向保险人一次支付全部保险费或者分期支付保险费。人身保险约定分期支付保险费的，投保人支付首期保险费后，除合同另有约定外，投保人自保险人催告之日起超过30日未支付当期保险费，或者超过约定的期限60日未支付当期保险费的，合同效力中止。被保险人在规定期限内发生保险事故的，保险人应当按照合同约定给付保险金，但可以扣减欠交的保险费。

人身保险合同由于上述原因效力中止的，经保险人与投保人协商并达成协议，在投保人补交保险费后，合同效力恢复。但是自合同效力中止之日起2年内双方未达成协议的，保险人有权解除合同。保险人解除合同的，应当按照合同约定退还保险单的现金价值。

4. 保险金的给付

保险合同约定的保险事故发生或者条件满足，保险人应当向受益人或者被保险人履行给付保险金的义务。但在下列情况下保险人依法免责：

（1）投保人故意造成被保险人死亡、伤残或者疾病的，保险人不承担给付保险金的责任。投保人已交足2年以上保险费的，保险人应当按照合同约定向其他权利人退还保险单的现金价值。

受益人故意造成被保险人死亡、伤残、疾病的，或者故意杀害被保险人未遂的，该受益人丧失受益权。注意，在这种情况下并不免除保险人给付保险金的义务。

（2）因被保险人故意犯罪或者抗拒依法采取的刑事强制措施导致其伤残或者死亡的，保险人不承担给付保险金的责任。投保人已交足2年以上保险费的，保险人应当按照合同约定退还保险单的现金价值。

（3）以被保险人死亡为给付保险金条件的合同，自合同成立或者合同效力恢复之日起2年内，被保险人自杀的，保险人不承担给付保险金的责任，但被保险人自杀时为无民事行为能力人的除外。保险人依照此规定不承担给付保险金责任的，应当按照合同约定退还保险单的现金价值。

被保险人因第三者的行为而发生死亡、伤残或者疾病等保险事故的，保险人向被保险人或者受益人给付保险金后，不享有向第三者追偿的权利，但被保险人或者受益人仍有权向第三者请求赔偿。

5. 保险金的继承

以死亡为给付保险金条件的保险合同，保险人在事故发生后一般向受益人履行给付保险金的义务。但遇有下列情形之一的，保险金作为被保险人的遗产，由保险人向被保险人的继承人履行给付保险金的义务：

（1）没有指定受益人，或者受益人指定不明无法确定的；

（2）受益人先于被保险人死亡，没有其他受益人的；

（3）受益人依法丧失受益权或者放弃受益权，没有其他受益人的。

受益人与被保险人在同一事件中死亡，且不能确定死亡先后顺序的，推定受益人死亡在先。

四、财产保险合同

（一）财产保险合同的概念及特征

1. 财产保险合同的概念

财产保险合同是指以财产及其有关利益为保险标的的保险合同。财产保险合同的保险标的有二种：一是“财产”，指以一定形式存在的有形的物质财富，并能以一定价值尺度进行衡量的财产；二是与财产“有关的利益”，指财产所产生的或引起的无形的利益，如物权、债权、收益权等，当这些权利受到侵害时，所引起的损失责任等。

2. 财产保险合同的特征

（1）以赔偿被保险标的的损失为直接目的，严格贯彻损害补偿原则，无损失即无保险金。此损失必须是可计算的损失。

（2）保险人和投保人约定的保险金额不得超过被保险标的的实际价值，超过的部分无效。

（3）保险人的最高赔偿责任以保险合同所约定的保险金额为限，损失超出此范围的保险人不予赔偿。保险人、被保险人为查明和确定保险事故的性质、原因和保险标的的损失程度所支付的必要的、合理的费用，由保险人承担。

（二）财产保险合同的分类

1. 财产损失保险合同

财产损失保险合同，以补偿有形财产的直接损失为目的，主要有：企业财产保险合同；家庭财产保险合同；运输工具保险合同；运输货物保险合同。

2. 责任保险合同

责任保险合同是指以被保险人对第三者依法应负的赔偿责任为保险标的的一种财产保险合同。主要有：第三者责任保险合同、公众责任保险合同、产品责任保险合同、雇主责任保险合同、职业责任保险合同。

保险人对责任保险的被保险人给第三者造成的损害，可以依照法律的规定或者合同的约定，直接向该第三者赔偿保险金。责任保险的被保险人给第三者造成损害，被保险人对第三者应负的赔偿责任确定的，根据被保险人的请求，保险人应当直接向该第三者赔偿保险金。被保险人怠于请求的，第三者有权就其应获赔偿部分直接向保险人请求赔偿保险金。责任保险的被保险人给第三者造成损害，被保险人未向该第三者赔偿的，保险人不得向被保险人赔偿保险金。

责任保险的被保险人因给第三者造成损害的保险事故而被提起仲裁或者诉讼的，除合同另有约定外，由被保险人支付的仲裁或者诉讼费用以及其他必要的、合理的费用，由保险人承担。

3. 信用保险合同与保证保险合同

信用保险合同，指被保险人在信用贷款或售货交易过程中，债务人不为清偿或不能清偿时，保险人将给予赔偿的一种财产保险合同。包括出口信用保险合同、投资信用保险合同、商业信用保险合同等。

保证保险合同指作为被保证的债务人或雇员未履行债务或是以欺骗舞弊行为，给债权人或雇主造成经济损失时，保险人代为赔偿后从而取得代位追偿权的一种保险合同。

（三）财产保险合同的具体规定

1. 保险标的转让

保险标的转让的，保险标的的受让人承继被保险人的权利和义务。保险标的转让的，被保险人或者受让人应当及时通知保险人，但货物运输保险合同和另有约定的合同除外。

因保险标的转让导致危险程度显著增加的，保险人自收到前款规定的通知之日起30日内，可以按照合同约定增加保险费或者解除合同。保险人解除合同的，应当将已收取的保险费，按照合同约定扣除自保险责任开始之日起至合同解除之日止应收的部分后，退还投保人。

被保险人、受让人未及时通知保险人的，因转让导致保险标的危险程度显著增加而发生的保险事故，保险人不承担赔偿保险金的责任。

货物运输保险合同和运输工具航程保险合同，保险责任开始后，合同当事人不得解除合同。

2. 危险程度增加

保险合同的订立，是基于已有可保危险的存在。但可保危险的程度则是处于不断地变动状态的，因而法律要求被保险人（投保人）应对危险增加承担通知义务。根据《保险法》的规定，在合同有效期内，保险标的的危险程度显著增加的，被保险人应当按照合同约定及时通知保险人，保险人可以按照合同约定增加保险费或者解除合同。保险人解除合同的，应当将已收取的保险费，按照合同约定扣除自保险责任开始之日起至合同解除之日止应收的部分后，退还投保人。

被保险人未履行危险增加的通知义务的，因保险标的的危险程度显著增加而发生的保险事故，保险人不承担赔偿保险金的责任。

课堂讨论

【材料】2014 年 4 月某机械厂向当地一家保险公司投保，保险金额达 600 万元。同年 8 月，该厂投保的保险标的危险程度增加。保险公司要求该厂增交一定的保费，该厂不同意，要求退保，保险公司不愿失去这笔业务，答应以后再作商议是否要增交保费，但双方后来一直未就此事进行商谈。同年 9 月中旬，该厂仓库发生火灾，损失金额达 50 万元，于是向保险公司提出索赔，但保险公司以该厂未增交保费为由，不予赔付。

【问题】保险公司是否应该赔偿？

3. 预防或减少损失

避免损失出现或扩大，是投保人或被保险人在财产保险合同成立后的又一基本义务。它包括以下两个方面的内容：

（1）安全维护义务。投保人或被保险人在保险合同有效期内，有维护保险标的安全的义务，以预防那些本来可以避免的损失。根据《保险法》的规定，投保人或被保险人应当遵守国家有关消防、安全、生产操作、劳动保护等方面的规定，维护保险标的的安全。根据合同的约定，保险人可以对保险标的的安全状况进行检查，及时向投保人、被保险人提出消除不安全因素和隐患的书面建议。

投保人、被保险人未按照保险合同约定履行其对保险标的安全应尽的责任，保险人有权要求增加保险费或者解除保险合同。保险人为维护保险标的的安全，经被保险人同意，可以采取安全预防措施。

（2）施救义务。投保人或被保险人在保险事故发生时，不仅应当及时通知保险人，还应当尽力采取相应的必要措施，以防止或减少损失；否则对于扩大的损失，保险人不承担责任。为鼓励投保人或被保险人在危险发生时进行施救，《保险法》规定，因履行施救义务而产生的费用，由保险人负赔偿责任，但保险人承担的数额在保险标的损失以外计算，最高不超过保险金额的数额。

4. 保险费的降低与退还

有下列情形之一的，除合同另有约定外，保险人应当降低保险费，并按日计算退还相应的保险费：（1）据以确定保险费率的有关情况发生变化，保险标的的危险程度明显减少的；（2）保险标的的保险价值明显减少的。

保险责任开始前，投保人要求解除合同的，应当按照合同约定向保险人支付手续费，保险人应当退还保险费。保险责任开始后，投保人要求解除合同的，保险人应当将已收取的保险费，按照合同约定扣除自保险责任开始之日起至合同解除之日止应收的部分后，退还投保人。

5. 保险标的受损后的处理

保险标的发生部分损失的，自保险人赔偿之日起30日内，投保人可以解除合同；除合同另有约定外，保险人也可以解除合同，但应当提前15日通知投保人。合同解除的，保险人应当将保险标的未受损失部分的保险费，按照合同约定扣除自保险责任开始之日起至合同解除之日止应收的部分后，退还投保人。

保险事故发生后，保险人已支付了全部保险金额，并且保险金额等于保险价值的，受损保险标的的全部权利归于保险人；保险金额低于保险价值的，保险人按照保险金额与保险价值的比例取得受损保险标的的部分权利。

6. 代位求偿权

代位求偿权，是指因第三者对保险标的的损害而造成保险事故的，保险人自向被保险人赔偿保险金之日起，在赔偿金额范围内代位行使被保险人对第三者请求赔偿的权利。保险人应以自己的名义行使保险代位求偿权。

保险事故发生后，被保险人已经从第三者取得损害赔偿的，保险人赔偿保险金时，可以相应扣减被保险人从第三者已取得的赔偿金额。保险人行使代位请求赔偿的权利，不影响被保险人就未取得赔偿的部分向第三者请求赔偿的权利。

保险事故发生后，保险人未赔偿保险金之前，被保险人放弃对第三者请求赔偿的权利的，保险人不承担赔偿保险金的责任。保险人向被保险人赔偿保险金后，被保险人未经保险人同意放弃对第三者请求赔偿的权利的，该行为无效。被保险人故意或者因重大过失致使保险人不能行使代位请求赔偿的权利的，保险人可以扣减或者要求返还相应的保险金。

除被保险人的家庭成员或者其组成人员故意造成保险事故导致保险标的的损害外，保险人不得对被保险人的家庭成员或者其组成人员行使代位请求赔偿的权利。

保险人向第三者行使代位请求赔偿的权利时，被保险人应当向保险人提供必要的文件和所知道的有关情况。

案例解读2

【案情概述】2011年1月6日，原告S公司（以下简称原告）在被告D财产保险股份有限公司北京分公司（以下简称被告）为A车投保。保险单中载明：被保险人为原告，承保险种包括机动车损失保险，保险期间自2011年1月7日0时至2012年1月6日24时。双方在机动车损失保险条款中约定，保险人依据被保险机动车驾驶人在事故中所负的事故责任比例，承担相应的赔偿责任。被保险机动车方负同等事故责任的，事故责任比例为50%。

2011年7月9日22时30分，在北京市大兴区京良路狼垡路口西小路口，张某某驾驶原告的A车由西向东行驶时与由东向西行驶的安某某驾驶的北京某公司大货车相撞，造成车辆损坏。此事故经大兴交通管理部门依法认定张某某与安某某负同等责任。原告因该事故支付A车的车辆修理费、拖车费共计60530元。原告报案后被告进行了现场查勘，但却拒绝理赔原告的全部损失。

被告认为既然保险合同中约定按责赔付，交通事故认定书中认定为同等责任，所以对原告主张的车辆维修费等损失只同意承担50%的赔偿责任。

【处理结果】北京市房山区人民法院于2012年1月6日作出判决：被告D财产保险股份有限公司北京分公司于本判决生效后10日内向原告S公司支付保险赔偿金60530元。

【解读意见】本案的争议焦点为被告是否应当按照保险事故发生时保险车辆驾驶员在事故中的责任比例承担相应的赔偿责任。虽然双方约定有“按责赔付”条款，但根据《保险法》的相关规定，因第三者对保险标的的损害造成保险事故的，保险人有代位求偿权。由此可见，在因第三者对保险标的造成损害的保险事故中，保险人是否向被保险人赔偿保险金，并不以该保险事故发生时保险车辆驾驶员在事故中是否承担责任或者承担多少责任为标准。因此，“按责赔付”的约定，系利用格式条款，免除保险人依法应承担的义务，排除被保险人依法应享有的权利，应当认定为无效。

（资料来源：北京法院网）

讨论提示

若被保险人在保险标的危险程度增加时，履行了通知义务，而保险公司未作任何意思表示，则可视为默认，根据不可抗辩原则，保险公司事后不得再主张增加保险费或解除合同。在此案中，该机械厂履行了危险程度增加的公告义务，保险公司要求增加保费，被拒绝后，保险公司理应解除保险合同，并通知投保人，但保险公司怕失去这笔业务，心存侥幸，拖而不决，应视为保险合同继续有效。当发生火灾事故时，保险公司却因投保人未增交保费为由拒赔，显然违背了保险合同的最大诚信原则，损害了投保人的利益，因而其拒赔的理由是不成立的。

能力测试

1. 根据我国《保险法》关于保险定义的规定，下列哪种说法是错误的？（　　）

A. 我国《保险法》规范商业保险行为

B. 我国《保险法》规范社会保险行为

C. 我国《保险法》既规范财产保险，也规范人身保险

D. 保险是一种合同法律关系

2. 在保险合同中，有属于补偿性的，也有属于给付性的，下列哪一种合同属于给付性的保险合同？（　　）

A. 财产保险合同　　B. 责任保险合同

C. 人身保险合同　　D. 货物运输保险合同

3. 投保人对（　　）不具有保险利益。

A. 朋友　　B. 本人　　C. 子女　　D. 配偶

4. 财产保险的（　　）在保险事故发生时，对保险标的应当具有保险利益。

A. 保险人　　B. 投保人　　C. 被保险人　　D. 受益人

5. 下列选项中，为财产保险合同所特有而人身保险合同中没有的是（　　）。

A. 保险期间　　B. 保险价值

C. 保险金额　　　　　　　　　　D. 保险人责任免除条款

6. 下面属于保险合同关系人的是（　）。

A. 保险代理人　　　　　　　　B. 被保险人

C. 保险经纪人　　　　　　　　D. 保险人

7. 保险人对保险合同中的保险责任免除条款未向投保人明确说明的，产生下列哪一后果？（　）

A. 该条款不产生效力　　　　　B. 保险合同无效

C. 对该条款作不利于保险人的解释　D. 可以减少投保人的保险费

8. 某企业购进一价值100万元人民币的机器设备，并在保险公司对该设备投保了50万元。不久即发生保险事故，致该设备毁损，经有关部门估价，实际损失达60万元。另外该厂为防止损失的扩大，还投入了5万元。保险公司应当赔偿该企业（　　）万元。

A. 60　　　　B. 55　　　　C. 35　　　　D. 50

9. 以保险人的责任顺序作为区分标准可将保险区分为（　　）。

A. 社会保险与商业保险　　　　B. 原保险与再保险

C. 单保险和复保险　　　　　　D. 保证保险和责任保险

10. 人身保险合同自合同效力中止之日起满（　　）未达成协议，保险人有权解除合同。

A. 60天　　　　B. 半年　　　　C. 1年　　　　D. 2年

11. 被保险人因第三者的行为而发生伤残的情况，（　　）。

A. 保险公司可以免责

B. 保险公司可以在保险合同约定的基础上减少赔款金额

C. 保险公司赔付保险金后，取得向第三者追偿的权利

D. 保险公司赔付保险金后，不得享有向第三者追偿的权利

12. 保险的投保人必须（　　）。

A. 是自然人　　　　　　　　　B. 对保险标的具有保险利益

C. 以自己为受益人签订保险合同　D. 以自己为被保险人签订保险合同

13. 除《保险法》另有规定或保险合同另有约定外，保险合同成立后（　　）可以解除保险合同。

A. 保险人　　　　B. 投保人　　　　C. 受益人　　　　D. 被保险人

14. 保险事故发生后，被保险人为减少保险标的损失而支付的合理费用，应由（　　）负担。

A. 被保险人　　　　　　　　　B. 投保人

C. 保险人　　　　　　　　　　D. 由保险人和被保险人协议确定

15. 基于投保人的利益为投保人与保险人订立保险合同提供中介服务，并依法收取佣金的人被称为（　　）。

A. 保险代理人　　B. 投保中介人　　C. 保险经纪人　　D. 投保经纪人

16. 老张向某保险公司投保了家庭财产保险。老张一家外出旅游，留下张母为其看

家，张母某日外出忘记锁门，张家遭窃。下列处理正确的是（　　）。

A. 保险公司进行赔偿后享有向张母追偿的权利

B. 保险公司进行赔偿后不得享有向张母追偿的权利

C. 保险公司不承担赔偿责任

D. 保险公司可要求解除合同

正确答案：1. B　2. C　3. A　4. C　5. B　6. B　7. A　8. C　9. B　10. D　11. D　12. B　13. B　14. C　15. C　16. B

任务简析

尽管在被保险人签字栏内的签名不是被保险人本人所签，但这类情况在实践中很常见。一般是雇主为雇员签订保险合同，并负责缴纳保险费，受益人则是被保险人及其家属。《保险法》制定相关规定的本意是为了规避道德风险，防止部分受益人借谋害被保险人来谋取高额保险金。对这一立法宗旨，保险公司应当是了解的，故其不能因为事后出现较大风险而反悔，推脱保险责任。

工作任务 17　使用票据

学习目标

探究知识：票据的概念、票据的功能、票据当事人、票据行为的特征、票据权利、票据抗辩与补救；汇票的种类、出票、背书、承兑、保证，汇票的付款与追索；本票与支票的特征。

获取能力：能够依法使用汇票、本票与支票。

导入任务

2013 年 10 月 28 日，某装潢有限公司与某经贸有限公司签订了一份装饰装修施工合同，该合同约定：由某装潢有限公司为某经贸有限公司装潢营业房 3 套，某经贸有限公司应于合同签订后即预付原告工程款 29 万元。同日，某经贸有限公司将出票日为 2013 年 9 月 27 日，到期日为 2014 年 3 月 27 日，票面金额为 29 万元整的银行承兑汇票背书转让给原告，以清偿应预付给原告的工程款 29 万元。原告取得汇票后，准备背书转让时得知，该汇票已被某铸造厂于 2013 年 11 月 26 日以涉案汇票丢失为由申请公示催告，对此法院尚未做出裁定。该装潢有限公司认为涉案票据的票据权利归其所有。该铸造厂坚持认为自己是票据权利所有人，并出具证据，证明其是从案外人王某处取得票据，从涉案汇票背面记载的背书内容看，汇票上并未记载案外人王某是被背书人。

问：票据权利的最终所有人是谁？

法律快递

《中华人民共和国票据法》：1995 年 5 月 10 日第八届全国人民代表大会常务委员会第十三次会议通过，自 1996 年 1 月 1 日起施行；2004 年 8 月 28 日第十届全国人民代表大会常务委员会第十一次会议修正，自 2004 年 8 月 28 日公布起施行。

《最高人民法院关于审理票据纠纷案件若干问题的规定》：2000 年 2 月 24 日由最高人民法院审判委员会第 1102 次会议通过，自 2000 年 11 月 21 日起施行。

一、票据概述

（一）票据的概念

票据是指由出票人签发的、约定由自己或委托他人于见票时或确定的日期，向持票人或收款人无条件支付一定金额的有价证券。我国《票据法》上的票据仅指汇票、本票、支票。

（二）票据的功能

票据的功能，是指票据在社会经济生活中的作用。票据的功能主要有：

1. 汇兑功能

票据最初的功能是汇兑，即异地输送现金和兑换货币。商品交易当事人通过货币经营者（现为银行）的汇款业务和货币兑换业务，在本地将现金交付货币经营者，并取得票据作为汇款和货币兑付凭证，并凭该票据在异地向货币经营者兑换现金，从而克服了现金支付的空间困难。

2. 支付功能

票据最基本的作用就是作为支付手段，代替现金的使用。用票据代替现金作为支付工具，既可以避免携带大量现金的不安全性，又可以避免清点现钞可能产生的错误和节约所花费的时间。

3. 结算功能

这是指票据作为货币给付的手段，可以用它抵消不同当事人之间相互的收款、欠款或相互的支付关系，即通过票据交换，使各方收付相抵，相互债务冲减。

4. 信用功能

在商品交易中，票据可作为预付货款或延期付款的工具，发挥商业信用功能。例如，在甲方向乙方开出票据后，乙方可先期交付商品或者先行预付货款即提供商业信用。然后，乙方再在票据指定日期，向甲方收回已经交货的货款或者收回已经预付货款的商品。在金融活动中，企业可以通过将尚未到期的票据向银行进行贴现，取得货币资金，以解决企业一时发生的资金周转困难。这时，票据就发挥了银行信用的作用。信用功能，已成为票据最主要的功能。

5. 融资功能

融资功能就是利用票据筹集、融通或调度资金。这一功能主要是通过票据贴现完成的。即通过对未到期票据的买卖，使持有未到期票据的持票人通过出售票据获得现金。

二、票据关系的当事人

1. 基本当事人

票据关系的基本当事人是指票据一经成立即已存在的当事人，包括出票人、收款人、付款人。他们是构成票据法律关系的必要主体，基本当事人在票据形式上的不存在或不完全，票据法律关系就不能成立，票据也就无效。

2. 非基本当事人

票据关系的非基本当事人是指票据已经成立，通过各种票据行为而加入票据关系中的当事人。如背书人、保证人、参加付款人、预备付款人等。非基本当事人并不是任何票据关系中都存在的。

三、汇票、本票与支票

（一）汇票

1. 概念

汇票是出票人签发的，委托付款人在见票时或者在指定日期无条件支付确定的金额给收款人或者持票人的票据。

2. 分类

按照出票人的身份不同，汇票分为银行汇票和商业汇票。

银行汇票是指由银行签发的，由其在见票时按照实际结算金额无条件支付给收款人或者持票人的票据。商业汇票是出票人签发的，委托付款人在指定日期无条件支付确定的金额给收款人或者持票人的票据。商业汇票按照不同的承兑人可以分为商业承兑汇票和银行承兑汇票两种。由银行承兑的汇票为银行承兑汇票，由银行以外的企业承兑的汇票为商业承兑汇票。

按照汇票付款期限不同，汇票分为即期汇票和远期汇票。

即期汇票也称为见票即付的汇票，是指汇票上没有到期日的记载或者明确记载见票即付，收款人或者持票人一经向付款人提示汇票、请求付款，该汇票即为到期，付款人就应当承担付款责任的汇票。远期汇票是指汇票上记载了到期日，付款人在到期时承担付款责任的汇票。根据记载到期日方式的不同，又可以分为定日付款的汇票、出票后定期付款的汇票、见票后定期付款的汇票。

我国《票据法》规定汇票既可以是即期汇票也可以是远期汇票。在实际的票据使用过程中，银行汇票均为即期汇票，商业汇票多为远期汇票。

3. 汇票的记载事项及其效力

汇票必须记载下列事项：表明“汇票”的字样；无条件支付的委托；确定的金额；付款人名称；收款人名称；出票日期；出票人签章。汇票上未记载法定事项之一的，汇票无效。

汇票上可以记载法定事项以外的其他出票事项，但是该记载事项不具有汇票上的效力。

汇票上记载付款日期、付款地、出票地等事项的，应当清楚、明确。

汇票上未记载付款日期的，为见票即付。汇票上未记载付款地的，付款人的营业场所、住所或者经常居住地为付款地。汇票上未记载出票地的，出票人的营业场所、住所或者经常居住地为出票地。

付款日期可以按照下列形式之一记载：见票即付；定日付款；出票后定期付款；见票后定期付款。规定的付款日期为汇票到期日。

（二）本票

1. 概念

本票即银行本票，是出票人签发的，承诺自己在见票时无条件支付确定的金额给收款人或者持票人的票据。本票的出票人必须具有支付本票金额的可靠资金来源，并保证支付。

2. 本票的记载事项及其效力

本票必须记载下列事项：表明“本票”的字样；无条件支付的承诺；确定的金额；收款人名称；出票日期；出票人签章。本票上未记载法定事项之一的，本票无效。

本票上记载付款地、出票地等事项的，应当清楚、明确。

本票上未记载付款地的，出票人的营业场所为付款地。本票上未记载出票地的，出票人的营业场所为出票地。

（三）支票

1. 概念

支票是出票人签发的，委托办理支票存款业务的银行或者其他金融机构在见票时无条件支付确定的金额给收款人或者持票人的票据。

2. 普通支票、现金支票和转账支票

普通支票可以支取现金，也可以转账，用于转账时，应当在支票正面注明。支票中专门用于支取现金的，可以另行制作现金支票，现金支票只能用于支取现金。支票中专门用于转账的，可以另行制作转账支票，转账支票只能用于转账，不得支取现金。

3. 支票的记载事项及其效力

支票必须记载下列事项：表明“支票”的字样；无条件支付的委托；确定的金额；付款人名称；出票日期；出票人签章。支票上未记载法定事项之一的，支票无效。

支票限于见票即付，不得另行记载付款日期。另行记载付款日期的，该记载无效。

支票上的金额可以由出票人授权补记，未补记前的支票，不得使用。支票上未记载收款人名称的，经出票人授权，可以补记。支票上未记载付款地的，付款人的营业场所为付款地。支票上未记载出票地的，出票人的营业场所、住所或者经常居住地为出票地。

出票人可以在支票上记载自己为收款人。

4. 禁止签发的支票

禁止签发空头支票。支票的出票人所签发的支票金额不得超过其付款时在付款人处实有的存款金额。出票人签发的支票金额超过其付款时在付款人处实有的存款金额的，为空头支票。

支票的出票人不得签发与其预留本名的签名式样或者印鉴不符的支票。

（四）汇票、本票、支票的区别

（1）汇票和支票有三个基本当事人，即出票人、付款人、收款人；而本票只有出票人（付款人和出票人为同一个人）和收款人两个基本当事人。

（2）支票是支付证券。开立支票存款账户和领用支票，应当有可靠的资信，并存入一定的资金。本票是自付证券。本票的出票人必须具有支付本票金额的可靠资金来源，并保证支付。汇票是委托证券。汇票的出票人必须与付款人具有真实的委托付款关系，并且具有支付汇票金额的可靠资金来源。

（3）远期汇票需要承兑，支票一般为即期无需承兑，本票也无需承兑。

（4）支票和本票的主债务人是出票人，而汇票的主债务人，在承兑前是出票人，在承兑后是承兑人。

（5）支票、本票持有人只对出票人有追索权，而汇票持有人在票据的有效期内，对出票人、背书人、承兑人都有追索权。

四、票据行为

（一）票据行为的概念与特征

1. 概念

票据行为是指能产生票据债权债务关系的法律行为，有出票、背书、承兑、保证四种。

2. 票据行为的特征

（1）要式性。票据上的记载事项必须符合《票据法》的规定。票据金额、日期、收款人名称不得更改，更改的票据无效。票据出票人制作票据，在票据上签章，并按照所记载的事项承担票据责任。对票据上的其他记载事项，原记载人可以更改，更改时应当由原记载人签章证明。持票人行使票据权利，应当按照法定程序在票据上签章，并出示票据。其他票据债务人在票据上签章的，按照票据所记载的事项承担票据责任。票据行为的要式性有利于票据的安全流通。

（2）文义性。文义性是指票据行为的内容均依票据上所载的文字为准，而不管票据金额或条件与出票人的原意是否有出入，或者与其他的票据当事人的利益是否有冲突。

（3）无因性。无因性是指票据行为只要具备法定形式要件，便产生法律效力，即使其基础关系（又称实质关系）无效或有其他缺陷，票据行为的效力仍不受影响。如甲签发汇票给乙，签发票据的原因是甲购买了乙的商品。之后，甲发现乙提供的商品有质量问题，但这并不能免除甲对乙的票据责任，至于甲乙间的商品质量纠纷只能另行解决。

(4) 独立性。独立性是指在同一票据上所作的各种票据行为互不影响，各自独立发生其法律效力。如无行为能力人的出票行为无效，但有行为能力人已在票据上背书、承兑，则背书、承兑有效。许多国家的票据法确立了票据行为的独立原则，目的是保证票据的流通和交易的安全。

(二) 出票

1. 出票的目的

出票是指出票人签发票据并将其交付给收款人的票据行为。在全部票据活动中，出票是最初的票据行为，是创设票据，也是首创票据权利的行为。

2. 出票的要求

(1) 票据的签发应当遵循诚实信用的原则，具有真实的交易关系和债权债务关系。

(2) 签章，即在票据上签名、盖章或者签名加盖章。法人和其他使用票据的单位在票据上的签章，为该法人或者该单位的盖章加其法定代表人或者其授权的代理人的签章。在票据上的签名，应当为该当事人的本名。

(3) 票据金额以中文大写和数码同时记载，二者必须一致，二者不一致的，票据无效。

(三) 背书

1. 背书的目的

背书引起票据权利的转让。背书是指在票据背面或者粘单上记载有关事项并签章的票据行为。

持票人可以将汇票权利转让给他人或者将一定的汇票权利授予他人行使。出票人在汇票上记载“不得转让”字样的，汇票不得转让。票据凭证不能满足背书人记载事项的需要，可以加附粘单，黏附于票据凭证上。粘单上的第一记载人，应当在汇票和粘单的粘接处签章。

本票、支票的背书行为也都适用《票据法》有关汇票背书的规定。

2. 背书记载要求

(1) 记载日期与名称。背书由背书人签章并记载背书日期。背书未记载日期的，视为在汇票到期日前背书。汇票以背书转让或者以背书将一定的汇票权利授予他人行使时，必须记载被背书人名称。

(2) 背书连续。背书连续，是指在票据转让中，转让汇票的背书人与受让汇票的被背书人在汇票上的签章依次前后衔接。以背书转让的汇票，背书应当连续。持票人以背书的连续，证明其汇票权利；非经背书转让，而以其他合法方式取得汇票的，依法举证，证明其汇票权利。

以背书转让的汇票，后手应当对其直接前手背书的真实性负责。后手是指在票据签章人之后签章的其他票据债务人。

3. 背书的效力与责任

背书不得附有条件。背书时附有条件的，所附条件不具有汇票上的效力。

将汇票金额的一部分转让的背书或者将汇票金额分别转让给二人以上的背书无效。

背书人在汇票上记载“不得转让”字样，其后手再背书转让的，原背书人对后手的被背书人不承担保证责任。汇票被拒绝承兑、被拒绝付款或者超过付款提示期限的，不得背书转让；背书转让的，背书人应当承担汇票责任。背书人以背书转让汇票后，即承担保证其后手所持汇票承兑和付款的责任。

4. 特殊背书

背书记载“委托收款”字样的，被背书人有权代背书人行使被委托的汇票权利。但是，被背书人不得再以背书转让汇票权利。

汇票可以设定质押；质押时应当以背书记载“质押”字样。被背书人依法实现其质权时，可以行使汇票权利。

（四）承兑

1. 承兑的目的

承兑是指汇票付款人承诺在汇票到期日支付汇票金额的票据行为。

承兑为汇票所独有。出票人签发汇票后，即承担保证该汇票承兑和付款的责任。汇票的发票人和付款人之间是一种委托关系，发票人签发汇票，并不等于付款人就一定付款，持票人为确定汇票到期时能得到付款，在汇票到期前向付款人进行承兑提示。提示承兑是指持票人向付款人出示汇票，并要求付款人承诺付款的行为。如果付款人签字承兑，那么他就对汇票的到期付款承担责任，否则持票人有权对其提起诉讼。

2. 承兑的程序

（1）提示承兑的期限。定日付款或者出票后定期付款的汇票，持票人应当在汇票到期日前向付款人提示承兑。见票后定期付款的汇票，持票人应当自出票日起一个月内向付款人提示承兑。汇票未按照规定期限提示承兑的，持票人丧失对其前手的追索权。

见票即付的汇票无需提示承兑。

（2）三日内承兑或者拒绝承兑。付款人对向其提示承兑的汇票，应当自收到提示承兑的汇票之日起三日内承兑或者拒绝承兑。付款人收到持票人提示承兑的汇票时，应当向持票人签发收到汇票的回单。回单上应当记明汇票提示承兑日期并签章。

（3）承兑形式。付款人承兑汇票的，应当在汇票正面记载“承兑”字样和承兑日期并签章；见票后定期付款的汇票，应当在承兑时记载付款日期。汇票上未记载承兑日期的，以规定期限的最后一日为承兑日期。

3. 承兑的效力

付款人承兑汇票后，应当承担到期付款的责任。付款人承兑汇票，不得附有条件；承兑附有条件的，视为拒绝承兑。

（五）保证

1. 保证的目的

保证是指除票据债务人以外的人为担保票据债务的履行、以负担同一内容的票据债务为目的的一种附属票据行为。票据保证的目的是担保其他票据债务的履行，适用于汇票和本票，不适用于支票。

汇票的债务可以由保证人承担保证责任。保证人由汇票债务人以外的他人担当。

2. 保证的记载要求

保证人必须在汇票或者粘单上记载下列事项：表明"保证"的字样；保证人名称和住所；被保证人的名称；保证日期；保证人签章。

保证人在汇票或者粘单上未记载被保证人的名称的，已承兑的汇票，承兑人为被保证人；未承兑的汇票，出票人为被保证人。保证人在汇票或者粘单上未记载保证日期的，出票日期为保证日期。

3. 保证责任

保证不得附有条件；附有条件的，不影响对汇票的保证责任。

保证人对合法取得汇票的持票人所享有的汇票权利，承担保证责任。但是，被保证人的债务因汇票记载事项欠缺而无效的除外。被保证的汇票，保证人应当与被保证人对持票人承担连带责任。汇票到期后得不到付款的，持票人有权向保证人请求付款，保证人应当足额付款。保证人清偿汇票债务后，可以行使持票人对被保证人及其前手的追索权。

保证人为二人以上的，保证人之间承担连带责任。

本票的保证行为适用《票据法》有关汇票保证的规定。

五、票据权利的内容与票据权利的取得

（一）票据权利的内容

票据权利，是指持票人向票据债务人请求支付票据金额的权利，包括付款请求权和追索权。

1. 付款请求权

这是《票据法》规定的持票人最基本的权利，即请求付款人按票据金额给付，付款请求权是票据的第一次权利。

2. 追索权

追索权指持票人行使付款请求权受到拒绝承兑或拒绝付款时，或者因其他法定事由请求付款未果时，向其前手请求支付票据金额和相关费用的权利，是票据权利的再次行使。追索权的追索对象依据票据种类的不同，可以分别包括出票人、背书人、保证人和承兑人，这些人在票据中的地位是债务人。

案例解读

【案情概述】2013 年 1 月，T 稀土公司基于货物买卖关系取得由 H 公司背书转让的银行承兑汇票一份，承兑人为被告某银行，金额为 100 万元，转让汇票时 H 公司并未填写被背书栏。之后，T 稀土公司又将票据背书转让给了原告 S 公司。汇票到期后，原告补填空白被背书栏后向被告提示付款。被告发现，H 公司作为背书人所对应的被背书栏填写的是"T 稀公司"，并非"T 稀土公司"，缺少一个"土"字，导致背书不连续。之后，原

告由于种种原因无法取得H公司出具的票据流转证明，据此被告以背书不连续为由拒绝付款。原告以票据追索权为基础向法院提起诉讼，要求被告支付票款100万元。

【处理结果】法院判决：被告支付原告票款100万元；本案案件受理费减半收取，由原告负担。

【解读意见】背书连续是持票人享有票据权利最直接的证明方式，背书不连续是持票人行使票据权利的障碍。背书不连续不足以导致持票人丧失票据权利。本案中，因原告笔误导致背书不连续，但依据原告、被告提交的证据，足以证明T稀土公司基于其与H公司之间的货物买卖关系而取得涉案银行承兑汇票，之后T稀土公司又基于货物买卖关系将汇票背书转让给原告，原告对涉案汇票享有票据权利。因被告某银行之前对涉案汇票做出拒绝付款行为，原告行使追索权已经具备法定条件，原告可以向包括出票人、背书人、承兑人、保证人在内的票面债务人的任何一人、数人或者全体行使追索权。

（资料来源：中国法院网）

（二）票据权利的取得

1. 票据权利取得的原因

原始取得，即票据上载明的收款人取得出票人开出的票据的行为。原始取得包括发行取得，即依据出票人的出票行为而取得，还有一种特殊情况就是善意取得，视同原始取得。

继受取得，是指第三人从收款人手中取得票据从而取得票据权利。《票据法》规定的票据权利继受方式有：背书转让、贴现、质押、保证和付款。其他法律规定的票据权利继受方式有：税收、继承、赠与、公司合并或分立、清算等。

2. 票据权利取得的条件

票据的签发、取得和转让，应当遵循诚实信用的原则，具有真实的交易关系和债权债务关系。票据的取得，必须给付对价，即应当给付票据双方当事人认可的相对应的代价。

因税收、继承、赠与可以依法无偿取得票据的，不受给付对价的限制。但是，所享有的票据权利不得优于其前手的权利。前手是指在票据签章人或者持票人之前签章的其他票据债务人。

以欺诈、偷盗或者胁迫等手段取得票据的，或者明知有欺诈、偷盗或者胁迫情形，出于恶意取得票据的，不得享有票据权利。持票人因重大过失取得不符合《票据法》规定的票据的，也不得享有票据权利。“恶意”是指以有悖诚信原则的方式取得票据，或明知前手无实质上的票据权利，仍从其手中取得票据；“重大过失”是指持票人取得票据时未尽交易上最低限度的注意义务。

六、票据权利的行使

（一）提示付款

1. 提示付款的含义

所谓提示付款是持票人主张票据权利，向付款人出示票据，将票据交其验看，并请求付款人付款的一种法律行为。

通过委托收款银行或者通过票据交换系统向付款人提示付款的，视同持票人提示付款。

2. 提示付款的期限

(1) 汇票的持票人提示付款的期限

见票即付的汇票，自出票日起1个月内向付款人提示付款；定日付款、出票后定期付款或者见票后定期付款的汇票，自到期日起10日内向承兑人提示付款。持票人未按照前款规定期限提示付款的，在作出说明后，承兑人或者付款人仍应当继续对持票人承担付款责任。

出票后定期付款，是汇票上记载的、从出票日起经过一定期间方能付款的一种付款日期形式。也就是从出票日作为起算日。比如：甲1月1日开具一张票据，在票据上记载“出票后1个月付款”，那么票据到期日就是“出票后1个月”，即2月1日。

见票后定期付款是指出票人在汇票上记载的、自付款人承兑日起经过一定期限方能付款的一种付款日期形式。这里的起算日是见票日。比如：甲1月1日开具一张票据，在票据上记载“见票后1个月付款”，持票人在2月1日去提示承兑（见票就是提示承兑），那么票据的到期日是“见票后1个月”，即3月1日。

(2) 本票、支票的持票人提示付款的期限

本票自出票日起两个月内向付款人提示付款。

支票的持票人应当自出票日起10日内提示付款；异地使用的支票，其提示付款的期限由中国人民银行另行规定。超过提示付款期限的，付款人可以不予付款；付款人不予付款的，出票人仍应当对持票人承担票据责任。票据责任，是指票据债务人向持票人支付票据金额的义务。

(二) 付款

1. 当事人的义务与责任

持票人依照规定提示付款的，付款人必须在当日足额付款。

持票人获得付款的，应当在汇票上签收，并将汇票交给付款人。持票人委托银行收款的，受委托的银行将代收的汇票金额转账收入持票人账户，视同签收。

持票人委托的收款银行的责任，限于按照汇票上记载事项将汇票金额转入持票人账户。

付款人委托的付款银行的责任，限于按照汇票上记载事项从付款人账户支付汇票金额。

付款人及其代理付款人付款时，应当审查汇票背书的连续，并审查提示付款人的合法身份证明或者有效证件。付款人及其代理付款人以恶意或者有重大过失付款的，应当自行承担责任。对定日付款、出票后定期付款或者见票后定期付款的汇票，付款人在到期日前付款的，由付款人自行承担所产生的责任。

付款人依法足额付款后，全体汇票债务人的责任解除。

2. 支付的货币种类

汇票金额为外币的，按照付款日的市场汇价，以人民币支付。汇票当事人对汇票支付的货币种类另有约定的，从其约定。

本票、支票的付款行为，适用《票据法》有关汇票的规定。

（三）行使追索权

1. 行使追索权的法定条件

票据到期被拒绝付款的，持票人可以对背书人、出票人以及票据的其他债务人行使追索权；在票据到期日前，如有汇票被拒绝承兑或被拒绝付款的，承兑人或者付款人死亡、逃匿的，承兑人或者付款人被依法宣告破产或因违法被责令终止业务活动的，持票人也可以行使追索权。

持票人为出票人的，对其前手无追索权。持票人为背书人的，对其后手无追索权。

本票自出票日起，付款期限最长不得超过2个月。本票的持票人未按照规定期限提示见票的，丧失对出票人以外的前手的追索权。

支票的追索权的行使，适用《票据法》有关汇票的规定。

2. 提供证明

持票人行使追索权时，应当提供被拒绝承兑或者被拒绝付款的有关证明。

持票人提示承兑或者提示付款被拒绝的，承兑人或者付款人必须出具拒绝证明，或者出具退票理由书。未出具拒绝证明或者退票理由书的，应当承担由此产生的民事责任。

持票人因承兑人或者付款人死亡、逃匿或者其他原因，不能取得拒绝证明的，可以依法取得其他有关证明。承兑人或者付款人被人民法院依法宣告破产的，人民法院的有关司法文书具有拒绝证明的效力。承兑人或者付款人因违法被责令终止业务活动的，有关行政主管部门的处罚决定具有拒绝证明的效力。

持票人不能出示拒绝证明、退票理由书或者未按照规定期限提供其他合法证明的，丧失对其前手的追索权。但是，承兑人或者付款人仍应当对持票人承担责任。

3. 发出书面通知

持票人应当自收到被拒绝承兑或者被拒绝付款的有关证明之日起3日内，将被拒绝事由书面通知其前手；其前手应当自收到通知之日起3日内书面通知其再前手。持票人也可以同时向各汇票债务人发出书面通知。在规定期限内将通知按照法定地址或者约定的地址邮寄的，视为已经发出通知。未按照规定期限通知的，持票人仍可以行使追索权。因延期通知给其前手或者出票人造成损失的，由没有按照规定期限通知的汇票当事人，承担对该损失的赔偿责任，但是所赔偿的金额以汇票金额为限。

4. 汇票债务人对持票人承担连带责任

汇票的出票人、背书人、承兑人和保证人对持票人承担连带责任。持票人可以不按照汇票债务人的先后顺序，对其中任何一人、数人或者全体行使追索权。持票人对汇票债务人中的一人或者数人已经进行追索的，对其他汇票债务人仍可以行使追索权。

5. 追索支付的金额和费用

（1）追索支付。持票人行使追索权，可以请求被追索人支付下列金额和费用：被拒绝付款的汇票金额；汇票金额自到期日或者提示付款日起至清偿日止，按照中国人民银行规定的利率计算的利息；取得有关拒绝证明和发出通知书的费用。

被追索人清偿债务时，持票人应当交出汇票和有关拒绝证明，并出具所收到利息和费用的收据。

（2）再追索支付。被追索人依照规定清偿后，可以向其他汇票债务人行使再追索权，请求其他汇票债务人支付下列金额和费用：已清偿的全部金额；金额自清偿日起至再追索清偿日止，按照中国人民银行规定的利率计算的利息；发出通知书的费用。

行使再追索权的被追索人获得清偿时，应当交出汇票和有关拒绝证明，并出具所收到利息和费用的收据。

被追索人依照规定清偿债务后，其责任解除。

（四）票据补救

票据补救指在票据权利人因某种原因丧失对票据的实际占有，使票据权利的行使遭到一定障碍时，为使权利人的票据权利能够实现，而对其提供的特别的法律救济。包括挂失止付、公示催告和提起诉讼。

1. 挂失止付

票据丧失，失票人可以及时通知票据的付款人挂失止付，但是，未记载付款人或者无法确定付款人及其代理付款人的票据除外。收到挂失止付通知的付款人，应当暂停支付。

挂失止付只是失票人丧失票据后可以采取的一种临时补救措施，以防止所失票据被他人冒领。票据本身并不因挂失止付而无效，失票人的票据责任并不因此免除，失票人的票据权利也不能因挂失止付得到最终的恢复。另外，挂失止付也不是公示催告程序和提起诉讼的必经程序。

2. 公示催告和提起诉讼

失票人应当在通知挂失止付后3日内，也可以在票据丧失后，依法向人民法院申请公示催告，或者向人民法院提起诉讼。

公示催告是指在票据等有价证券丧失的场合，由法院依申请人的申请，向未知的利害关系人发出公告，告知其如果未在一定期间申报权利、提出证券，则法院会通过判决的形式宣告其无效，从而催促利害关系人申报权利、提出证券的一种特别诉讼程序。

在公示催告期间，有人提出权利申报或提出相关的票据主张权利时，法院就应该立即裁定终止公示催告，并通知申请人和票据付款人。在公示催告期间届满后、除权判决作出前，又有利害关系人申报权利的，也应该裁定终结公示催告。此后，申请人和权利申报人就应通过普通民事诉讼程序，提起有关确认权利归属的诉讼，通过普通民事诉讼程序解决其纠纷。

公示催告期间届满，没有人提出权利申报或者提出相关的票据，或者申报人提出的票据非申请人丧失的票据时，则依申请人的申请，由法院作出判决，宣告票据无效。除权判决使持票人丧失票据权利。法院作出的除权判决，是公示催告的最终结果。失票人获得除权判决后，可持生效判决请求票据债务人付款。

（五）票据权利的保全

票据权利的保全是指持票人为了防止票据权利的丧失，依据《票据法》的规定进行提示承兑、提示付款、要求承兑人或付款人提供拒绝承兑或拒绝付款的证明以及中断时效的行为。

（六）票据权利行使的地点和时间

持票人对票据债务人行使票据权利，或者保全票据权利，应当在票据当事人的营业场所和营业时间内进行，票据当事人无营业场所的，应当在其住所进行。票据权利的行使场所一般是银行营业点，其时间就是银行营业的时间，即票据时效的最后期限是以银行的营业结束时间为限，而不能以当日的24点为限。

七、票据抗辩

票据抗辩，是指票据债务人根据《票据法》的规定对票据债权人拒绝履行义务的行为。票据债务人可以对不履行约定义务的与自己有直接债权债务关系的持票人，进行抗辩。

票据债务人不得以自己与出票人或者与持票人的前手之间的抗辩事由，对抗持票人。但是，持票人明知存在抗辩事由而取得票据的除外。

八、票据权利的消灭

课堂讨论1

【材料】2008年2月29日，某公司作为出票人开具了一张以某经营部为收款人、被告某信用社为承兑人的银行承兑汇票，金额为10万元，到期日为2008年8月29日。该汇票经依次背书给某医药公司、某制药公司、某某制药公司、某工贸公司、原告某科技公司及其委托收款行某银行，原告某科技公司系该票据的合法持票人。2008年8月29日前，原告持该汇票去被告处请求付款，被告盖章同意承兑，但以背书中有些事项记载不全为由拒绝付款，并要求原告提供汇票的四位前手出具证明，证实汇票的签章及记载事项均是合法真实的，待原告提供四位前手的证明后，被告某信用社告知票据已超过票据期限，拒绝付款。原告于2011年4月8日诉诸法院，请求被告返还10万元票据利益。

【问题】原告的权利能得到救济吗？

（资料来源：中国法院网）

票据权利在下列期限内不行使而消灭：持票人对票据的出票人和承兑人的权利，自票据到期日起2年。见票即付的汇票、本票，自出票日起2年；持票人对支票出票人的权利，自出票日起6个月；持票人对前手的追索权，自被拒绝承兑或者被拒绝付款之日起6个月；持票人对前手的再追索权，自清偿日或者被提起诉讼之日起3个月。

票据的出票日、到期日由票据当事人依法确定。

持票人因超过票据权利时效或者因票据记载事项欠缺而丧失票据权利的，仍享有民事权利，可以请求出票人或者承兑人返还其与未支付的票据金额相当的利益。

九、伪造、变造票据对票据上其他签章的影响

票据的伪造指无权限之人假冒他人或虚构人名义在票据上签章的行为。票据伪造的具体方法多种多样，可以是用书写模仿他人签名；伪刻他人印章盖用；盗窃他人印章盖用；也可以是利用保管印章而冒用他人印章等。被冒用的人也有多种情形，可以是现实存在的某个人，或已经死亡的人，或失踪的人，或者是根本不存在的人等。伪造的特点是被假冒人并未在票据上签署或真实签章。

票据的变造是指没有更改权的人在有效的票据上，变更票据上除签章以外记载事项的行为。

票据上的记载事项应当真实，不得伪造、变造。伪造、变造票据上的签章和其他记载事项的，应当承担法律责任。

票据上有伪造、变造的签章的，不影响票据上其他真实签章的效力。所谓真实签章就是对伪造的票据进行背书、承兑或保证等票据行为的人。出票的伪造，该票据无效；而背书、保证等伪造签章的行为，不影响在同一张票据上做真实签章的效力，该票据并不失效，真实签章的人仍应承担票据责任，要承担付款的义务。

票据上其他记载事项被变造的，在变造之前签章的人，对原记载事项负责；在变造之后签章的人，对变造之后的记载事项负责；不能辨别是在票据被变造之前或者之后签章的，视同在变造之前签章。

十、法律责任

（一）票据欺诈行为的法律责任

《票据法》第一百零二条规定：有下列票据欺诈行为之一的，依法追究刑事责任：伪造、变造票据的；故意使用伪造、变造的票据的；签发空头支票或者故意签发与其预留的本名签名式样或者印鉴不符的支票，骗取财物的；签发无可靠资金来源的汇票、本票，骗取资金的；汇票、本票的出票人在出票时作虚假记载，骗取财物的；冒用他人的票据，或者故意使用过期或者作废的票据，骗取财物的；付款人同出票人、持票人恶意串通，实施前六项所列行为之一的。

《票据法》第一百零三条规定：有票据欺诈行为之一，情节轻微，不构成犯罪的，依照国家有关规定给予行政处罚。

《刑法》第一百九十四条规定：有下列情形之一，进行金融票据诈骗活动，数额较大的，处五年以下有期徒刑或者拘役，并处 2 万元以上 20 万元以下罚金；数额巨大或者有其他严重情节的，处 5 年以上 10 年以下有期徒刑，并处 5 万元以上 50 万元以下罚金；数额特别巨大或者有其他特别严重情节的，处 10 年以上有期徒刑或者无期徒刑，并处 5 万元以上 50 万元以下罚金或者没收财产：明知是伪造、变造的汇票、本票、支票而使用的；

明知是作废的汇票、本票、支票而使用的；冒用他人的汇票、本票、支票的；签发空头支票或者与其预留印鉴不符的支票，骗取财物的；汇票、本票的出票人签发无资金保证的汇票、本票或者在出票时作虚假记载，骗取财物的。

《最高人民法院关于审理票据纠纷案件若干问题的规定》第六十七条规定：伪造、变造票据者除应当依法承担刑事、行政责任外，给他人造成损失的，还应当承担民事赔偿责任。被伪造签章者不承担票据责任。

（二）在票据业务中玩忽职守的法律责任

《票据法》第一百零四条规定：金融机构工作人员在票据业务中玩忽职守，对违反票据法规定的票据予以承兑、付款或者保证的，给予处分；造成重大损失，构成犯罪的，依法追究刑事责任。由于金融机构工作人员因前款行为给当事人造成损失的，由该金融机构和直接责任人员依法承担赔偿责任。

《最高人民法院关于审理票据纠纷案件若干问题的规定》第七十五条规定：由于金融机构工作人员在票据业务中玩忽职守，对违反票据法规定的票据予以承兑、付款、贴现或者保证，给当事人造成损失的，由该金融机构与直接责任人员依法承担连带责任。

（三）故意压票、拖延支付的法律责任

《票据法》第一百零五条规定：票据的付款人对见票即付或者到期的票据，故意压票，拖延支付的，由金融行政管理部门处以罚款，对直接责任人员给予处分。票据的付款人故意压票，拖延支付，给持票人造成损失的，依法承担赔偿责任。

（四）其他应承担民事责任的行为

《票据法》第一百零六条规定："依照本法规定承担赔偿责任以外的其他违反本法规定的行为，给他人造成损失的，应当依法承担民事责任。"《最高人民法院关于审理票据纠纷案件若干问题的规定》第七十六条规定：由于出票人制作票据，或者其他票据债务人未按照法定条件在票据上签章，给他人造成损失的，除应当按照所记载事项承担票据责任外，还应当承担相应的民事责任。持票人明知或者应当知道前款情形而接受的，可以适当减轻出票人或者票据债务人的责任。

课堂讨论2

【材料】李某为某私营玩具厂的厂主，在搬迁厂房和办公场所的过程中，不慎遗失空白支票格式凭证2张。李某未及时按中国人民银行有关票据格式凭证管理的规定报失和刊登告示。后所遗失的其中一张支票格式凭证被张某拾到并伪刻名称为"某某外贸公司"的财务章加以签署。支票的收款人处空白，金额填写为15万元。其后，张某又持该伪造支票及身份证，到某商场购物，当场将该商场填写为支票的收款人。商场将该支票送银行入账时，遭到退票。经公安机关循支票格式凭证编号查实该支票格式凭证系李某所遗失，但无任何证据显示上述骗购货物事件与李某有关；而"某某外贸公司"则根本不存在。

【问题】1. 李某是否应承担票据责任？

2. 某商场持有该伪造的支票是否享有票据权利？

3. 张某应承担什么责任？

讨论提示1

原告请求被告信用社返还其未支付的10万元票据利益，依法应当得到支持。《票据法》第十八条规定："持票人因超过票据权利时效或者因票据记载事项欠缺而丧失票据权利的，仍享有民事权利，可以请求出票人或承兑人返还其与未支付的票据金额相当的利益。"

讨论提示2

1. 李某丢失的是支票格式凭证，并非经签章的空白支票。因为李某没有在票据上签章，未进行任何票据行为，故不承担票据责任。

2. 某商场在本案的情形中不享有票据权利。因为伪造出票的票据是无效票据，直接从伪造出票的人手中取得伪造的票据，不能获得支付请求权。同时，在本案的伪造票据上，无任何真实签章，即无任何真实票据行为人承担票据责任。这一点与伪造的票据经真实的承兑或背书签章后，再流入持票人手中的情形不同。

3. 张某伪造票据除应当承担刑事责任外，还应当对该商场的损失承担民事赔偿责任。

能力测试

1. 依《票据法》原理，票据被称为无因证券，其含义是指什么？（　　）

A. 取得票据无须合法原因，即使是盗窃而得的票据，持票人也享有票据权利

B. 票据权利以票面记载为准，即使票据上记载的文义与记载人的真实意思有出入，也要以该记载为准

C. 占有票据即能行使票据权利，不问占有该票据的原因和资金关系

D. 当事人签发、转让、承兑等票据行为须依法定形式进行

2. 下列有关票据权利的表述，哪一项是不正确的？（　　）

A. 持票人行使票据权利，应当按照法定程序在票据上签章并出示票据

B. 票据权利是专指持票人向票据债务人请求支付票据金额的权利，包括付款请求权和追索权

C. 持票人丙对汇票承兑人乙的票据权利，自票据到期日起2年内不行使而消灭

D. 持票人丁对汇票出票人甲的票据权利，自出票日起6个月内不行使而消灭

3. 一张汇票的出票人是甲，乙、丙、丁、戊依次是背书人，己是持票人。现查出这张汇票的金额被变造，且确定丁、戊是在变造之后签章，乙是在变造之前签章，但不能确定丙是在变造之前或变造之后签章的。则下列说法中哪一项是正确的？（　　）

A. 汇票中的金额被变造导致这张汇票无效

B. 甲、乙、丙、丁、戊均只就变造前的票据金额对己负责

C. 甲、乙就变造之前的票据金额对己负责，丙、丁、戊就变造后的金额对己负责

D. 甲、乙、丙就变造之前的票据金额对己负责，丁、戊就变造后的金额对己负责

4. 下列关于本票的说法哪一项是正确的？（　　）

A. 收款人必须写全称，收款人名称经过更改的，更改后的收款人不享有票据权利，但是该本票仍有效

B. 票据金额记载的中文大写与数码不一致的，以中文大写为准

C. 本票上未记载出票日期的，本票无效

D. 本票上未记载付款地的，出票人的营业场所、住所或经常居住地为付款地

5. 甲是汇票的出票人，乙、丙、丁为依次背书人，戊从丁处取得该汇票，为持票人。乙在背书时在票面记载“不得转让”字样；丙是限制民事行为能力人。在戊提示付款遭到拒绝后，他可以采用的救济方法是下列哪项所述方法？（　　）

A. 因为乙、丙不对票据承担保证责任，戊只能向甲、丁行使追索权

B. 丙的背书无效，但戊可以向甲、乙、丁行使票据权利，请求支付票面金额

C. 付款人拒绝付款没有理由，戊可以向人民法院起诉，判令付款人履行票据义务

D. 上面的说法都不对，因为乙在背书时已在票面记载“不得转让”，所以丙之后的背书行为都无效，戊不是票据权利人

6. 下列关于本票和支票的说法正确的是（　　）。

A. 我国《票据法》上的本票包括银行本票和商业本票，而支票只有银行支票

B. 我国《票据法》上的本票和支票都仅限于见票即付

C. 本票和支票的基本当事人都只包括银行和收款人

D. 普通支票只能用于支取现金，不得用于转账

7. 下列选项中，（　　）属于票据权利消灭的情形。

A. 持票人对前手的再追索权，自清偿日或者被提起诉讼之日起1个月未行使

B. 持票人对前手的追索权，在被拒绝承兑或者被拒绝付款之日起3个月未行使

C. 持票人对支票出票人的权利，自出票日起3个月未行使

D. 持票人对本票出票人的权利，自票据出票日起2年未行使

8. 如果持票人将出票人禁止背书的汇票转让，在汇票不获承兑时，下列有关出票人票据责任的表述中，正确的是（　　）。

A. 出票人不负任何票据责任

B. 出票人仍须对善意持票人负偿还票款的责任

C. 出票人与背书人对善意持票人负偿还票款的连带责任

D. 出票人与背书人、持票人共同负责

9. 对背书人记载“不得转让”的汇票，其后手再背书转让的，将产生的法律后果是（　　）。

A. 该汇票无效

B. 该背书转让无效

C. 背书人对后手的被背书人不承担保证责任

D. 背书人对后手的被背书人承担保证责任

10. 下列情况中，汇票持票人可以行使追索权的是（　　）。

A. 前手破产　　B. 承兑人破产

C. 前手以外的背书人破产　　D. 保证人破产

11. 汇票的保证不得附有条件，附有条件的，（　　）。

A. 该保证无效　　B. 视为未保证

C. 不影响对汇票的保证责任　　D. 保证人对所附条件承担责任

12. 因延期通知而给其前手或者出票人造成损失的，由没有按照规定期限通知的汇票当事人，承担对该损失的赔偿责任，但是所赔偿的金额以（　　）为限。

A. 实际损失　B. 间接损失　C. 汇票金额　D. 能够预见到的损失

13. 见票后定期付款的汇票，持票人向付款提示承兑的期限为（　　）。

A. 到期日前　　B. 出票日起 10 日内

C. 出票日起 1 个月内　　D. 出票日起 2 个月内

14. 2014 年 4 月 7 日甲向乙签发一张本票，乙持票后将该本票背书给丙，丙又背书给丁。丁于 6 月 9 日向甲提示付款，因手续欠缺，未得到付款。丁可以向（　　）行使追索权。

A. 甲　B. 乙　C. 丙　D. 甲乙丙中的任何一个、数人和全体

15. 根据《票据法》的规定，伪造票据者（　　）。

A. 承担票据责任　　B. 承担付款责任

C. 不承担法律责任　　D. 不承担票据责任

16. 当银行汇票出票时记载的金额与实际结算金额不一致时，下列选项中正确的是（　　）。

A. 以出票时记载的确定金额为付款金额

B. 以实际结算金额为付款金额

C. 以两种金额中较小的一种金额为付款金额

D. 确认该汇票无效，由出票人重新出票

17. 下列付款方式中，适用于支票的付款方式的是（　　）。

A. 见票即付　　B. 见票后定期付款

C. 定日付款　　D. 出票后定期付款

18. 未记载下列事项，不会直接导致汇票无效的情形有（　　）。

A. 付款日期　B. 出票日期　C. 收款人名称　D. 付款人名称

19. 下列关于附条件的票据行为的说法不正确的是（　　）。

A. 票据背书不得附有条件，若附有条件，则该条件不具有票据上的效力

B. 承兑人承兑汇票不得附有条件，若附有条件的，视为拒绝承兑

C. 保证不得附有条件，若附有条件，则该保证无效

D. 保证不得附有条件，若附有条件，则不影响票据保证责任

20. 甲向乙背书转让面额为 20 万元的汇票作为购买房屋的价金，乙接受汇票后背书转让给第三人丙。如果甲、乙之间的房屋买卖合同被合意解除，则甲主张的权利有哪些？（　　）

A. 请求乙返还汇票
B. 请求乙返还 20 万元现金
C. 请求从乙处受让汇票的第三人丙返还汇票
D. 请求付款人停止支付

正确答案：1. C　2. D　3. D　4. C　5. A　6. B　7. D　8. A　9. C　10. B　11. C　12. C　13. C　14. A　15. D　16. A　17. A　18. A　19. C　20. B

任务简析

该装潢有限公司对该票据享有权利。理由如下：

1. 该装潢有限公司可以背书连续证明其汇票权利。根据《票据法》第三十一条的规定"以背书转让的汇票，背书应当连续。持票人以背书的连续，证明其汇票权利；非经背书转让，而以其他合法方式取得汇票的，依法举证，证明其汇票权利"。本案中，根据汇票背面及粘单记载的背书情况可以看出，该装潢有限公司从前手某经贸有限公司处受让该汇票，背书连续。该铸造厂取得汇票时背书不连续，也未能举证证明以其他合法方式取得汇票。

2. 该装潢有限公司给付对价取得汇票。《票据法》第十条规定："票据的签发、取得和转让，应当遵循诚实信用的原则，具有真实的交易关系和债权债务关系。票据的取得，必须给付对价，即应当给付票据双方当事人认可的相对应的代价。"该案中，某经贸有限公司为预付装修款而将汇票背书转让给该装潢有限公司，应认定该装潢有限公司支付了相应对价。

3. 该铸造厂取得汇票时存在重大过失。《票据法》第十二条规定："以欺诈、偷盗或者胁迫等手段取得票据的，或者明知有前列情形，出于恶意取得票据的，不得享有票据权利。持票人因重大过失取得不符合本法规定的票据的，也不得享有票据权利。"该铸造厂从王某处取得汇票时，汇票上并未记载案外人王某是被背书人，汇票背书不连续是从汇票外观上即可看到的，被告未尽到必要的注意义务，应认定被告取得汇票时存在重大过失。

工作任务 18　纳税

学习目标

探究知识：税法的构成体系，常见税种的基本内容，纳税人的权利与义务，税收优惠方式，税收征管的一般程序，违反税法的法律责任。

获取能力：能够依法纳税，懂得依法获取税收利益。

导入任务

税务部门在对南京一建筑工程公司进行纳税评估时，发现该公司在 2007 年 4 月给某行政村施工建造了一条村水泥路，取得工程价款357650元，但未进行申报纳税。经询问和调阅有关合同和账簿得知，公司与某行政村在修路前签订了一份建造“村水泥路工程”合同，合同上规定水泥路工程价款为357650元，而该工程涉及的有关营业税等税金由甲方（行政村）负责缴纳。

根据税法规定，税务人员责成该企业补缴营业税、城建税和教育费附加计11695.16元，加收滞纳金2186.99元。

对于税务部门的上述处理，公司财务人员很不理解，他们认为，这项工程所涉及的有关涉税事项在合同中已写得很清楚，营业税等都由行政村缴纳，跟他们无关，税务部门应向行政村去追缴税款。你能对该公司财务人员解释吗？

法律快递

1. 全国人民代表大会及其常务委员会制定的税收法律

主要包括《中华人民共和国个人所得税法》（下称《个人所得税法》）、《中华人民共和国企业所得税法》（下称《企业所得税法》）、《中华人民共和国车船税法》（下称《车船税法》）、《中华人民共和国税收征收管理法》（下称《税收征管法》）。

2. 国务院制定的行政法规和规范性文件

归纳起来，有以下几种类型：

（1）税收的基本制度。现行增值税、消费税、营业税、车辆购置税、土地增值税、房产税、城镇土地使用税、耕地占用税、契税、资源税、船舶吨税、印花税、城市维护建设税、烟叶税、关税等诸多税种，都是由国务院制定的税收条例决定的。

（2）国务院制定的与《个人所得税法》、《企业所得税法》、《车船税法》、《税收征管法》相对应的实施条例或实施细则。

（3）国务院根据实际工作需要制定的规范性文件，包括国务院或者国务院办公厅发布的通知、决定等。

（4）对税收行政法规的具体规定所做的解释。

（5）国务院所属部门发布的，经国务院批准的规范性文件，视同国务院文件。

3. 国务院财税主管部门制定的规章及规范性文件

国务院财税主管部门包括财政部、国家税务总局、海关总署和国务院关税税则委员会。国务院财税主管部门可以根据法律和行政法规的规定，在本部门权限范围内发布有关税收事项的规章和规范性文件，包括命令、通知、公告等。

4. 地方性税收法规、规章和有关规范性文件

地方性税收法规、规章或者有关规范性文件，根据法律、行政法规的授权对某些税制要素进行调整。

一、税收的含义与特征

税收是国家为满足社会公共需要，凭借公共权力，按照法律所规定的标准和程序，参与国民收入分配，强制地、无偿地取得财政收入的一种方式。

税收作为国家财政收入的最主要形式，与其他财政收入方式相比，具有三个明显的基

本特征，即强制性、无偿性和固定性。

（1）强制性是指国家凭借政治权力，通过税收法律的形式确立了政府作为征税人和社会成员作为纳税人之间的权利和义务关系。任何纳税人不管是否自愿，都必须依法纳税，否则将要受到法律制裁。

（2）无偿性是指国家征税后，税款一律纳入国家财政预算统一分配，而不直接向具体纳税人返还或支付报酬。税收的无偿性是从个体纳税人角度而言的，其享有的公共利益与其缴纳的税款并非一一对等。但就纳税人的整体而言则是对等的，政府使用税款的目的是向社会全体成员提供公共产品和公共服务。

（3）固定性是指国家征税之前预先规定了统一的征税标准，包括纳税人、课税对象、税率、纳税期限、纳税地点等。这些标准一经确定，在一定时间内是相对稳定的。

二、现行税收制度

目前，我国共有增值税、消费税、营业税、企业所得税、个人所得税、资源税、城镇土地使用税、房产税、城市维护建设税、耕地占用税、土地增值税、车辆购置税、车船税、印花税、契税、烟叶税、关税、船舶吨税18个税种。其中，16个税种由税务部门负责征收；关税和船舶吨税由海关部门征收，另外，进口货物的增值税、消费税也由海关部门代征。

中国现行18个税种中，增值税与营业税在税收中的比重超过40%，两大主体税种几乎涉及每一家企业。从实际情况来看，规模比较大、经营范围比较广的企业涉及的税种一般在10个左右，而大多数企业缴纳的税种在6～8个。

（一）增值税

1. 概念

增值税是以在中华人民共和国境内销售货物或提供加工、修理修配劳务以及进口货物的单位和个人生产经营过程中取得的增值额为课税对象征收的一种税。

2. 一般纳税人和小规模纳税人

（1）认定权限

一般纳税人资格认定权限，在县（市、区）国家税务局或者同级别的税务分局，除国税总局另有规定外，纳税人一经认定为一般纳税人后，不得转为小规模纳税人。小规模纳税人的标准由国务院财政、税务主管部门规定。

（2）划分依据

一般纳税人与小规模纳税人的基本划分依据是年应税销售额和资格条件。年应税销售额标准是：①从事货物生产或者提供应税劳务的纳税人以及以从事货物生产或者提供应税劳务为主的纳税人，年应征增值税销售额（以下简称应税销售额）在50万元以下（含）的，为小规模纳税人。②对上述规定以外的纳税人，年应税销售额在80万元以下的，为小规模纳税人。年应税销售额的范围包括纳税申报销售额、稽查查补销售额、纳税评估调整销售额、税务代开发票销售额和免税销售额。资格条件是：①有固定的生产经营场所。②能够按照国家统一的会计制度规定设置账簿，根据合法、有效凭证核算，能够提供准确税务资料。低于年应税销售额标准但是提出申请并且具备上述资格条件的，主管税务机关应当为其办理一般纳税人资格认定。

3. 税率和征收率

对一般纳税人，就其销售（或进口）货物或者提供加工、修理修配劳务的增加值征税，基本税率为17%，低税率为13%，出口货物税率为0，国务院另有规定的除外。对小规模纳税人，实行简易办法计算应纳税额，征收率为3%。小规模纳税人销售自己使用过的固定资产减按2%的征收率计算增值税。

纳税人兼营不同税率的货物或者应税劳务，应当分别核算不同税率货物或者应税劳务的销售额；未分别核算销售额的，从高适用税率。

4. 纳税期限

增值税的纳税期限一般为1个月。另外，根据纳税人应纳增值税额的大小，还有1日、3日、5日、10日、15日、1个季度等其他六种应纳税期限，其中1个季度的规定仅适用于小规模纳税人。纳税人应在次月的1～15日的征期内申报纳税，不能按照固定期限纳税的，可以按次纳税。

（二）消费税

消费税是对在我国境内从事生产、委托加工及进口应税消费品的单位和个人，就其销售额或销售数量，在特定环节征收的一种税。

我国的消费税共有14个税目，分别是烟、酒及酒精、化妆品、贵重首饰及珠宝玉石、鞭炮和焰火、成品油、汽车轮胎、摩托车、小汽车、高尔夫球及球具、高档手表、游艇、木制一次性筷子、实木地板。消费税按照应税消费品的销售额、销售数量分别实行从价定率或从量定额的办法计算应纳税额。

消费税的纳税期限与增值税的纳税期限相同。

（三）营业税

1. 概念

营业税是对在我国境内提供应税劳务、转让无形资产和销售不动产的单位和个人征收的一种税。应税劳务包括交通运输业、建筑业、金融保险业、邮电通信业、文化体育业、娱乐业、服务业7个税目。

2. 税率和纳税期限

营业税按照应税劳务或应税行为的营业额或转让额、销售额依法定的税率计算缴纳。除了娱乐业实行20%（其中台球、保龄球适用5%）的税率外，其他税目的税率为3%或5%。

营业税的纳税期限与增值税、消费税相同。

3. 营业税改征增值税试点

2013年12月财政部和国家税务总局联合下发了《关于将铁路运输和邮政业纳入营业税改征增值税试点的通知》，明确从2014年1月1日起，将铁路运输和邮政业纳入营改增试点范围。一般纳税人提供的铁路运输服务或邮政业服务适用11%的税率，提供的收派服务适用6%的税率；小规模纳税人征收率为3%。财政部和国家税务总局于2014年4月29日下发《关于将电信业纳入营业税改征增值税试点的通知》，明确从2014年6月1日起，将电信业纳入营改增试点范围，基础电信服务和增值电信服务分别适用11%和6%的税率，为境外单位提供电信业服务免征增值税。如果用一句通俗的话去解释“营改增”，那就是以前企业成本也要计税，现在成本可以抵税，减少了服务业的重复征税。

（四）企业所得税

1. 概念

在中国境内的一切企业和其他取得收入的组织（不包括个人独资企业、合伙企业），为企业所得税纳税人。企业分为居民企业和非居民企业。居民企业应当就其来源于中国境内、境外的所得缴纳企业所得税。非居民企业根据其是否在中国境内设立机构、场所以及所得是否与境内机构、场所有实际联系确定应纳税所得额。

2. 应纳税所得额

（1）企业应纳税额的计算公式

应纳税所得额=收入总额-不征税收入-免税收入-各项扣除-允许弥补的以前年度亏损

（2）收入总额

企业以货币形式和非货币形式从各种来源取得的收入，为收入总额。包括：销售货物收入；提供劳务收入；转让财产收入；股息、红利等权益性投资收益；利息收入；租金收入；特许权使用费收入；接受捐赠收入；其他收入。

（3）不征税收入

收入总额中的下列收入为不征税收入：财政拨款；依法收取并纳入财政管理的行政事业性收费、政府性基金；国务院规定的其他不征税收入。

（4）准予扣除

企业实际发生的与取得收入有关的、合理的支出，包括成本、费用、税金、损失和其他支出，准予在计算应纳税所得额时扣除。企业发生的公益性捐赠支出，在年度利润总额12%以内的部分准予在计算应纳税所得额时扣除。企业按照规定计算的固定资产折旧、按照规定计算的无形资产摊销费用、企业发生的作为长期待摊费用的支出、企业按照规定计算的存货成本和转让资产的净值准予在计算应纳税所得额时扣除。

（5）允许弥补的以前年度亏损

企业纳税年度发生的亏损，准予向以后年度结转，用以后年度的所得弥补，但结转年限最长不得超过五年。

3. 税率

企业所得税税率为25%。非居民企业在中国境内未设立机构、场所的，或者虽设立机构、场所但取得的所得与其所设机构、场所没有实际联系的，应当就其来源于中国境内的所得缴纳企业所得税，适用税率为20%。

4. 征收办法

企业所得税按纳税年度计算，纳税年度自公历1月1日起至12月31日止。企业所得税实行按月或按季预缴、年终汇算清缴、多退少补的征收办法，即企业应当自月份或者季度终了之日起15日内，向税务机关报送预缴企业所得税纳税申报表，预缴税款。企业应当自年度终了之日起5个月内，向税务机关报送年度企业所得税纳税申报表，并汇算清缴，结清应缴应退税款。

（五）个人所得税

1. 征税范围

根据《个人所得税法》第二条的规定，下列各项个人所得应缴纳个人所得税：工资、薪金所得；个体工商户的生产、经营所得；对企事业单位的承包经营、承租经营所得；劳务报酬所得；稿酬所得；特许权使用费所得；利息、股息、红利所得；财产租赁所得；财产转让所得；偶然所得；经国务院财政部门确定征税的其他所得。

2. 纳税义务人

个人所得税的纳税义务人包括居民纳税人和非居民纳税人。

居民纳税人是指凡是中国境内有住所，或者无住所而在境内居住满一年的个人，应就其从中国境内和境外所得，依法缴纳个人所得税。非居民纳税人是指在中国境内无住所又不居住或者无住所而在境内居住不满一年的个人，应就其从中国境内取得的所得，依法缴纳个人所得税。

3. 税率

除工资、薪金所得适用3%～45%的7级超额累进税率，个体工商户（注：个人独资企业和合伙企业投资者比照执行）的生产、经营所得和对企事业单位的承包经营、承租经营所得适用5%～35%的5级超额累进税率外，其余各项所得均适用20%的比例税率。自2011年9月1日起，工资、薪金所得减除费用标准从每月2000元提高到每月3500元。

4. 征收办法

扣缴义务人每月所扣和自行申报纳税人每月应纳的税款，在次月15日内缴入国库；个体工商户生产、经营所得应纳的税款，按年计算，分月预缴，年度终了后3个月内汇算清缴，多退少补；对企事业单位承包经营、承租经营所得应纳的税款，按年计算，年度终了后30日内缴入国库；从中国境外取得所得的，在年度终了后30日内，将应纳的税款缴入国库。年所得12万元以上的纳税人，在年度终了后3个月内自行向税务机关进行纳税申报。

（六）资源税

资源税是以各种应税自然资源为课税对象、为了调节资源级差收入并体现国有资源有偿使用而征收的一种税。

资源税对在我国境内开采各种应税自然资源的单位和个人征收。征税范围包括原油、天然气、煤炭、其他非金属矿原矿、黑色金属矿原矿、有色金属矿原矿、盐等7大类。

资源税采用从价定率和从量定额的方法征收。原油、天然气产品的资源税税率为销售额的5%～10%。资源税其他税目因资源的种类、区位不同，税额标准为每吨0.3元到60元不等。资源条件好的，税率、税额高一些；资源条件差的，税率、税额低一些。

（七）城镇土地使用税

城镇土地使用税以在城市、县城、建制镇和工矿区范围内的土地为征税对象，以实际占用的土地面积为计税依据，按规定税额对使用土地的单位和个人征收。其税额标准依大城市、中等城市、小城市和县城、建制镇、工矿区分别确定，为每平方米0.6~30元。

城镇土地使用税按年计算、分期缴纳，具体纳税期限由各省、自治区、直辖市人民政府根据当地的实际情况确定。

（八）房产税

房产税以城市、县城、建制镇和工矿区范围内的房屋为征税对象，按房产余值或租金收入为计税依据，纳税人包括产权所有人、房屋的经营管理单位（房屋产权为全民所有）、承典人、代管人、使用人。其税率分为两类：按照房产余值计算应纳税额的，适用税率为1.2%；按照房产租金收入计算应纳税额的，适用税率为12%，但个人按市场价格出租的居民住房，减按4%的征收率征收。房产税按年征收、分期缴纳。

根据《中华人民共和国房产税暂行条例》第五条的规定，个人所有非营业用的房产免纳房产税。但2011年1月28日，我国开始在上海、重庆试行房产税，上海征收对象为本市居民新购房且属于第二套及以上住房和非本市居民新购房，税率暂定0.6%；重庆征收对象是独栋别墅高档公寓以及无工作户口无投资人员所购二套房，税率为0.5%~1.2%。

（九）城市维护建设税

根据《中华人民共和国城市维护建设税暂行条例》，城建税以缴纳增值税、消费税、营业税的单位和个人为纳税义务人。

城建税以纳税人实际缴纳的增值税、消费税、营业税为计税依据，区别纳税人所在地的不同，分别按7%（在市区）、5%（在县城、镇）和1%（不在市区、县城或镇）三档税率计算缴纳。城市维护建设税分别与增值税、消费税、营业税同时缴纳。

（十）耕地占用税

耕地占用税对占用耕地建房或者从事其他非农业建设的单位和个人，依其占用耕地的面积征收。其税额标准为每平方米5~50元。纳税人必须在经土地管理部门批准占用耕地之日起30日内缴纳耕地占用税。

（十一）土地增值税

凡转让国有土地使用权、地上的建筑物及其附着物并取得收入的行为都应缴纳土地增值税。

土地增值税实行4级超率累进税率，税率分别为30%、40%、50%、60%。纳税人应当自转让房地产合同签订之日起7日内向房地产所在地主管税务机关办理纳税申报，并在税务机关核定的期限内缴纳土地增值税。由于涉及成本确定或其他原因，而无法据以计算土地增值税的，可以预征土地增值税，待项目全部竣工，办理结算后再进行清算，多退少补。

（十二）车辆购置税

车辆购置税对购置汽车、摩托车、电车、挂车、农用运输车等应税车辆的单位和个人征收。

车辆购置税实行从价定率的方法计算应纳税额，税率为10%。计税价格为纳税人购置应税车辆而支付给销售者的全部价款和价外费用（不包括增值税）；国家税务总局参照应税车辆市场平均交易价格，规定不同类型应税车辆的最低计税价格。纳税人购买自用应税车辆的，应当自购买之日起60日内申报纳税；进口自用应税车辆的，应当自进口之日起60日内申报纳税；自产、受赠、获奖或者以其他方式取得并自用应税车辆的，应当自取得之日起60日内申报纳税。车辆购置税税款应当一次缴清。

（十三）车船税

车船税以在我国境内依法应当到车船管理部门登记的车辆、船舶为征税对象，向车辆、船舶的所有人或管理人征收。

车船税分为乘用车、商用车、挂车、摩托车等6大税目。各税目的年税额标准为每辆36～5400元不等，或自重（净吨位）每吨3～60元，游艇为艇身长度每米600～2000元。车船税按年申报缴纳。

（十四）印花税

印花税对在经济活动和经济交往中书立、领受税法规定的应税凭证的单位和个人征收。

印花税根据应税凭证的性质，分别按合同金额依比例税率或者按件定额计算应纳税额。比例税率有1‰、0.5‰、0.3‰和0.05‰四档。

（十五）契税

契税是以出让、转让、买卖、赠与、交换发生权属转移的土地、房屋为征税对象，向产权承受的单位和个人征收的一种税。

出让、转让、买卖土地、房屋的税基为成交价格，赠与土地、房屋的税基由征收机关核定，交换土地、房屋的税基为交换价格的差额。税率为3%～5%。纳税人应当自纳税义务发生之日起10日内办理纳税申报，并在契税征收机关核定的期限内缴纳税款。

另外，根据财政部、国家税务总局《关于企业事业单位改制重组契税政策的通知》第八条第二项的规定，同一投资主体内部所属企业之间土地、房屋权属的划转，包括母公司与其全资子公司之间，同一公司所属全资子公司之间，同一自然人与其设立的个人独资企业、一人有限公司之间土地、房屋权属的划转，免征契税。

课堂讨论

【材料】某房地产公司，在广告里承诺：买房子送契税。根据买房人的要求，买卖双方在购房合同中也约定：契税由房地产公司承担。等到这些业主们去办房产证时，房管部门告知：你们还没有缴契税，先缴了契税再办证。业主们认为房地产公司答应送契税，应该由房地产公司缴契税。

【问题】应该由谁缴契税？

（十六）烟叶税

烟叶税对在我国境内收购烟叶（包括晾晒烟叶和烤烟叶）的单位，按照收购烟叶的金额征收。

税率为20%。纳税人应当自纳税义务发生之日起30日内申报纳税。具体纳税期限由主管税务机关核定。

（十七）关税

在目前世界各国已不使用过境关税，出口税也很少使用的情况下，通常所称的关税主要指进口关税。

我国进口关税的法定税率包括最惠国税率、协定税率、特惠税率和普通税率。对特定进出口货物，可以实行暂定税率、关税配额管理。任何国家或者地区对其进口的原产于中国的货物征收歧视性关税或者给予歧视性待遇的，海关对原产于该国家或者地区的进口货物，可以征收特别关税。特别关税包括报复性关税、反倾销税、反补贴税、保障性关税和其他特别关税。

（十八）船舶吨税

自中华人民共和国境外港口进入中国境内港口的船舶，应当缴纳船舶吨税。船舶吨税设置优惠税率和普通税率。

需要说明的是：国务院于1986年4月28日颁布了《征收教育费附加的暂行规定》，并于同年7月1日开征。凡缴纳增值税、消费税、营业税的单位和个人，均为教育费附加的纳费义务人。凡代征增值税、消费税、营业税的单位和个人，也为代征教育费附加的义务人。农业、乡镇企业，由乡镇人民政府征收农村教育事业附加，不再征收教育费附加。征费范围同增值税、消费税、营业税的征收范围相同。与增值税、营业税、消费税同时缴纳。教育费附加的征收率为3%。

三、税收优惠制度

（一）税收优惠方式

（1）减税。即依据税法规定减除纳税义务人一部分应纳税款。

(2) 免税。即对某些特殊纳税人免征某种（或某几种）税款。例如，国家税务总局发布公告，自2011年10月1日起，纳税人在资产重组过程中，通过合并、分立、出售、置换等方式，将全部或者部分实物资产以及与其相关联的债权、债务和劳动力一并转让给其他单位和个人的行为，不属于营业税征收范围，其中涉及的不动产、土地使用权转让，不征收营业税。

(3) 延期纳税。是对纳税人应纳税款的部分或全部税款的缴纳期限适当延长的一种特殊规定。

(4) 出口退税。是指为了扩大出口贸易，增强出口货物在国际市场上的竞争力，按国际惯例对企业已经出口的产品退还在出口前各环节缴纳的国内流转税（主要是增值税和消费税）税款。

(5) 再投资退税。即对特定的投资者将取得的利润再投资于本企业或新办企业时，退还已纳税款。

(6) 即征即退。即对按税法规定缴纳的税款，由税务机关在征税时部分或全部退还纳税人。与出口退税先征后退、投资退税一并属于退税的范畴，其实质是一种特殊方式的免税和减税规定。目前，我国采取即征即退政策仅限于缴纳增值税的个别纳税人。

(7) 先征后返。即对按税法规定缴纳的税款，由税务机关征收入库后，再由财政部门按规定的程序给予部分或全部退税或返还已纳税款。它属于财政补贴范畴，其实质也是一种特定方式的免税或减免规定。目前，我国采取先征后返的办法主要适用于缴纳流转税和企业所得税的纳税人。

(8) 税收抵免。即对纳税人来源于国内外的全部所得或财产课征所得税时，允许以其在国外缴纳的所得税或财产税税款抵免应纳税额。它是解决国际所得或财产重复课税的一种措施。税收抵免是世界各国的一种通行做法。

(9) 加计扣除。是对企业为开发新技术、新产品、新工艺发生的研究开发费用和企业安置残疾人员及其他国家鼓励安置就业人员所支付的工资，在实际发生数额的基础上，再加成一定比例，作为计算应纳税所得额时的扣除数的一种优惠政策。

(10) 加速折旧。即按税法规定对缴纳所得税的纳税人，准予采取缩短固定资产折旧年限、提高折旧率的办法，加快折旧速度，减少当期应纳税所得额。

(11) 减计收入。是指对企业综合利用资源取得的收入按一定比例计减应税收入。

(12) 投资抵免。是指对创业投资企业从事创业投资的投资额和企业购置用于环境保护、节能节水、安全生产等专用设备的投资额，按一定比例抵免应纳税所得额。

(13) 起征点。即对征税对象开始征税的起点规定一定的数额。征税对象达到起征点的就全额征税，未达到起征点的不征税。税法对某些税种规定了起征点。确定起征点，主要是为了照顾经营规模小、收入少的纳税人。

(14) 免征额。即按一定标准从课税对象全部数额中扣除一定的数额，只对超过的部分征税。

（二）现行主要税收优惠政策取向

(1) 促进区域发展；

（2）促进社会和谐；

（3）促进资源节约和环境保护；

（4）促进科技进步和自主创新。

四、税收征管

（一）税收征管的一般程序

1. 税务登记

（1）税务登记的适用范围

①开业登记。从事生产经营的纳税人，在领取营业执照之后的30天内，持相关证件和资料，向税务机关申报办理税务登记。税务机关自收到申请之日起，在30天内审核并发给税务登记证件。根据《国家税务总局关于进一步完善税务登记管理有关问题的公告》（国家税务总局公告2011年第21号）规定，从事生产、经营的纳税人，应办而未办工商营业执照，或不需办理工商营业执照而需经有关部门批准设立但未经有关部门批准的（简称无照户纳税人），应当自纳税义务发生之日起30日内申报办理税务登记。税务机关对无照户纳税人核发临时税务登记证及副本，并限量供应发票。

②变更登记。纳税人税务登记内容发生变化的，在工商行政管理机关办理变更登记后的30天内，持有关证件向税务机关申报办理变更税务登记。

③停复业登记。采用定期定额征收方式的纳税人在营业执照核准的经营期限内需要停业或复业的，向税务机关提出申请，经税务机关审核后进行停业或复业税务登记。纳税人在停业期间发生纳税义务的，应当申报缴纳税款。停业期满不能及时恢复生产经营的，应提前向税务机关提出延长停业登记申请，否则税务机关视为已复业并进行征税和管理。

④注销登记。纳税人发生解散、破产、撤销以及其他情形，需要依法终止纳税义务的，纳税人应当在向工商行政管理机关申请办理注销之前，向税务机关申报办理注销登记。纳税人需要向税务机关提交相关证件和资料，结清应纳税款、多退（免）税款、滞纳金和罚款，缴销发票、税务登记证和其他税务证件，经税务机关核准后，办理注销税务登记手续。

⑤报验登记。从事生产、经营的纳税人到外县（市）临时从事生产、经营活动时，应当向营业地税务机关申请报验登记。

（2）部门配合

《税收征管法》规定工商行政管理机关应当将办理登记注册、核发营业执照情况，定期向税务部门通报；银行或其他金融机构应在从事生产、经营的纳税人的账户中登录税务登记证件号码，并为税务部门依法查询纳税人开户情况予以协助。

2. 账簿和凭证管理

账簿是纳税人、扣缴义务人连续记录其各种经济业务的账册和簿籍。凭证是纳税人用来记录其各种经济业务，明确经济责任，并据以登记账簿的书面证明。

从事生产经营的纳税人应当自领取营业执照之日起15日内，将其财务、会计制度或者财务、会计处理办法和会计核算软件，报送主管税务机关备案。采用计算机记账的，其记账软件和使用说明及有关资料在使用前也应当报送税务机关备案。

纳税人应按要求设置总账、明细账、日记账（特别是现金日记账和银行存款日记账）以及与履行纳税义务有关的其他辅助账簿。记账凭证应合法、有效。纳税人应按《会计档案管理办法》的规定保存账簿、记账凭证、完税凭证及其他有关资料，不得伪造、变造或者擅自损毁。纳税人应按规定安装、使用税控装置。

3. 发票管理

发票是生产、经营单位和个人在购销商品、提供和接受服务以及从事其他经营活动中，开具、收取的收付款凭证。按照发票使用范围，分为增值税专用发票和普通发票两大类。税务机关是发票主管机关，负责发票印制、领购、开具、取得、保管、缴销的管理和监督。

4. 纳税申报

纳税人或者扣缴义务人无论本期有无应缴纳或者解缴的税款，都必须按税法规定的申报期限、申报内容，如实向主管税务机关办理纳税申报。

纳税人有合并、分立情形的，应当向税务机关报告，并依法缴清税款。纳税人合并时未缴清税款的，应当由合并后的纳税人继续履行未履行的纳税义务；纳税人分立时未缴清税款的，分立后的纳税人对未履行的纳税义务应当承担连带责任。

欠缴税款数额较大的纳税人在处分其不动产或者大额资产之前，应当向税务机关报告。

5. 税款征收

（1）税款征收的主要方式

查账征收，是税务机关根据纳税人会计账簿等财务核算资料，依照税法规定计算征收税款的方式。适用于财务制度健全、核算严格规范、纳税意识较强的纳税人。

核定征收，是税务机关根据纳税人从业人数、生产设备、耗用原材料、经营成本、平均利润率等因素，查定核实其应纳税所得额，据以征收税款的方式。一般适用于经营规模较小、实行简易记账或会计核算不健全的纳税人。

定期定额征收，是税务机关根据纳税人自报和一定的审核评议程序，核定其一定时期应税收入和应纳税额，并按月或季度征收税款的方式。一般适用于生产经营规模小、不能准确计算营业额和所得额的小规模纳税人或个体工商户。

代收、代扣代缴，是税务机关对负有代收代缴、代扣代缴税款义务的单位和个人，在其向纳税人收取或支付交易款项的同时，依法从交易款项中扣收纳税人应纳税款并按规定期限和缴库办法申报解缴的税款征收方式。

委托代征，是税务机关依法委托有关单位和个人，代其向纳税人征收税款的方式。主要适用于零星、分散、流动性大的税款征收，如集贸市场税收、车船税等。

查验征收，是税务机关对纳税人应税商品通过查验数量，按照市场同类产品平均价格，计算其收入并据以征收税款的方式。一般适用于在市场、车站、码头等场外临时经营的零星、流动性税源。

（2）税收保全措施和强制执行

①税收保全措施。税务机关有根据认为从事生产、经营的纳税人有逃避纳税义务行为

的，可以在规定的纳税期之前，责令限期缴纳应纳税款；在限期内发现纳税人有明显的转移、隐匿其应纳税的商品、货物以及其他财产或者应纳税的收入的迹象的，税务机关可以责成纳税人提供纳税担保。如果纳税人不能提供纳税担保，经县以上税务局（分局）局长批准，税务机关可以采取下列税收保全措施：书面通知纳税人开户银行或者其他金融机构冻结纳税人的金额相当于应纳税款的存款；扣押、查封纳税人的价值相当于应纳税款的商品、货物或者其他财产。

纳税人在规定的限期内缴纳税款的，税务机关必须立即解除税收保全措施；限期期满仍未缴纳税款的，经县以上税务局（分局）局长批准，税务机关可以书面通知纳税人开户银行或者其他金融机构从其冻结的存款中扣缴税款，或者依法拍卖或者变卖所扣押、查封的商品、货物或者其他财产，以拍卖或者变卖所得抵缴税款。

②税法强制执行。从事生产、经营的纳税人、扣缴义务人未按照规定的期限缴纳或者解缴税款，纳税担保人未按照规定的期限缴纳所担保的税款，由税务机关责令限期缴纳，逾期仍未缴纳的，经县以上税务局（分局）局长批准，税务机关可以采取下列强制执行措施：书面通知其开户银行或者其他金融机构从其存款中扣缴税款；扣押、查封、依法拍卖或者变卖其价值相当于应纳税款的商品、货物或者其他财产，以拍卖或者变卖所得抵缴税款。税务机关采取强制执行措施时，对纳税人、扣缴义务人、纳税担保人未缴纳的滞纳金同时强制执行。

（3）税收优先

税务机关征收税款，税收优先于无担保债权，法律另有规定的除外；纳税人欠缴的税款发生在纳税人以其财产设定抵押、质押或者纳税人的财产被留置之前的，税收应当先于抵押权、质权、留置权执行。

纳税人欠缴税款，同时又被行政机关决定处以罚款、没收违法所得的，税收优先于罚款、没收违法所得。

税务机关应当对纳税人欠缴税款的情况定期予以公告。

（4）行使代位权、撤销权

欠缴税款的纳税人因怠于行使到期债权，或者放弃到期债权，或者无偿转让财产，或者以明显不合理的低价转让财产而受让人知道该情形，对国家税收造成损害的，税务机关可以依照《合同法》的规定行使代位权、撤销权。

6. 税务检查

《税收征管法》明确规定了税务机关在税务检查中的权力，包括：查账权、场地检查权、责成提供资料权、调查取证权、查证权、检查存款账户权，并对各项权力的行使规定了明确的条件和程序。

（二）纳税人的权利

按照我国现行税法的规定，纳税人以及扣缴义务人（以下统称纳税人）的权利主要包括以下方面：

1. 知情权

纳税人有权知道现行税收法律、行政法规和税收政策规定；办理税收事项的时间、方式、步骤以及需要提交的资料；应纳税额核定及其他税务行政处理决定的法律依据、事实依据和计算方法；可以采取的法律救济途径。

2. 保密权

纳税人有权要求税务机关对其商业秘密及个人隐私保密。包括纳税人的技术信息、经营信息和纳税人、主要投资人以及经营者不愿公开的个人事项。但是根据法律规定，税收违法行为信息不属于保密范围。

3. 税收监督权

纳税人有权控告和检举税务机关、税务人员的违法违纪行为，如索贿受贿、徇私舞弊、玩忽职守，不征或者少征应征税款，滥用职权多征税款或者故意刁难纳税人等。同时，纳税人也有权检举其他纳税人的税收违法行为。

4. 纳税申报方式选择权

纳税人可以直接到办税服务厅办理纳税申报或者报送代扣代缴、代收代缴税款报告表，也可以按照规定采取邮寄、数据电文或者其他方式办理上述申报、报送事项。但采取邮寄或数据电文方式办理上述申报、报送事项的，需经主管税务机关批准。

5. 申请延期申报权

纳税人不能按期办理纳税申报或者报送代扣代缴、代收代缴税款报告表的，应当在规定的期限内向税务机关提出书面延期申请，经核准，可在核准的期限内办理。经核准延期办理申报、报送事项的，应当在税法规定的纳税期内按照上期实际缴纳的税额或者税务机关核定的税额预缴税款，并在核准的延期内办理税款结算。

6. 申请延期缴纳税款权

纳税人因有特殊困难，不能按期缴纳税款的，经省、自治区、直辖市国家税务局、地方税务局批准，可以延期缴纳税款，但是最长不得超过三个月。这里所指的特殊困难主要是指：①因不可抗力，导致纳税人发生较大损失，正常生产经营活动受到较大影响的；②当期货币资金在扣除应付职工工资、社会保险费用后，不足以缴纳税款的。纳税人满足以上任何一个条件可以申请延期缴纳税款，税务机关应当自收到申请延期缴纳税款报告之日起 20 日内作出批准或者不予批准的决定；不予批准的，从缴纳税款期限届满之日起加收滞纳金。

7. 申请退还多缴税款权

纳税人超过应纳税额缴纳的税款，税务机关发现后应当立即退还；纳税人自结算缴纳税款之日起三年内发现的，可以向税务机关要求退还多缴的税款并加算银行同期存款利息，税务机关及时查实后应当立即退还；涉及从国库中退库的，依照法律、行政法规有关国库管理的规定退还。税务机关发现纳税人多缴纳税款的，应当自发现之日起 10 日内办理退库；纳税人发现多缴税款的，税务机关应当自接到纳税人退还申请之日起 30 日内查实并办理退库手续。

8. 依法享受税收优惠权

纳税人有权根据法律、行政法规的规定向税务机关申请享受税收优惠。

9. 委托税务代理权

纳税人可以委托税务代理人代为办理以下事项：办理、变更或者注销税务登记、除增值税专用发票外的发票领购手续、纳税申报或扣缴税款报告、税款缴纳和申请退税、制作涉税文书、审查纳税情况、建账建制、办理财务、税务咨询、申请税务行政复议、提起税务行政诉讼以及国家税务总局规定的其他业务。

10. 陈述与申辩权

纳税人对税务机关所作出的行政处罚决定，享有陈述与申辩权。

11. 对未出示税务检查证和税务检查通知书的拒绝检查权

纳税人在接受税务检查时，有权要求检查人员出示税务检查证和税务检查通知书，未出示税务检查证和税务检查通知书的，纳税人有权拒绝检查。

12. 税收法律救济权

纳税人对税务机关作出的决定，依法享有申请行政复议、提起行政诉讼、请求国家赔偿等权利。

纳税人、纳税担保人同税务机关因纳税发生争议时，必须先依照税务机关的纳税决定缴纳或者解缴税款及滞纳金或者提供相应的担保，然后可以依法申请行政复议；对行政复议决定不服的，可以依法向人民法院起诉。如对处罚决定、强制执行措施或者税收保全措施不服的，可以依法申请行政复议，也可以依法向人民法院起诉。

当税务机关的职务违法行为给纳税人和其他税务当事人的合法权益造成侵害时，纳税人和其他税务当事人可以要求税务行政赔偿。主要包括：一是纳税人在限期内已缴纳税款，税务机关未立即解除税收保全措施，使纳税人的合法权益遭受损失的；二是税务机关滥用职权违法采取税收保全措施、强制执行措施或者采取税收保全措施、强制执行措施不当，使纳税人或者纳税担保人的合法权益遭受损失的。

13. 依法要求听证的权利

在对纳税人作出规定金额以上罚款的行政处罚之前，税务机关会向纳税人送达《税务行政处罚事项告知书》，告知纳税人已经查明的违法事实、证据、行政处罚的法律依据和拟将给予的行政处罚。对此，纳税人有权要求举行听证。税务机关应组织听证。

14. 索取有关税收凭证的权利

税务机关征收税款时，必须给纳税人开具完税凭证。扣缴义务人代扣、代收税款时，纳税人要求扣缴义务人开具代扣、代收税款凭证时，扣缴义务人应当开具。

税务机关扣押商品、货物或者其他财产时，必须开付收据；查封商品、货物或者其他财产时，必须开付清单。

五、纳税人违反税法的法律责任

（一）给予行政处罚

1. 对违反税务管理行为给予行政处罚

纳税人有下列行为之一的，由税务机关责令限期改正，可以处2000元以下的罚款；情节严重的，处2000元以上1万元以下的罚款：未按照规定的期限申报办理税务登记、变更或者注销登记的；未按照规定设置、保管账簿或者保管记账凭证和有关资料的；未按照规定将财务、会计制度或者财务、会计处理办法和会计核算软件报送税务机关备查的；

未按照规定将其全部银行账号向税务机关报告的；未按照规定安装、使用税控装置，或者损毁或者擅自改动税控装置的。

纳税人不办理税务登记的，由税务机关责令限期改正；逾期不改正的，经税务机关提请，由工商行政管理机关吊销其营业执照。

纳税人未按照规定使用税务登记证件，或者转借、涂改、损毁、买卖、伪造税务登记证件的，处2000元以上1万元以下的罚款；情节严重的，处1万元以上5万元以下的罚款。

扣缴义务人未按照规定设置、保管代扣代缴、代收代缴税款账簿或者保管代扣代缴、代收代缴税款记账凭证及有关资料的，由税务机关责令限期改正，可以处2000元以下的罚款；情节严重的，处2000元以上5000元以下的罚款。

纳税人未按照规定的期限办理纳税申报和报送纳税资料的，或者扣缴义务人未按照规定的期限向税务机关报送代扣代缴、代收代缴税款报告表和有关资料的，由税务机关责令限期改正，可以处2000元以下的罚款；情节严重的，可以处2000元以上1万元以下的罚款。

2. 对妨害税款征收行为给予行政处罚

案例解读1

【案情概述】 2004年8月，河南省荥阳市某建筑公司由于资金紧张，无法全额缴清当月税款，于是在向地税局办理纳税申报时，故意少申报营业额50万余元，少缴营业税1.5万元。2004年10月，由于该公司收进了几笔应收账款，资金紧张状况得到缓解。于是，他们偷偷把8月份少申报的那笔营业额并到10月份的申报中，并缴清了税款。该负责人陈某自认为补缴了税款，理应不会受到处罚。2005年3月，荥阳市地税局稽查分局在对该公司进行检查时发现了这一情况。

【处理结果】 荥阳市地税局稽查分局依法对该公司作出了加收相应滞纳金并处以2000元罚款的决定。

【解读意见】《税收征管法》第六十四条规定“纳税人、扣缴义务人编造虚假计税依据的，由税务机关责令限期改正，并处以5万元以下的罚款”。根据这一规定，该公司编造虚假计税依据、以滞记营业额的方式达到延期缴纳税款的目的，虽未不缴或者少缴税款，但也要被处以5万元以下的罚款。

（资料来源：找法网）

纳税人、扣缴义务人编造虚假计税依据的，由税务机关责令限期改正，并处5万元以下的罚款。

纳税人不进行纳税申报，不缴或者少缴应纳税款的，由税务机关追缴其不缴或者少缴的税款、滞纳金，并处不缴或者少缴的税款50%以上5倍以下的罚款。

纳税人、扣缴义务人在规定期限内不缴或者少缴应纳或者应解缴的税款，经税务机关责令限期缴纳，逾期仍未缴纳的，税务机关除依法采取强制执行措施追缴其不缴或者少缴的税款外，可以处不缴或者少缴的税款50%以上5倍以下的罚款。

扣缴义务人应扣未扣、应收而不收税款的，由税务机关向纳税人追缴税款，对扣缴义务人处应扣未扣、应收未收税款50%以上3倍以下的罚款。

纳税人、扣缴义务人逃避、拒绝或者以其他方式阻挠税务机关检查的，由税务机关责令改正，可以处1万元以下的罚款；情节严重的，处1万元以上5万元以下的罚款。

从事生产、经营的纳税人、扣缴义务人有《税收征管法》规定的税收违法行为，拒不接受税务机关处理的，税务机关可以收缴其发票或者停止向其发售发票。

纳税人、扣缴义务人的开户银行或者其他金融机构拒绝接受税务机关依法检查纳税人、扣缴义务人存款账户，或者拒绝执行税务机关作出的冻结存款或者扣缴税款的决定，或者在接到税务机关的书面通知后帮助纳税人、扣缴义务人转移存款，造成税款流失的，由税务机关处10万元以上50万元以下的罚款，对直接负责的主管人员和其他直接责任人员处1000元以上1万元以下的罚款。

（二）给予行政处罚与追究刑事责任

1. 对违反税务管理行为给予行政处罚与追究刑事责任

非法印制发票的，由税务机关销毁非法印制的发票，没收违法所得和作案工具，并处1万元以上5万元以下的罚款；构成犯罪的，依法追究刑事责任。

2. 对妨害税款征收行为给予行政处罚与追究刑事责任

纳税人伪造、变造、隐匿、擅自销毁账簿、记账凭证，或者在账簿上多列支出或者不列、少列收入，或者经税务机关通知申报而拒不申报或者进行虚假的纳税申报，不缴或者少缴应纳税款的，是偷税。对纳税人偷税的，由税务机关追缴其不缴或者少缴的税款、滞纳金，并处不缴或者少缴的税款50%以上5倍以下的罚款；构成犯罪的，依法追究刑事责任。

扣缴义务人不缴或者少缴已扣、已收税款，由税务机关追缴其不缴或者少缴的税款、滞纳金，并处不缴或者少缴的税款50%以上5倍以下的罚款；构成犯罪的，依法追究刑事责任。

纳税人欠缴应纳税款，采取转移或者隐匿财产的手段，妨碍税务机关追缴欠缴的税款的，由税务机关追缴欠缴的税款、滞纳金，并处欠缴税款50%以上5倍以下的罚款；构成犯罪的，依法追究刑事责任。

以假报出口或者其他欺骗手段，骗取国家出口退税款，由税务机关追缴其骗取的退税款，并处骗取税款1倍以上5倍以下的罚款；构成犯罪的，依法追究刑事责任。对骗取国家出口退税款的，税务机关可以在规定期间内停止为其办理出口退税。

以暴力、威胁方法拒不缴纳税款的，是抗税，除由税务机关追缴其拒缴的税款、滞纳金外，依法追究刑事责任。情节轻微，未构成犯罪的，由税务机关追缴其拒缴的税款、滞纳金，并处拒缴税款1倍以上5倍以下的罚款。

对于纳税人有涉嫌逃避缴纳税款罪税收违法行为的，经税务机关依法下达追缴通知后，补缴应纳税款，缴纳滞纳金，且已受行政处罚的，不予追究刑事责任；但是，5年内因逃避缴纳税款受过刑事处罚或者被税务机关给予两次以上行政处罚的除外。

（三）税收犯罪行为

1. 妨害发票管理的犯罪

妨害发票管理的犯罪，主要是妨害增值税专用发票管理的犯罪，是我国危害税收征管罪的重要内容。

首先是虚开增值税专用发票，虚开用于骗取出口退税、抵扣税款发票。所谓虚开，既包括在没有任何商品交易情况下的凭空填写，也包括在有一定商品交易情况下的不实填写。所谓虚开用于骗取出口退税、抵扣税款的其他发票，按现行增值税制度，是指虚开废旧物资收购发票、货物运输发票、农副产品收购发票和进口增值税海关完税凭证。

其次是伪造、非法出售、非法购买增值税专用发票，出售、购买伪造的增值税专用发票，非法制造、出售非法制造的用于骗取出口退税、抵扣税款的其他发票。非法出售用于骗取出口退税、抵扣税款的其他发票。

最后是非法出售、非法制造普通发票。

2. 妨害税款征收的犯罪

妨害税款征收的犯罪，包括偷税、抗税、逃避追缴欠税和骗取出口退税。

偷税罪，是指纳税人或者扣缴义务人采取伪造、变造、隐匿、擅自销毁账簿、记账凭证，在账簿上多列支出或者不列、少列收入，经税务机关通知申报而拒不申报或者进行虚假的纳税申报，不缴或者少缴应纳税款、已扣已收税款，偷税数额占应缴纳税额的10%以上且数额在1万元以上，或者因偷税被税务机关给予两次行政处罚又偷税的行为。

抗税罪，是指以暴力、威胁方法拒不缴纳应缴税款的行为。

逃避追缴欠税罪，是指纳税人欠缴税款，采取转移或者隐匿财产的手段，致使税务机关无法追缴欠缴税款，数额在1万元以上的行为。

骗取出口退税罪，是指以假报出口或者其他欺骗手段，骗取国家出口退税款，数额较大的行为。

（四）刑事处罚

案例解读2

【案情概述】2009年初，被告人李某联系到当时担任出纳的沈某，要求沈某为几家公司虚开增值税发票，并约定按比例收取开票费。沈某找到开票员陈某和印某，为企业虚开近500张增值税专用发票，虚开数额共计人民币85万余元，4人各自获取了一定数额的违法所得。

除经李、沈二人介绍之外，陈某和印某还受领导指使和经朋友介绍为多家企业虚开增值税发票，从中收取红包。据法院调查，2009年1月至2012年4月期间，被告人陈某、印某共为33家公司虚开增值税专用发票。其中陈某为他人虚开825份，涉案税额人民币89万元；印某为他人虚开686份，涉案税额人民币83.9万元。

【处理结果】上海市嘉定区人民法院以虚开增值税专用发票罪判处被告人陈某有期徒

刑5年，罚金6万元；印某有期徒刑5年，罚金6万元；沈某有期徒刑4年，罚金5万元；李某有期徒刑3年，罚金5万元。另外，本案所涉偷逃的国家税款及滞纳金等均已补缴。涉案的33家企业中，20余家企业的涉案当事人已经被判处刑罚。

【解读意见】 4名被告为牟取非法利益，为他人虚开或介绍虚开增值税专用发票用于抵扣税款，其行为构成虚开增值税专用发票罪。考虑到被告人均具有自首情节，积极退还违法所得并主动交代案件事实帮助追回偷逃税款，可以减轻处罚，故依法判处上述刑罚。

（资料来源：文汇报，2013-09-04）

对危害税收征管罪的刑罚，包括管制、拘役、有期徒刑、无期徒刑以及罚金和没收财产。其中虚开增值税专用发票，虚开用于骗取出口退税、抵扣税款发票罪以及伪造、出售伪造的增值税专用发票罪，骗取出口退税罪、非法出售增值税专用发票罪的最高刑是无期徒刑。其他最高刑为有期徒刑。

对于涉嫌危害税收征管犯罪的税收违法行为，税务机关可以依法先行给予行政处罚。当人民法院审判构成犯罪并判处罚金时，税务机关已经给予当事人罚款的，应当折抵罚金。

在刑事处罚中，税款追缴优先。因犯逃避缴纳税款罪、抗税罪、逃避追缴欠税罪、骗取出口退税罪、虚开增值税专用发票或者虚开用于骗取出口退税、抵扣税款的其他发票罪，被判处罚金、没收财产的，在执行前，应当先由税务机关追缴税款和所骗取的出口退税款。

讨论提示

契税的纳税人是购买房子的业主。《中华人民共和国契税暂行条例》第一条规定："在中华人民共和国境内转移土地、房屋权属，承受的单位和个人为契税的纳税人，应当依照本条例的规定缴纳契税。"违反法律、行政法规的合同条款无效。业主与房地产公司的合同纠纷不归房管部门处理。

能力测试

1. 下列关于税率的说法正确的是（　　）。
   A. 营业税采用的是地区差别比例税率
   B. 定额税率具有计算简单、税负透明度高等优点
   C. 我国个人所得税中的"工资薪金"所得项目采用的是超额累进税率
   D. 印花税按合同金额依比例税率计算应纳税额
2. 下列选项中，不属于纳税人的权利的是（　　）。
   A. 有权要求税务机关对企业的情况保密
   B. 依法享有申请减税、免税、退税的权利
   C. 对税务机关所作出的行政处罚决定，享有陈述与申辩权
   D. 要求税务机关对其税收违法行为信息保密

3. 下列经营者中，属于营业税纳税人的是（　　）。

A. 从事汽车修配业的个人

B. 发生销售货物并负责运输所售货物的商场

C. 从事修理小汽车业务的个体户

D. 将不动产无偿赠送他人的单位

4. 根据资源税法律制度的规定，下列各项中，属于资源税纳税人的是（　　）。

A. 生产人造石油的股份制企业　　B. 生产盐的国有企业

C. 生产煤炭制品的集体企业　　D. 进口有色金属矿的私营企业

5. 下列各项中，需要计算缴纳增值税的是（　　）。

A. 增值税纳税人收取的会员费收入

B. 电力公司向发电企业收取的过网费

C. 转让企业全部产权涉及的应税货物转让

D. 燃油电厂从政府财政专户取得的发电补贴

6. 王某投资境内非上市公司，拥有其10%的股权。2013年王某获得该公司利润分红20000元，另外获得该公司为其购买的小汽车一部，并已办理过户等相关手续，小汽车的市场价格为100000元，则2013年王某应缴纳的个人所得税为（　　）元。

A. 12000　　B. 22000　　C. 24000　　D. 32000

7. 下列税率形式，应用于土地增值税的是（　　）。

A. 超额累进税率　　B. 超率累进税率

C. 全额累进税率　　D. 超倍累进税率

8. 下列经营行为中，属于营业税征收范围的是（　　）。

A. 纪念品商店销售集邮商品

B. 企业转让境内土地使用权

C. 酒店独立核算的商品部销售商品

D. 汽车修配厂提供修理修配劳务

9. 下列行为涉及的货物，属于消费税征税范围的是（　　）。

A. 批发商批发销售的雪茄烟

B. 汽车修理厂修车时更换的轮胎

C. 鞭炮加工厂销售田径比赛用的发令纸

D. 销售的实木地板

10. 关于车辆购置税的说法，正确的是（　　）。

A. 纳税人购置自用的应税车辆，应自购买之日起15日内申报纳税

B. 纳税人进口自用的应税车辆，应自进口之日起30日内申报纳税

C. 纳税人购置应税车辆，向车辆登记注册地的税务机关申报纳税

D. 纳税人购置应税车辆，向车辆销售商所在地的税务机关申报纳税

正确答案： 1. C　2. D　3. D　4. B　5. B　6. C　7. B　8. B　9. D　10. C

任务简析

1. 谁是纳税义务人，国家税收法律、法规都有具体明确的规定，不是以相关各方约定为准。违反法律、行政法规的合同或合同条款无效。

2. 《中华人民共和国营业税暂行条例》中所规定的营业税是对在我国境内提供应税劳务、转让无形资产和销售不动产的单位和个人征收的一种税。应税劳务包括交通运输业、建筑业、金融保险业、邮电通信业、文化体育业、娱乐业、服务业 7 个税目。根据《中华人民共和国城市维护建设税暂行条例》，城建税以缴纳增值税、消费税、营业税的单位和个人为纳税义务人。教育费附加是对缴纳增值税、消费税、营业税的单位和个人征收的一种附加费。根据《税收征管法》，纳税人不进行纳税申报，不缴或者少缴应纳税款的，由税务机关追缴其不缴或者少缴的税款、滞纳金，并处不缴或者少缴的税款 50% 以上 5 倍以下的罚款。

工作项目六 | # 公司终止

工作任务19　公司合并、分立、解散、清算

学习目标

探究知识：公司合并及分立的程序、合并及分立的法律后果；注册资本增加的目的和意义，公司减资的原因；公司解散的事由，清算组的职权和职责，公司清算程序与公司注销。

获取能力：知道公司合并与分立的方式，明确公司合并或分立的操作步骤及其法律意义，熟悉公司增资减资的方式，掌握依法解散公司、组成清算组实施清算的规则。

导入任务

某饮料有限公司成立后经营一直不景气，已欠A公司货款20万元未还。经股东会决议，决定把饮料公司唯一盈利的保健品车间分出去，另成立一家保健品公司。1年后，保健品公司因违法经营被吊销营业执照，此时欠B公司货款达10万元，欠C公司货款达5万元。保健品公司虽然成立了清算组但故意拖延清算。问：

1. 饮料公司设立保健品公司的行为在《公司法》上属于什么性质的行为？A公司如起诉追讨饮料公司所欠的20万元货款，应以谁为被告？为什么？

2. B公司除采取起诉或仲裁的方式追讨保健品公司的欠债外，还可以采取什么法律手段以实现自己的债权？

3. 如果C公司起诉保健品公司，保健品公司法定代表人可以代表公司应诉吗？

法律快递

《最高人民法院关于适用〈中华人民共和国公司法〉若干问题的规定（二）》：2008年5月5日由最高人民法院审判委员会第1447次会议通过，自2008年5月19日起施行。

一、公司合并、分立

公司合并或公司分立，是由资本追逐利润的本性所驱动的，是股东追求更多回报的选择。

（一）公司合并

1. 公司合并的方式

公司合并就是两个或两个以上公司合为一个公司。

公司合并可以采取吸收合并或者新设合并两种方式。一个公司吸收其他公司为吸收合并，被吸收的公司解散。两个以上公司合并设立一个新的公司为新设合并，合并各方解散。例如，波音公司和麦道公司合并，这起合并事件使世界航空制造业由原来波音、麦道和空中客车三家共同垄断的局面，变为波音和空中客车两家之间进行超级竞争。

2. 合并程序

无论采用何种方式合并，都必须按照下列程序进行：

（1）协议与决议

公司合并，应当由合并各方签订合并协议，并编制资产负债表及财产清单。并且经股东（大）会对合并协议进行表决，作出批准公司合并的决议。

股东会会议作出公司合并、分立的决议，必须经代表2/3以上表决权的股东通过。

股东大会作出公司合并、分立的决议，必须经出席会议的股东所持表决权的2/3以上通过。

（2）通知与公告

公司应当自作出合并决议之日起10日内通知债权人，并于30日内在报纸上公告。

（3）清偿或者担保

债权人自接到通知书之日起30日内，未接到通知书的自公告之日起45日内，可以要求公司清偿债务或者提供相应的担保。

（4）登记事项发生变更的，应当向公司登记机关办理变更登记

吸收合并的，被吸收公司申请注销登记，存续公司申请变更登记；新设合并的，新设的公司申请开业登记，合并各方申请注销登记。

3. 合并的法律效果

公司合并时，合并各方的债权、债务，应当由合并后存续的公司或者新设的公司承继。

（二）公司分立

公司分立并非企业经营失败的标志，作为一项合理的战略选择，公司分立已成为资本运营的主要手段。例如，2010 年 2 月 26 日，东北高速股份有限公司分立为黑龙江交通发展股份有限公司和吉林高速公路股份有限公司。分立后的东北高速终止上市、依法解散并注销法人资格。

1. 公司分立的方式

公司分立是指一个公司分设为两个或两个以上公司的法律行为。

公司分立可分为派生分立和新设分立两种形式。

所谓派生分立是指公司将一部分资产分出去另设一个或若干个新的公司，原公司存续。另设的新公司应办理设立登记，存续的原公司办理变更登记；所谓新设分立是指公司将全部资产分别划归两个或两个以上的新公司，原公司解散。原公司办理注销登记，新设公司办理设立登记。

2. 公司分立的程序

公司分立的程序参照公司合并程序。

3. 公司分立与债务承担

公司分立前的债务由分立后的公司承担连带责任。但是，公司在分立前与债权人就债务清偿达成的书面协议另有约定的除外。

二、公司解散、清算

（一）公司解散、清算的含义

公司解散，指已成立的公司基于一定的合法事由而丧失营业能力。

公司清算是指除合并、分立和破产外，解散的公司依照《公司法》的规定清理债权债务，分配剩余财产，了结公司的法律关系，从而使公司归于消灭的过程。

（二）公司解散的事由和法律效果

1. 解散的事由

（1）公司章程规定的营业期限届满或者公司章程规定的其他解散事由出现；

（2）股东会或者股东大会决议解散；

（3）因公司合并或者分立需要解散；

（4）依法被吊销营业执照、责令关闭或者被撤销；

（5）股东请求人民法院解散公司。

公司章程规定的营业期限届满或者公司章程规定的其他解散事由出现时，公司也可以通过修改公司章程而存续。为使公司存续而修改公司章程，有限责任公司须经持有 2/3 以上表决权的股东通过，股份有限公司须经出席股东大会会议的股东所持表决权的 2/3 以上通过。

2. 公司解散的法律效果

（1）除合并、分立和破产外，解散的公司应当依照《公司法》的规定进行清算。

（2）清算期间，公司存续，但不得开展与清算无关的经营活动。

（3）公司原有的法定代表人和业务执行机关的职权自动终止，由清算组在清算期间对内执行清算事务，对外代表公司。

案例解读1

【案情概述】2007年6月28日，C公司与T公司建立钢材买卖合同关系。C公司履行了供货义务，T公司已付货款5699778元，尚欠货款1395228.6元。另，房某、蒋某和王某为T公司的股东，所占股份分别为40%、30%、30%。T公司因未进行年检，2008年12月25日被工商部门吊销营业执照，股东未组织清算。T公司已无办公经营地，账册及财产均下落不明。T公司在其他案件中因无财产可供执行被中止执行。原告C公司请求法院判令T公司偿还货款1395228.6元及违约金，房某、蒋某和王某对T公司的债务承担连带清偿责任。

【处理结果】上海市松江区人民法院于2009年12月8日作出判决：一、T公司偿付C公司货款1395228.6元及相应的违约金；二、房某、蒋某和王某对T公司的上述债务承担连带清偿责任。宣判后，蒋某、王某提出上诉。上海市第一中级人民法院于2010年9月1日作出判决：驳回上诉，维持原判。

【解读意见】T公司作为有限责任公司，其全体股东在法律上应一体成为公司的清算义务人。因房某、蒋某和王某怠于履行清算义务，导致T公司的主要财产、账册等均已灭失，无法进行清算，所以应当对T公司的债务承担连带清偿责任。

（资料来源：中国法院网，最高人民法院第三批指导案例9号）

（三）公司清算的程序

1. 成立清算组

除因公司合并或者分立需要解散外，公司应当在解散事由出现之日起十五日内成立清算组，开始清算。

有限责任公司的清算组由股东组成，股份有限公司的清算组由董事或者股东大会确定的人员组成。逾期不成立清算组进行清算的，债权人可以申请人民法院指定有关人员组成清算组进行清算。人民法院应当受理该申请，并及时组织清算组进行清算。

《最高人民法院关于适用〈中华人民共和国公司法〉若干问题的规定（二）》规定，在下列情况下，债权人可以向人民法院申请指定清算组进行清算：公司解散逾期不成立清算组进行清算的；虽然成立清算组但故意拖延清算的；违法清算可能严重损害债权人或者股东利益的。人民法院受理公司清算案件，指定的清算组成员可以从下列人员或者机构中产生：公司股东、董事、监事、高级管理人员；依法设立的律师事务所、会计师事务所、破产清算事务所等社会中介机构；依法设立的律师事务所、会计师事务所、破产清算事务所等社会中介机构中具备相关专业知识并取得执业资格的人员。

2. 通知与申报债权

清算组应当自成立之日起10日内通知债权人，并于60日内在报纸上公告。债权人应当自接到通知书之日起30日内，未接到通知书的自公告之日起45日内，向清算组申报其债权。债权人申报债权，应当说明债权的有关事项，并提供证明材料。清算组应当对债权进行登记。在申报债权期间，清算组不得对债权人进行清偿。

3. 制订清算方案

（1）公司自行清算的，清算组在清理公司财产、编制资产负债表和财产清单后，发现公司财产不足以清偿债务的，应当依法向人民法院申请宣告破产。公司经人民法院裁定宣告破产后，清算组应当将清算事务移交给人民法院。

（2）人民法院指定的清算组在清理公司财产、编制资产负债表和财产清单时，发现公司财产不足以清偿债务的，可以与债权人协商制作有关债务清偿方案。债务清偿方案经全体债权人确认且不损害其他利害关系人利益的，人民法院可依清算组的申请裁定予以认可。清算组依据该清偿方案清偿债务后，应当向人民法院申请裁定终结清算程序。债权人对债务清偿方案不予确认或者人民法院不予认可的，清算组应当依法向人民法院申请宣告破产。公司被依法宣告破产的，依照有关企业破产的法律实施破产清算。

（3）公司解散时，股东尚未缴纳的出资均应作为清算财产。

（4）公司财产不足以清偿债务时，债权人可请求主张未缴出资股东以及公司设立时的其他股东或者发起人在未缴出资范围内对公司债务承担连带清偿责任。

（5）公司自行清算的，清算方案应当报股东会或者股东大会决议确认；人民法院组织清算的，清算方案应当报人民法院确认。未经确认的清算方案，清算组不得执行。

4. 按照顺序清偿

公司财产在分别支付清算费用、职工的工资、社会保险费用和法定补偿金，缴纳所欠税款，清偿公司债务后的剩余财产，有限责任公司按照股东的出资比例分配，股份有限公司按照股东持有的股份比例分配。

5. 公司清算的完结

公司清算结束后，清算组应当制作清算报告，报股东会、股东大会或者人民法院确认，并报送公司登记机关，申请注销公司登记，公告公司终止。

（四）清算组的职权和职责

1. 清算组的职权

清理公司财产，分别编制资产负债表和财产清单；通知、公告债权人；处理与清算有关的公司未了结的业务；清缴所欠税款以及清算过程中产生的税款；清理债权、债务；处理公司清偿债务后的剩余财产；代表公司参与民事诉讼活动。

2. 清算组成员的职责

清算组成员应当忠于职守，依法履行清算义务。清算组成员不得利用职权收受贿赂或者其他非法收入，不得侵占公司财产。清算组成员因故意或者重大过失给公司或者债权人造成损失的，应当承担赔偿责任。

《最高人民法院关于适用〈中华人民共和国公司法〉若干问题的规定（二）》第二十条规定："公司解散应当在依法清算完毕后，申请办理注销登记。公司未经清算即办理注销登记，导致公司无法进行清算，债权人主张有限责任公司的股东、股份有限公司的董事和控股股东，以及公司的实际控制人对公司债务承担清偿责任的，人民法院应依法予以支持。"

案例解读2

【案情概述】某电缆公司与某电力公司于2008年7月9日至2010年8月30日期间发生业务往来，由电缆公司供给电力公司电缆等材料，电力公司尚欠电缆公司价款590987.14元。董某、陈某系电力公司股东，二人在向工商行政管理部门提交的公司注销清算报告中称"债务已清算完毕"，并申请注销电力公司，但二人并无证据证明曾通知电缆公司申报债权。电力公司于2011年12月15日被工商行政管理部门注销。电缆公司提出诉讼请求，要求判令董某、陈某二人连带赔偿价款损失590987.14元，其他损失76900元。

【处理结果】法院判决：被告董某、陈某于本判决生效之日起十日内赔偿原告电缆公司价款损失590987.14元，并支付利息损失76900元。

【解读意见】本案中不合法清算之处是：董某、陈某作为电力公司股东和清算组成员未向债权人发出通知和公告；未经合法清算，就向工商行政管理部门申请注销了该公司。

（资料来源：江苏法院网）

课堂讨论

【材料】甲有限公司由于市场情况发生重大变化，经股东会决议解散公司。公司全体股东组成清算组。清算组成立后向公司债权人依法发出了通知并在报纸上进行了公告。乙公司为甲公司的业务伙伴，2年来两公司多次发生贸易往来，此次甲公司决定解散并开始清算时，乙公司尚未拥有对于甲公司的生铁货款计55万元的债权，不过根据合同约定属分期付款，该项款项7个月以后才能到期；此外，甲公司与乙公司之间又有一份供货合同尚未履行完毕。根据该项合同，甲公司负责供应乙公司机械产品20套，有12套已经履行完毕，钱货两清。还有8套已到履行期限，计价款26万元。乙公司在甲公司通知的期限之内向甲公司申报了债权。同时要求剩下的8套机械不再发货，主张解除供货合同未履行的这一部分。理由是既然甲公司已经解散，在法律上即丧失了履约的主体资格。对于与乙公司的债权债务，根据清算组成员多数人的意见，清算组决定8套机械产品继续发货，未到期生铁款不列入破产债权中清偿。5个月后，甲公司清算终结，办理了公司注销登记，法人终止。乙公司虽然接受了甲公司所发8套机械产品，但仍有29万元债权无法得到清偿，于是要求甲公司股东赔偿损失。

【问题】1. 甲公司的解散事由是否合法？

2. 甲公司清算组对乙公司债权债务的处理是否妥当？

3. 乙公司的损失如何处理？

讨论提示

1. 依据《公司法》，公司可以根据股东会决议解散。

2. 依据《公司法》，清算组在清算期间行使的职权之一是处理与清算有关的公司未了结的业务，所以甲、乙公司之间的机械供货合同必须履行。另外，甲公司所欠乙公司债务也应当予以清偿，包括未到期债务。

3. 乙公司有权要求甲公司的股东（清算组成员）赔偿损失。

能力测试

1. 甲、乙、丙三人共同设立S有限责任公司，出资比例分别为70%、26%、4%。自2010年开始，公司的生产经营状况严重恶化，股东之间互不配合，不能作出任何有效决议，甲提议通过股权转让摆脱困境被其他股东拒绝。下列哪一选项是正确的？(　　)

A. 只有控股股东甲可以向法院请求解散公司

B. 只有甲、乙可以向法院请求解散公司

C. 甲、乙、丙中任何一人都可向法院请求解散公司

D. 不应解散公司，而应通过收购股权等方式解决问题

2. 甲公司因经营难以为继，决定处置资产后歇业。乙公司得知后经与甲公司协商，以承担甲公司的银行债务和安置甲公司职工为条件，取得了甲公司的全部资产。甲公司未经清算即注销，但甲公司的债权人周某尚有30万元未获清偿。关于该笔债务的承担，下列哪一选项是正确的？(　　)

A. 乙公司合并了甲公司，该债务应由乙公司承担

B. 甲公司未经清算即注销，该债务应由甲公司股东承担

C. 公司登记机关允许甲公司不经清算注销，应对周某承担赔偿责任

D. 该债务应由甲公司股东和乙公司承担连带责任

3. 某有限责任公司违反法律、行政法规被依法责令关闭。下列关于公司清算组的说法，哪项是正确的？(　　)

A. 直接由人民法院指定有关人员组成清算组，进行清算

B. 该公司应当在解散事由出现之日起10日内成立清算组，开始清算

C. 公司清算组人选由董事或者股东大会确定

D. 公司的清算组成员由股东组成

4. A公司于2010年6月注册成立。2012年10月A公司分立为B公司和C公司，分立前与债权人就债务清偿达成的书面协议约定各承担50%的债务。2013年3月C公司与D公司合并为E公司。如果2013年5月A公司和D公司的债权人要求清偿债务，下列说法正确的有（　　）。

A. A公司的债务由B公司和C公司承担

B. A公司的债务由B公司和E公司承担

C. D公司的债务由D公司承担

D. D公司的债务由E公司承担

5. C有限公司因营业期限届满解散，依法成立了清算组，该清算组在清算过程中实施的下列哪些行为是合法的？（　　）

A. 为使公司股东分配到更多的剩余财产，将公司的库房出租给甲公司收取租金

B. 为减少债务利息，在债权申报期间清偿了可以确定的乙公司债务

C. 与丙公司协商解除双方之间的供货合同并对其作出相应赔偿

D. 代表公司参加了一项仲裁活动并与对方当事人达成和解协议

6. 某有限责任公司因章程规定营业期限届满而解散，成立了清算组。清算组在清算期间实施的下列行为哪些是错误的？（　　）

A. 为抵偿甲公司债务而承揽了甲公司的一项工程

B. 以清算组为原告起诉一债务人

C. 留足偿债资金后将公司财产按比例分配给各股东

D. 从公司财产中优先支付清算费用

7. 关于重要的国有独资公司的下列事项中，应当由国有资产监督管理机构审核后报本级人民政府批准的有（　　）。

A. 增减注册资本　　B. 公司合并、分立

C. 发行公司债券　　D. 公司解散或申请破产

8. 公司因解散成立清算组，清算组在清算期间行使的职权有（　　）。

A. 优先清偿债权人　　B. 清理公司财产

C. 通知公告债权人　　D. 清理债权债务

9. 某有限责任公司股东会决定解散该公司，该公司下列行为不符合法律规定的有（　　）。

A. 股东会选派股东甲、股东乙和股东丙组成清算组，未采纳股东丁提出吸收一名律师参加清算组的建议

B. 清算组成立15日后，将公司解散一事通知了全体债权人

C. 在清理公司财产过程中，清算组发现公司财产仅够清偿80%的债务，遂通知债权人不再清偿

D. 清算组经职代会同意，决定清偿债务前将公司办公家具分给股东丁

10. 甲公司为有限责任公司，根据公司法律制度的规定，下列各项中，属于甲公司解散事由的有（　　）。

A. 甲公司因分立需要解散

B. 甲公司被责令关闭

C. 经代表三分之二以上表决权的股东同意，甲公司股东会通过了解散公司的决议

D. 甲公司被依法吊销营业执照

正确答案：1. B　2. A　3. D　4. BD　5. CD　6. AC　7. BD　8. BCD　9. BCD　10. ABCD

任务简析

1. 饮料公司设立保健品公司的行为属公司分立。A公司可以饮料公司和保健品公司为共同被告，也可以饮料公司或保健品公司为被告，饮料公司和A公司就债务清偿达成书面协议另有约定的除外。

2. B公司除采取起诉或仲裁的方式追讨保健品公司的欠债外，还可以申请人民法院指定清算组进行清算。

3. 如果C公司起诉保健品公司，保健品公司法定代表人无权代表公司应诉，只能由清算组代表公司参与民事诉讼活动。

工作任务20　破产

学习目标

探究知识：企业破产的条件（界限）、破产申请的提出和受理、债务人财产、管理人、破产费用、共益债务、债权人会议、重整与和解、破产宣告和破产清算的具体规定。

获取能力：掌握企业破产的条件和程序；能够解决企业破产事务中出现的一般法律问题。

导入任务

甲股份有限公司因经营管理不善，无力偿还到期债务，该公司的债权人A公司于2013年6月12日向甲公司所在地法院提出破产申请。法院于6月15日通知甲公司，甲公司认为《企业破产法》不适用于股份有限公司，提出异议。法院于6月23日裁定受理该破产申请，同时指定B律师事务所作为管理人。管理人对甲公司的财产和债务情况整理如下：

（1）甲公司全部资产价值为5200万元，其中包括：①用于对工行800万元贷款提供抵押担保的办公楼价值740万元；②用于对所欠A公司货款700万抵押担保的厂房价值550万元；③一套加工设备价值90万元；④丙公司欠付的劳务费15万元。

（2）甲公司全部债务共15800万元，其中包括：所欠工行贷款800万元；欠A公司货款700万元；欠发职工工资和社会保险费用470万元；欠交税款220万元；欠丙公司货款15万元；管理人于8月3日解除甲公司与丁公司的合同，给丁公司造成损失230万元。

（3）乙公司提出，以上资产中价值90万元的设备是乙公司出租给甲公司的，所有权属于乙公司，并提供了租赁合同。

（4）丙公司提出以货款抵消欠付甲公司的劳务费。经管理人查明，此前丙公司欠甲公司15万元的劳务费一直没有支付。同年4月30日丙公司知道甲公司有大笔到期债务无力清偿后，遂向甲公司转让15万元货物。

（5）除上述债务外，还发生诉讼费80万元、管理人员报酬60万元、注册会计师清算费用50万元、评估费20万元、为债务人继续营业而应支付的职工工资28万元。法院受理破产申请后，戊公司有充分证据证明甲公司对戊公司不当得利22万元，要求返还给戊公司。

(6) 甲公司注册资本为1000万元，但到破产申请受理日，甲公司的某股东尚差200万元的出资未缴足，该股东有补足股本的能力。

要求：根据企业破产法律制度的规定，分析回答下列问题：

1. 甲公司的破产申请人、甲公司提出异议的理由、管理人的产生是否合法？
2. 甲公司破产前租用的乙公司设备，是否属于破产财产？应如何处理？
3. 丙公司提出以货款抵消欠付劳务费的要求是否合法？
4. 甲公司的股东未缴足的出资应如何处理？
5. 哪些属于破产费用？哪些属于共益债务？如何清偿？
6. 说明本案的破产清偿顺序。
7. 丁公司可以获得的清偿金额为多少？

法律快递

《中华人民共和国企业破产法》：2006年8月27日由中华人民共和国第十届全国人民代表大会常务委员会第二十三次会议通过，自2007年6月1日起施行。

《最高人民法院关于适用〈中华人民共和国企业破产法〉若干问题的规定（一）》：2011年8月29日由最高人民法院审判委员会第1527次会议通过，自2011年9月26日起施行。

《最高人民法院关于适用〈中华人民共和国企业破产法〉若干问题的规定（二）》：2013年7月29日由最高人民法院审判委员会第1586次会议通过，自2013年9月16日起施行。

一、破产概述

（一）破产的概念与特征

破产是指债务人不能以其全部财产清偿到期债务，又未能与债权人达成减免或迟延偿还债务的协议，经法院审理，强制执行其全部财产，使债权公平受偿，其余无力偿还的则予免除的法律制度。

破产具有以下的法律特征：（1）破产是一种特殊的偿债程序；（2）破产必须以债务人不能清偿到期债务为特定条件；（3）破产的核心是保证公平清偿债权；（4）破产是一种强制执行程序。

（二）破产原因

破产原因，也称破产界限，是企业破产的法定事由，是当事人申请破产和人民法院宣告破产的基本条件。债务人不能清偿到期债务并且具有下列情形之一的，人民法院应当认定其具备破产原因。

1. 资产不足以清偿全部债务

债务人的资产负债表，或者审计报告、资产评估报告等显示其全部资产不足以偿付全部负债的，应当认定债务人资产不足以清偿全部债务，但有相反证据足以证明债务人资产能够偿付全部负债的除外。

2. 明显缺乏清偿能力

债务人账面资产虽大于负债，但存在下列情形之一的，应当认定其明显缺乏清偿能力：(1) 由于资金严重不足或者财产不能变现等原因，无法清偿债务；(2) 法定代表人下落不明且无其他人员负责管理财产，无法清偿债务；(3) 经人民法院强制执行，无法清偿债务；(4) 长期亏损且经营扭亏困难，无法清偿债务；(5) 导致债务人丧失清偿能力的其他情形。

相关当事人不得以对债务人的债务负有连带责任的人未丧失清偿能力为由，主张债务人不具备破产原因。

二、破产申请

破产申请是破产申请人请求法院受理破产案件的意思表示。破产案件由债务人住所地人民法院管辖。

(一) 破产申请的提出

1. 债务人申请

《企业破产法》第七条第一款规定，债务人有破产法规定的破产原因的，可以向人民法院提出重整、和解或者破产清算申请。债务人申请时，应当提交破产申请书和有关证据，还应当向人民法院提交财产状况说明、债务清册、债权清册、有关财务会计报告、职工安置预案以及职工工资的支付和社会保险费用的缴纳情况。

2. 债权人申请

《企业破产法》第七条第二款规定，债务人不能清偿到期债务，债权人可以向人民法院提出对债务人进行重整或者破产清算的申请。在这里，法律对债权人申请的实质条件只规定了“债务人不能清偿到期债务”。

3. 对债务人负有清算责任的人申请

《企业破产法》第七条第三款规定，企业法人已解散但未清算或者未清算完毕，资产不足以清偿债务的，依法负有清算责任的人应当向人民法院申请破产清算。所谓“依法负有清算责任的人”，依照相关的法律确定。例如，根据《公司法》第一百八十三条的规定，有限责任公司的股东、股份有限公司的董事或者股东大会确定的人员以及特定情形下人民法院指定有关人员组成的清算组；根据《合伙企业法》第八十六条的规定，全体合伙人、经全体合伙人过半数同意指定的一个或者数个合伙人以及特定情形下人民法院指定的清算人，都是依法负有清算责任的人。

(二) 破产申请的撤回

人民法院受理破产申请前，申请人可以请求撤回申请。在人民法院受理破产案件后，申请人请求撤回破产申请的，应予驳回。

人民法院对于申请人提出的撤回申请的请求，有权审查其处分权利的正当性，即考虑其撤回行为是否存在恶意的权利滥用，是否有害于其他当事人的合法权益等，并最终以裁定的形式决定是否准许其撤回申请。

三、破产案件的受理

（一）受理的程序

1. 裁定是否受理

债权人提出破产申请的，人民法院应当自收到申请之日起5日内通知债务人。债务人对申请有异议的，应当自收到人民法院的通知之日起7日内向人民法院提出。人民法院应当自异议期满之日起10日内裁定是否受理。债权人以外的人提出破产申请的，人民法院应当自收到破产申请之日起15日内裁定是否受理。有特殊情况需要延长裁定受理期限的，经上一级人民法院批准，可以延长15日。

人民法院受理破产申请的，应当自裁定作出之日起5日内送达申请人。债权人提出申请的，人民法院应当自裁定作出之日起5日内送达债务人。债务人应当自裁定送达之日起15日内，向人民法院提交财产状况说明、债务清册、债权清册、有关财务会计报告以及职工工资的支付和社会保险费用的缴纳情况。

人民法院裁定不受理破产申请的，应当自裁定作出之日起5日内送达申请人并说明理由。申请人对裁定不服的，可以自裁定送达之日起10日内向上一级人民法院提起上诉。

2. 通知债权人，并予以公告

人民法院应当自裁定受理破产申请之日起25日内通知已知债权人，并予以公告。通知和公告应当载明下列事项：申请人、被申请人的名称或者姓名；人民法院受理破产申请的时间；申报债权的期限、地点和注意事项；管理人的名称或者姓名及其处理事务的地址；债务人的债务人或者财产持有人应当向管理人清偿债务或者交付财产的要求；第一次债权人会议召开的时间和地点；人民法院认为应当通知和公告的其他事项。

3. 裁定驳回申请

人民法院受理破产申请后至破产宣告前，经审查发现债务人不符合破产情形的，可以裁定驳回申请。申请人对裁定不服的，可以自裁定送达之日起10日内向上一级人民法院提起上诉。

（二）破产案件受理后的法律效果

1. 债务人有关人员的义务

“有关人员”包括两类人员：（1）由法律直接规定的人员，即企业的法定代表人；（2）由人民法院确定的人员，其范围包括企业的财务管理人员和其他经营管理人员，如企业的董事、监事、经理、财务总监等人员。

人民法院受理破产申请就意味着破产程序的开始，为了保证破产程序有序、高效地进行，债务人的有关人员在破产程序中应承担以下三方面的义务：

（1）合作与协助义务。债务人的有关人员应当妥善保管其占有和管理的财产、印章和账簿、文书等资料，应当根据人民法院、管理人的要求进行工作。

（2）信息提供义务。债务人企业的有关人员在《企业破产法》上负有对两种特别对象的信息披露义务。首先是对人民法院和管理人的信息披露义务，即如实回答人民法院和管理人的询问的义务。其次是对债权人的信息披露义务，包括列席债权人会议并如实回答债权人的询问的义务。

（3）附属义务。债务人的有关人员还负有与履行上述义务相联系的两种附属义务：①不擅离义务，即未经人民法院许可不得离开住所地；②不新任义务，即在破产程序进行期间不得新任企业的董事、监事、高级管理人员。

2. 向管理人清偿债务或交付财产

根据《企业破产法》的规定，人民法院裁定受理破产申请的，应当同时指定管理人。为了保证对债务人的各种给付能够顺利加入受保全的债务人财产，人民法院受理破产申请后，债务人的债务人或者财产持有人应当向管理人清偿债务或者交付财产。

债务人的债务人或者财产持有人故意违反规定向债务人清偿债务或者交付财产，使债权人受到损失的，不免除其清偿债务或者交付财产的义务。在这种情况下，给付义务人在向管理人履行义务后，有权向实际受领人追偿；追偿不能的风险由其自行承担。但是，管理人也可以适用不当得利的法理，请求实际受领人返还其受领的财产，从而使给付义务人的义务归于消灭。

3. 个别清偿无效

《企业破产法》第十六条规定："人民法院受理破产申请后，债务人对个别债权人的债务清偿无效。"

这里所称的"个别清偿"应具备以下要件：①是债务人实施的清偿；②是债务人对实际存在的债务实施的清偿；③是债务人在破产申请受理后实施的清偿。

因此，以下情形不构成该条所称的个别清偿：①债务人的担保人或者其他连带债务人实施的清偿（此为合法清偿）；②债务人对虚假债务实施的清偿（此为《企业破产法》第三十三条禁止的行为，依照第三十四条和第一百二十八条处理）；③债务人在破产申请受理前实施的清偿（此为《企业破产法》第三十二条禁止的行为，依照第三十四条和第一百二十八条处理）。

《企业破产法》第十六条规定的个别清偿无效，不同于第三十二条规定的破产申请受理以前六个月内的个别清偿。后者属于可撤销的行为，而且只有管理人才可以请求撤销。

4. 待履行合同的处理

人民法院受理破产申请后，管理人对破产申请受理前成立而债务人和对方当事人均未履行完毕的合同有权决定解除或者继续履行，并通知对方当事人。管理人自破产申请受理之日起 2 个月内未通知对方当事人，或者自收到对方当事人催告之日起 30 日内未答复的，视为解除合同。

管理人决定继续履行合同的，对方当事人应当履行；但是，对方当事人有权要求管理人提供担保。管理人不提供担保的，视为解除合同。

5. 相关程序中止

人民法院受理破产申请后，有关债务人财产的保全措施应当解除，执行程序应当中止。

人民法院受理破产申请后，已经开始而尚未终结的有关债务人的民事诉讼或者仲裁应当中止；在管理人接管债务人的财产后，该诉讼或者仲裁继续进行。人民法院受理破产申请后，有关债务人的民事诉讼，只能向受理破产申请的人民法院提起。

四、管理人

管理人，即破产管理人，是指破产宣告后依法成立的，在法院的指挥和监督之下全面接管破产企业并负责破产财产的保管、清理、估价、处理和分配，总管破产清算事务的专门机构。

（一）管理人的资格

管理人可以由有关部门、机构的人员组成的清算组或者依法设立的律师事务所、会计师事务所、破产清算事务所等社会中介机构担任。

人民法院根据债务人的实际情况，可以在征询有关社会中介机构的意见后，指定该机构具备相关专业知识并取得执业资格的人员担任管理人。个人担任管理人的，应当参加执业责任保险。

有以下情形之一的，不得担任管理人：（1）因故意犯罪受过刑事处罚；（2）曾被吊销相关专业执业证书；（3）与本案有利害关系；（4）人民法院认为不宜担任管理人的其他情形。

（二）管理人的职责

管理人的职责主要包括：接管债务人的财产、印章和账簿、文书等资料；调查债务人财产状况，制作财产状况报告；决定债务人的内部管理事务；决定债务人的日常开支和其他必要开支；在第一次债权人会议召开之前，经法院许可，决定继续或者停止债务人的营业；管理和处分债务人的财产；代表债务人参加诉讼、仲裁或者其他法律程序；提议召开债权人会议；人民法院认为管理人应当履行的其他职责。

管理人没有正当理由不得辞去职务，辞去职务应当经人民法院许可。管理人应当勤勉尽责，忠实执行职务。债权人会议认为管理人不能依法、公正执行职务或者有其他不能胜任职务情形的，可以申请人民法院予以更换。管理人经人民法院许可，可以聘用必要的工作人员。

五、债务人财产

（一）债务人财产的范围

债务人财产是供破产债权人分配的破产企业的财产。《企业破产法》第三十条规定，破产申请受理时属于债务人的全部财产，以及破产申请受理后至破产程序终结前债务人取得的财产，为债务人财产。

下列财产不应认定为债务人财产：（1）债务人基于仓储、保管、承揽、代销、借用、寄存、租赁等合同或者其他法律关系占有、使用的他人财产；（2）债务人在所有权保留买卖中尚未取得所有权的财产；（3）所有权专属于国家且不得转让的财产；（4）其他依照法律、行政法规不属于债务人的财产。

（二）对债务人财产的保护

《企业破产法》第三十一条至第三十三条规定了三类破产前交易，分别赋予其可撤销或者无效的法律效果。同时，第三十四条赋予管理人以追回权，以收回因这些交易而让与的财产。

1. 管理人有权请求人民法院撤销涉及债务人财产的行为

（1）撤销损害破产债权人利益的行为

《企业破产法》第三十一条规定，人民法院受理破产申请前一年内，涉及债务人财产的下列行为，管理人有权请求人民法院予以撤销：①无偿转让财产的；②以明显不合理的价格进行交易的；③对没有财产担保的债务提供财产担保的；④对未到期的债务提前清偿的；⑤放弃债权的。

破产申请受理前一年内债务人提前清偿的未到期债务，在破产申请受理前已经到期，管理人请求撤销该清偿行为的，人民法院不予支持。但是，该清偿行为发生在破产申请受理前六个月内且债务人有《企业破产法》第二条第一款规定情形的除外。

（2）撤销债务人的个别清偿行为

《企业破产法》第三十二条规定，人民法院受理破产申请前六个月内，债务人有本法第二条第一款规定的情形，仍对个别债权人进行清偿的，管理人有权请求人民法院予以撤销。但是，个别清偿使债务人财产受益的除外。

债务人对以自有财产设定担保物权的债权进行的个别清偿，管理人不得请求撤销。但是，债务清偿时担保财产的价值低于债权额的除外。

债务人经诉讼、仲裁、执行程序对债权人进行的个别清偿，管理人不得请求撤销。但是，债务人与债权人恶意串通损害其他债权人利益的除外。

债务人对债权人进行的以下个别清偿，管理人不得请求撤销：①债务人为维系基本生产需要而支付水费、电费等的；②债务人支付劳动报酬、人身损害赔偿金的；③使债务人财产受益的其他个别清偿。

2. 法定无效的行为

《企业破产法》第三十三条规定，涉及债务人财产的下列行为无效：（1）为逃避债务而隐匿、转移财产的；（2）虚构债务或者承认不真实的债务的。

3. 管理人对出资人的追缴权

人民法院受理破产申请后，债务人的出资人尚未完全履行出资义务的，管理人应当要求该出资人缴纳所认缴的出资，而不受出资期限的限制。

4. 管理人对企业管理层的特别追回权

债务人的董事、监事和高级管理人员利用职权从企业获取的非正常收入和侵占的企业财产，管理人应当追回。

债务人的董事、监事和高级管理人员利用职权获取的以下收入，应当认定为《企业破产法》规定的非正常收入：绩效奖金；普遍拖欠职工工资情况下获取的工资性收入；其他非正常收入。

5. 他人财产取回权

他人财产取回权是指管理人占有不属于破产财产的他人财产，该财产的权利人可以不经破产清算程序，而经管理人同意将其直接取回的权利，是所有人针对特定物的返还请求权。

（1）一般取回权：人民法院受理破产申请后，债务人占有的不属于债务人的财产，该财产的权利人可以通过管理人取回。

（2）特殊取回权：人民法院受理破产申请时，出卖人已将买卖标的物向作为买受人的债务人发运，债务人尚未收到且未付清全部价款的，出卖人可以取回在运途中的标的物。但是，管理人可以支付全部价款，请求出卖人交付标的物。

6. 抵消权

破产抵消权，是指破产债权人在破产宣告前对破产人负有债务的，不论债的种类和到期时间，得于清算分配前以破产债权抵消其所负债务的权利。

有下列情形之一的，不得抵消：

①债务人的债务人在破产申请受理后取得他人对债务人的债权的；

②债权人已知债务人有不能清偿到期债务或者破产申请的事实，对债务人负担债务的；但是，债权人因为法律规定或者有破产申请一年前所发生的原因而负担债务的除外；

③债务人的债务人已知债务人有不能清偿到期债务或者破产申请的事实，对债务人取得债权的；但是，债务人的债务人因为法律规定或者有破产申请一年前所发生的原因而取得债权的除外。

六、破产费用和共益债务

（一）破产费用的含义与范围

破产费用是指破产程序开始后，为破产程序的进行以及为全体债权人的共同利益而从债务人财产中优先支付的费用。

人民法院受理破产申请后发生的下列费用，为破产费用：破产案件的诉讼费用；管理、变价和分配债务人财产的费用；管理人执行职务的费用、报酬和聘用工作人员的费用。

（二）共益债务的含义与范围

共益债务是指破产程序中为全体债权人的共同利益而管理、变价和分配破产财产而负担的债务。

人民法院受理破产申请后发生的下列债务，为共益债务：（1）因管理人或者债务人请求对方当事人履行双方均未履行完毕的合同所产生的债务；（2）债务人财产受无因管理所产生的债务；（3）因债务人不当得利所产生的债务；（4）为债务人继续营业而应支付的劳动报酬和社会保险费用以及由此产生的其他债务；（5）管理人或者相关人员执行职务致人损害所产生的债务；（6）债务人财产致人损害所产生的债务。

（三）破产费用和共益债务的清偿

破产费用和共益债务由债务人财产随时清偿。债务人财产不足以清偿所有破产费用和共益债务的，先行清偿破产费用。债务人财产不足以清偿所有破产费用或者共益债务的，按照比例清偿。债务人财产不足以清偿破产费用的，管理人应当提请人民法院终结破产程序。人民法院应当自收到请求之日起十五日内裁定终结破产程序，并予以公告。

七、债权申报

（一）债权申报的期限和说明

1. 期限

人民法院受理破产申请后，应当确定债权人申报债权的期限。债权申报期限自人民法院发布受理破产申请公告之日起计算，最短不得少于30日，最长不得超过3个月。债权人应当在人民法院确定的债权申报期限内向管理人申报债权。债权人未依照破产法规定申报债权的，不得参加破产程序行使权利。

2. 说明债权的数额和有无财产担保

债权人申报债权时，应当书面说明债权的数额和有无财产担保，并提供以下证据：（1）债权证明。即证明债权的真实性、有效性的文件，如合同、借据、法院判决等。（2）身份证明。债权人自己申报的应当提交合法有效的身份证明，代理申报人应当提交委托人的有效身份证明、授权委托书和债权证明。（3）担保证明。申报的债权有财产担保的，应当提交证明财产担保的证据。

（二）逾期申报和未申报

在人民法院确定的债权申报期限内，债权人未申报债权的，可以在破产财产最后分配前补充申报；但是，此前已进行的分配，不再对其补充分配。为审查和确认补充申报债权的费用，由补充申报人承担。

债权人未依照《企业破产法》的规定申报债权的，不得依照《企业破产法》规定的程序行使权利，引起的后果是：

（1）债务人破产清算的，除非债务人有保证人或者其他连带债务人，该未申报债权成为永久履行不能。

（2）债务人重整的，该未申报债权在重整计划执行期间不得行使权利；在重整计划执行完毕后，可以按照重整计划规定的同类债权的清偿条件行使权利。

（3）债务人和解的，该未申报债权在和解协议执行期间不得行使权利；在和解协议执行完毕后，可以按照和解协议规定的清偿条件行使权利。

（三）债权申报的范围

1. 一般规定

可申报的债权必须满足以下几项要求：

（1）是以财产给付为内容的请求权。给付标的为劳务或者不作为的请求权，不能申报，但是，因它们的不履行或者不适当履行而产生的赔偿请求权，是可以申报的债权。

（2）是以债务人财产为受偿基础的请求权。此处的债务人财产是指受破产程序拘束的财产。至于请求权所指向的财产是债务人的一般财产还是特定财产，不影响申报的资格。因此，有财产担保的债权和无财产担保的债权均在申报之列。

（3）是法院受理破产申请前成立的对债务人享有的债权。至于债权的到期时间，不影响申报资格。根据《企业破产法》的规定，未到期的债权，在破产案件受理时视为已到期。

（4）是平等民事主体之间的请求权。因此，对债务人的罚款等财产性行政处罚，不得申报。在破产程序终结后，如果债务人因重整或和解而继续存续，处罚机关可以根据情况，决定是否执行原来的处罚决定。

（5）是合法有效的债权。以下债权不得申报：①存在《合同法》或者其他法律规定的无效原因的债权；②诉讼时效已经届满的债权；③无证据或者证据为虚假的债权、有相反证据证明为虚假的债权。

不具备上述条件的债权被申报的，管理人有权提出异议。申报人坚持申报的，管理人可以在债权表中另页记载，并载明所发现的问题，以供债权人会议作出决定。必要时，管理人可以请求人民法院裁定不予确认。

2. 特别情形

（1）职工债权。债务人所欠职工的工资和医疗、伤残补助、抚恤费用，所欠的应当划入职工个人账户的基本养老保险、基本医疗保险费用以及法律、行政法规规定应当支付给职工的补偿金，不必申报，由管理人调查后列出清单并予以公示。职工对清单记载有异议的，可以要求管理人更正；管理人不予更正的，职工可以向人民法院提起诉讼。

（2）利息请求权。附利息的债权自破产申请受理时起停止计息。破产申请受理前的利息，随本金一同申报。

（3）待定债权。又称“或然债权”，是指其效力有待确定的债权，包括附条件、附期限的债权和诉讼、仲裁未决的债权。这些债权可以申报，但必须说明其待定的状况。

（4）连带债权。连带债权人可以由其中一人代表全体连带债权人申报债权，也可以共同申报债权。申报的债权是连带债权的，应当说明。

（5）连带债务人的代位求偿权。债务人的保证人或者其他连带债务人已经代替债务人清偿债务的，以其对债务人的求偿权申报债权。债务人的保证人或者其他连带债务人尚未代替债务人清偿债务的，以其对债务人的将来求偿权申报债权。但是，债权人已经向管理人申报全部债权的除外。

（6）连带债务的债权人。连带债务人数人被裁定适用《企业破产法》规定的程序的，其债权人有权就全部债权分别在各破产案件中申报债权。

(7) 待履行合同相对人的赔偿请求权。管理人或者债务人依照《企业破产法》的规定解除合同的，对方当事人以因合同解除所产生的损害赔偿请求权申报债权。

(8) 善意受托人的请求权。债务人是委托合同的委托人，被裁定适用《企业破产法》规定的程序，受托人不知该事实，继续处理委托事务的，受托人以由此产生的请求权申报债权。

(9) 票据付款人的请求权。债务人是票据的出票人，被裁定适用《企业破产法》规定的程序，该票据的付款人继续付款或者承兑的，付款人以由此产生的请求权申报债权。

(四) 登记、核查

管理人收到债权申报材料后，应当登记造册，对申报的债权进行审查，并编制债权表。债权表和债权申报材料由管理人保存，供利害关系人查阅。

依照以上规定编制的债权表，应当提交第一次债权人会议核查。债务人、债权人对债权表记载的债权无异议的，由人民法院裁定确认。债务人、债权人对债权表记载的债权有异议的，可以向受理破产申请的人民法院提起诉讼。

八、债权人会议

(一) 债权人会议的组成和职权

1. 债权人会议的组成

债权人依法申报债权后，成为债权人会议的成员。凡是债权人会议的成员，都享有出席会议的权利。债权人会议应当有债务人的职工和工会的代表参加，对有关事项发表意见。

债权人会议设主席一人，由人民法院从有表决权的债权人中指定。债权人会议主席主持债权人会议。

债权人会议成员分为有表决权的债权人和无表决权的债权人两种。

(1) 有表决权的债权人。这是指有权出席债权人会议和发表意见，并有权对债权人会议决议事项投票表达个人意志的债权人。

有表决权的债权人分为两种情况：一是对所有的表决事项都有表决权的债权人；二是对部分表决事项有表决权的债权人，这是指有财产担保而未放弃优先受偿权利的债权人，对于通过和解协议的决议和通过破产分配方案的决议，不享有表决权。

(2) 无表决权的债权人。这是指有权出席债权人会议和发表意见，但无权对债权人会议决议事项投票表达个人意志的债权人。主要包括：①债权尚未确定，而人民法院未能为其行使表决权而临时确定债权额的，不得行使表决权；②债权附有停止条件，其条件尚有待成就的，或者债权附有解除条件，其解除条件已成就的，不享有表决权；③尚未代替债务人清偿债务的保证人或者其他连带债务人，不享有表决权。

2. 债权人会议的职权

根据《企业破产法》的规定，债权人会议行使下列职权：(1) 核查债权；(2) 申请人民法院更换管理人，审查管理人的费用和报酬；(3) 监督管理人；(4) 选任和更换债权人委员会成员；(5) 决定继续或者停止债务人的营业；(6) 通过重整计划；(7) 通过和解协议；(8) 通过债务人财产的管理方案；(9) 通过破产财产的变价方案；(10) 通过破产财产的分配方案；(11) 人民法院认为应当由债权人会议行使的其他职权。

(二) 债权人会议的召集与决议

1. 债权人会议的召集

第一次债权人会议由人民法院召集，自债权申报期限届满之日起15日内召开。以后的债权人会议，在人民法院认为必要时，或者管理人、债权人委员会、占债权总额1/4以上的债权人向债权人会议主席提议时召开。

召开债权人会议，管理人应当提前15日通知已知的债权人。

2. 债权人会议的决议

债权人会议的决议，由出席会议的有表决权的债权人过半数通过，并且其所代表的债权额占无财产担保债权总额的1/2以上。但是，重整计划、和解协议的通过除外。

债权人会议的决议，对于全体债权人均有约束力。债权人会议应当对所议事项的决议作成会议记录。

债权人认为债权人会议的决议违反法律规定，损害其利益的，可以自债权人会议作出决议之日起十五日内，请求人民法院裁定撤销该决议，责令债权人会议依法重新作出决议。

对于债务人财产的管理方案或者破产财产的变价方案，债权人会议表决未通过的，由人民法院裁定。对于破产财产分配方案，债权人会议表决未通过的，应当再次表决；再次表决仍未通过的，由人民法院裁定。

(三) 债权人委员会

1. 债权人委员会的性质及组成

债权人会议不是一个常设机构，不能经常性地召集和作出决定。为了保证债权人充分地行使权利，债权人会议可以决定设立债权人委员会。债权人委员会由债权人会议选任的债权人代表和一名债务人的职工代表或者工会代表组成。债权人委员会成员不得超过9人。债权人委员会成员应当经人民法院书面决定认可。

2. 债权人委员会的职权

债权人委员会行使下列职权：(1) 监督债务人财产的管理和处分；(2) 监督破产财产分配；(3) 提议召开债权人会议；(4) 债权人会议委托的其他职权。

债权人委员会执行职务时，有权要求管理人、债务人的有关人员对其职权范围内的事务作出说明或者提供有关文件。

管理人、债务人的有关人员违反《企业破产法》的规定拒绝接受监督的，债权人委员会有权就监督事项请求人民法院作出决定；人民法院应当在5日内作出决定。

3. 对管理人的特别职权

管理人实施下列行为，应当及时报告债权人委员会：(1) 涉及土地、房屋等不动产权益的转让；(2) 探矿权、采矿权、知识产权等财产权的转让；(3) 全部库存或者营业的转让；（4）借款；（5）设定财产担保；（6）债权和有价证券的转让；（7）履行债务人和对方当事人均未履行完毕的合同；（8）放弃权利；（9）担保物的取回；（10）对债权人利益有重大影响的其他财产处分行为。

未设立债权人委员会的，管理人实施上述规定的行为应当及时报告人民法院。

九、重整

重整是对可能或已经发生破产原因但又有希望再生的债务人，通过各方利害关系人的协商，并借助法律强制性地调整他们的利益，对债务人进行生产经营上的整顿和债权债务关系上的清理，以期摆脱财务困境，重获经营能力的特殊法律程序。

（一）重整原因及申请

1. 重整原因

根据《企业破产法》第二条第二款的规定，重整程序可适用于两种情形：

（1）债务人具备破产原因，即不能清偿到期债务并且资产不足以清偿全部债务的，或者不能清偿到期债务并且明显缺乏清偿能力的；

（2）债务人将要出现破产原因，即有明显丧失清偿能力可能的。

由于重整程序与破产清算程序的目标不同，《企业破产法》对适用重整程序的破产原因需要作扩大的规定。

2. 重整申请

按照《企业破产法》的规定，重整程序的申请人分为两种情况：

（1）初始申请。债务人或者债权人可以依照《企业破产法》的规定，直接向人民法院申请对债务人进行重整。

（2）后续申请。债权人申请对债务人进行破产清算的，在人民法院受理破产申请后、宣告债务人破产前，债务人或者出资额占债务人注册资本1/10以上的出资人，可以向人民法院申请重整。

人民法院经审查认为重整申请符合《企业破产法》的规定的，应当裁定许可债务人进行重整并予以公告。

（二）重整期间对债务人的营业保护

自人民法院裁定债务人重整之日起至重整程序终止，为重整期间。

（1）在重整期间，对债务人的特定财产享有的担保权暂停行使。但是，担保物有损坏或者价值明显减少的可能，足以危害担保权人权利的，担保权人可以向人民法院请求恢复行使担保权。

（2）在重整期间，债务人或者管理人为继续营业而借款的，可以为该借款设定担保。

（3）债务人合法占有的他人财产，该财产的权利人在重整期间要求取回的，应当符合事先约定的条件。

（4）在重整期间，债务人的出资人不得请求投资收益分配。

在重整期间，债务人的董事、监事、高级管理人员不得向第三人转让其持有的债务人的股权。但是，经人民法院同意的除外。

（三）重整计划

重整计划是通过对债权债务关系的重新安排和对企业经营方略的重新设定，力求达到债务人企业的重新振作，从而避免破产的一个具有实质内容和约束力的法律文件。

1. 重整计划草案的制订

债务人或者管理人应当自人民法院裁定债务人重整之日起6个月内，向人民法院和债权人会议提交重整计划草案。期限届满，经债务人或者管理人请求，有正当理由的，人民法院可以裁定延期3个月。债务人或者管理人未按期提出重整计划草案的，人民法院应当裁定终止重整程序，并宣告债务人破产。

重整计划草案应当包括下列内容：债务人的经营方案；债权分类；债权调整方案；债权受偿方案；重整计划的执行期限；重整计划执行的监督期限；有利于债务人重整的其他方案。

债务人自行管理财产和营业事务的，由债务人制作重整计划草案。管理人负责管理财产和营业事务的，由管理人制作重整计划草案。

2. 重整计划草案的通过

在债权人会议审议重整计划时，债务人或者管理人应当向债权人会议就重整计划草案作出说明，并回答询问。债务人的出资人代表可以列席讨论重整计划草案的债权人会议。在正式表决前，可以根据相关各方的意见对重整计划草案进行适当的修改。

债权人会议应当依照规定的债权分类分成不同的表决组，对重整计划进行分组表决。出席会议的同一表决组的债权人过半数同意重整计划草案，并且其所代表的债权额占该组债权总额的2/3以上的，即为该组通过重整计划草案。

重整计划草案涉及出资人权益调整事项的，应当设出资人组，对该事项进行表决。其表决通过的规则与债权人表决组相同。

各表决组均通过重整计划草案时，重整计划即为通过。自重整计划通过之日起10日内，债务人或者管理人应当向人民法院提出批准重整计划的申请。人民法院经审查认为符合本法规定的，应当自收到申请之日起30日内裁定批准，终止重整程序，并予以公告。

3. 重整计划的执行

重整计划由债务人负责执行。人民法院裁定批准重整计划后，已接管财产和营业事务的管理人应当向债务人移交财产和营业事务。

自人民法院裁定批准重整计划之日起，在重整计划规定的监督期内，由管理人监督重整计划的执行。在监督期内，债务人应当向管理人报告重整计划执行情况和债务人财务状况。

监督期届满时，管理人应当向人民法院提交监督报告。自监督报告提交之日起，管理人的监督职责终止。管理人向人民法院提交的监督报告，重整计划的利害关系人有权查阅。经管理人申请，人民法院可以裁定延长重整计划执行的监督期限。

4. 重整计划的终止

（1）重整计划草案未获得通过且未获得批准，或者已通过的重整计划未获得批准的，人民法院应当裁定终止重整程序，并宣告债务人破产。

（2）债务人不能执行或者不执行重整计划的，人民法院经管理人或者利害关系人请求，应当裁定终止重整计划的执行，并宣告债务人破产。

案例解读 1

【**案情概述**】王某1999年出资170万元成立了一家小型方便面企业，并且迅速发展。为加速发展，王某上马“非油炸”方便面项目。2004年10月10日，W公司正式成立，注册资本为5100万元。

2008年10月16日，W公司向房山法院正式提交了一份破产重整申请书。申请书中称，因原材料大幅涨价，方便面行业整体效益下滑；加之公司创立之初，前期费用和广告宣传投入过大等因素，造成公司全面亏损。随之而来的负面报道，导致W公司在2007年10月、11月全面爆发财务危机。此后公司经营状况持续恶化，劳动争议、法律诉讼不断增加。

经过会计师事务所审计，截至2008年10月，W公司负债总额为6.2亿元，严重资不抵债。然而，W公司认为其仍有继续发展的价值和必要性。所以，向房山法院提出重整申请。

房山区法院受理此案后，于2008年12月26日依法召开第一次债权人会议，向债权人通报了W公司的财产、财务情况，审核了相关债权。最终确认W公司债权人人数为629人，债权总金额为5.29亿元。2009年1月16日，房山区法院召开第二次债权人会议，宣布了重整计划方案，并就该计划草案进行投票。最终，W公司破产重整计划草案得到了全体出资人和债权人的通过。

【**处理结果**】2009年2月12日，北京房山区法院最终裁定，批准W公司破产重整方案。该方案规定，W公司原股东将其所持有的W公司的股份全部无偿让渡给重组方，重组投资方承诺出资1.09亿元专门用于W公司清偿债务及支付破产费用，重组后在同等条件下，优先与原债权人进行合作，在首次招工时优先录用公司原职工。

【**解读意见**】W公司重组成功将盘活该公司存量资产，解决数千人就业；同时其300多家供应商和销售商可以继续与之合作。而对所有债权人来说，破产重组成功将收到清偿比例高、实际清偿率大、清偿期限短的效果，有利于维护经济秩序和金融安全。

（资料来源：新华网）

十、和解

和解是为了克服和避免破产清算制度的弊端而创设的一项程序制度。它是债务人不能清偿债务时，为避免受破产宣告或者破产分配，而通过法院组织，经与债权人会议磋商谈判，达成相互间的谅解、协商一揽子解决债务危机以图复苏的制度。和解制度与重整制度有所区别的是：重整制度旨在拯救企业，而和解制度旨在避免企业破产。

(一) 和解的申请

债务人可以依照《企业破产法》的规定，直接向人民法院申请和解；也可以在人民法院受理破产申请后、宣告债务人破产前，向人民法院申请和解。

债务人申请和解，应当提出和解协议草案。

(二) 和解协议的通过

人民法院经审查认为和解申请符合《企业破产法》规定的，应当裁定和解，予以公告，并召集债权人会议讨论和解协议草案。

债权人会议通过和解协议的决议，由出席会议的有表决权的债权人过半数同意，并且其所代表的债权额占无财产担保债权总额的2/3以上。

债权人会议通过和解协议的，由人民法院裁定认可，终止和解程序，并予以公告。管理人应当向债务人移交财产和营业事务，并向人民法院提交执行职务的报告。

(三) 和解协议的效力

经人民法院裁定认可的和解协议，对债务人和全体和解债权人均有约束力。

和解债权人是指人民法院受理破产申请时对债务人享有无财产担保债权的人。和解债权人未依照《企业破产法》的规定申报债权的，在和解协议执行期间不得行使权利；在和解协议执行完毕后，可以按照和解协议规定的清偿条件行使权利。

和解债权人对债务人的保证人和其他连带债务人所享有的权利，不受和解协议的影响。

债务人应当按照和解协议规定的条件清偿债务。

(四) 和解的终结

(1) 和解协议未通过或未获认可的终结。和解协议草案经债权人会议表决未获得通过，或者已经债权人会议通过的和解协议未获得人民法院认可的，人民法院应当裁定终止和解程序，并宣告债务人破产。

(2) 和解协议无效的终结。因债务人的欺诈或者其他违法行为而成立的和解协议，人民法院应当裁定无效，并宣告债务人破产。

(3) 和解协议未执行完毕的终结。债务人不能执行或者不执行和解协议的，人民法院经和解债权人请求，应当裁定终止和解协议的执行，并宣告债务人破产。

(五) 自行和解

人民法院受理破产申请后，债务人与全体债权人就债权债务的处理自行达成协议的，可以请求人民法院裁定认可，并终结破产程序。法庭外达成的和解协议经人民法院裁定认可的，与经由债权人会议表决通过后人民法院裁定认可的和解协议，具有同等效力。其以后的执行或终止执行，适用相同的法律规则。

案例解读2

【案情概述】葫芦岛市人民法院于2008年10月23日裁定受理了葫芦岛市T公司申请破产一案，及时指定辽宁M律师事务所为破产管理人，接管破产企业。此案由民二庭审理。10月30日T公司提出与债权人进行和解的申请，并提出了和解草案。经法院审查，于11月7日裁定宣告该公司进入和解程序。

2009年2月13日T公司召开了第二次债权人会议。本次会议上，出席会议的债权人对申请人提交的和解协议草案进行讨论表决，出席债权大会的债权人15人，代表债权额为17122020.00元，占债权总额的95.75%，其中14个债权人表决通过。债务人于2月13日向法院申请确认和解协议生效。

【处理结果】法院经审查认为，出席会议的债权人中有14人同意和解协议草案，并且其所代表的债权额占无财产担保债权总额的2/3以上，故本次债权人会议和解协议表决通过的程序符合《企业破产法》的规定。申请人提出的和解协议也符合《企业破产法》的有关规定且具有可行性。依照《企业破产法》第九十八条的规定，法院于2009年2月25日依法作出裁定，对该和解协议认可并终止和解程序。

【解读意见】本案的成功处理，充分体现了破产和解拯救濒危企业、保障债权公平有序受偿等方面的积极作用。破产和解通过平衡债权人与债务人的利益解决破产危机，最大限度地保护了债权人的利益，使企业避免"死亡"，为其重生创造了机会。

（资料来源：中国清算网）

十一、破产清算

（一）破产宣告

破产宣告是指法院根据当事人的申请裁定宣告债务人破产以清偿债务的活动。破产宣告标志着破产案件无可逆转地进入清算程序，债务人无可挽回地陷入破产倒闭。《企业破产法》规定，债务人被宣告破产后，债务人称为破产人，债务人财产称为破产财产，人民法院受理破产申请时对债务人享有的债权称为破产债权。

人民法院依照《企业破产法》宣告债务人破产的，应当自裁定作出之日起5日内送达债务人和管理人，自裁定作出之日起10日内通知已知债权人，并予以公告。

破产宣告前，有下列情形之一的，人民法院应当裁定终结破产程序，并予以公告：(1) 第三人为债务人提供足额担保或者为债务人清偿全部到期债务的；(2) 债务人已清偿全部到期债务的。

（二）别除权

别除权是指对破产人的特定财产享有担保权的权利人，对该特定财产享有优先受偿的权利。这里所说的"担保"，包括三种形式：抵押、质押、留置。

债权人行使优先受偿权利未能完全受偿的，其未受偿的债权作为普通债权；放弃优先受偿权利的，其债权作为普通债权。

债权人在破产程序中享有和行使别除权，需具备以下条件：（1）债权和担保权合法成立和生效。（2）债权和担保权必须成立于破产宣告以前。但是，依据《企业破产法》第十八条、第三十七条、第七十五条第二款的规定提供的担保，在破产宣告后也享有别除权地位。（3）债权已依法申报并获得确认。

在破产宣告时，质权人、留置权人是别除权标的物的实际占有人。他们行使别除权，可以不经管理人同意，以标的物折价抵偿债务，或者将标的物拍卖、变卖后以价款偿还债务。抵押权人要行使别除权，必须向管理人主张权利，经管理人同意，取得对抵押物的占有。

课堂讨论

【材料】2013 年 7 月 30 日，人民法院受理了甲公司的破产申请，并同时指定了管理人。管理人接管甲公司后，在清理其债权债务过程中，有如下事项：

（1）2012 年 4 月，甲公司向乙公司采购原材料而欠乙公司 80 万元货款未付。2013 年 3 月；甲、乙双方签订一份还款协议，该协议约定：甲公司于 2013 年 9 月 10 日前偿还所欠乙公司货款及利息共计 87 万元，并以甲公司所属一间厂房作抵押，还款协议签订后，双方办理了抵押登记。乙公司在债权申报期内就上述债项申报了债权。

（2）2012 年 5 月，丙公司向 A 银行借款 120 万元，借款期限为 1 年。甲公司以所属部分设备为丙公司提供抵押担保，并办理了抵押登记。借款到期后，丙公司未能偿还 A 银行借款本息。经甲公司、丙公司和 A 银行协商，甲公司用于抵押的设备被依法变现，所得价款全部用于偿还 A 银行，但尚有 20 万元借款本息未能得到清偿。

（3）2012 年 7 月，甲公司与丁公司签订了一份广告代理合同，该合同约定：丁公司代理发布甲公司产品广告：期限 2 年，一方违约，应当向另一方承担违约金 20 万元。至甲公司破产申请被受理时，双方均履行了部分合同义务。

（4）2012 年 8 月，甲公司向李某购买一项专利，尚欠李某 19 万元专利转让费未付。李某之子小李创办的戊公司曾于 2012 年 11 月向甲公司采购一批电子产品，尚欠甲公司货款 21 万元未付。人民法院受理甲公司破产申请后，李某与戊公司协商一致，戊公司在向李某支付 19 万元后，取得李某对甲公司的 19 万元债权。戊公司向管理人主张以 19 万元债权抵消其所欠甲公司相应债务。

【问题】根据上述内容，分别回答下列问题：

1. 管理人是否有权请求人民法院对甲公司将厂房抵押给乙公司的行为予以撤销？

2. A 银行能否将尚未得到清偿的 20 万元欠款向管理人申报普通债权，由甲公司继续偿还？

3. 如果管理人决定解除甲公司与丁公司之间的广告代理合同，并由此给丁公司造成实际损失 5 万元，则丁公司可以向管理人申报的债权额应是多少？

4. 戊公司向管理人提出以 19 万元债权抵消其所欠甲公司相应债务的主张是否成立？

(三) 破产财产变价和分配

1. 破产财产变价

破产财产的变价，是指在破产清算程序中，将拟用于分配的破产财产中的非货币性财产，以拍卖或者债权人会议决定的其他方式，转变为货币财产，以便于进行破产分配的行为。破产清算以金钱分配为原则，实物分配为例外。

管理人进行破产变价，应当拟订破产变价方案，提交债权人会议讨论和表决。该方案经债权人会议表决未通过的，由人民法院裁定。管理人应当按照由债权人会议通过的或者在未通过时由人民法院裁定的破产变价方案，适时变价出售破产财产。

变价出售破产财产应当通过拍卖进行。但是，债权人会议另有决议的除外。破产企业可以全部或者部分变价出售。企业变价出售时，可以将其中的无形资产和其他财产单独变价出售。按照国家规定不能拍卖或者限制转让的财产，应当按照国家规定的方式处理。

2. 破产财产分配

(1) 破产财产分配的概念和特征

破产财产分配，是指破产管理人将变价后的破产财产，根据依法确定的分配方案，对全体破产债权人进行公平清偿。破产分配标志着破产清算的完成。破产分配结束是破产程序终结的原因。

破产财产分配具有以下特征：①破产分配由管理人负责实施；②破产分配以变价后的破产财产为标的；③破产分配根据符合法定顺序并经合法程序确定的分配方案进行。

(2) 破产清偿顺序

破产财产在优先清偿破产费用和共益债务后，依照下列顺序清偿：

①破产人所欠职工的工资和医疗、伤残补助、抚恤费用，所欠的应当划入职工个人账户的基本养老保险、基本医疗保险费用以及法律、行政法规规定应当支付给职工的补偿金；②破产人欠缴的除前项规定以外的社会保险费用和破产人所欠税款；③普通破产债权。

破产财产不足以清偿同一顺序的清偿要求的，按照比例分配。破产企业的董事、监事和高级管理人员的工资按照该企业职工的平均工资计算。

(3) 破产分配方案

管理人应当及时拟订破产财产分配方案，提交债权人会议讨论。破产财产分配方案应当载明下列事项：①参加破产财产分配的债权人名称或者姓名、住所；②参加破产财产分配的债权额；③可供分配的破产财产数额；④破产财产分配的顺序、比例及数额；⑤实施破产财产分配的方法。

债权人会议通过破产财产分配方案后，由管理人将该方案提请人民法院裁定认可。破产财产分配方案经人民法院裁定认可后，由管理人执行。

管理人按照破产财产分配方案实施多次分配的，应当公告本次分配的财产额和债权额。

对于附生效条件或者解除条件的债权，管理人应当将其分配额提存。管理人依照规定提存的分配额，在最后分配公告日，生效条件未成就或者解除条件成就的，应当分配给其他债权人；在最后分配公告日，生效条件成就或者解除条件未成就的，应当交付给债权人。

债权人未受领的破产财产分配额，管理人应当提存。债权人自最后分配公告之日起满2个月仍不领取的，视为放弃受领分配的权利，管理人或者人民法院应当将提存的分配额分配给其他债权人。

破产财产分配时，对于诉讼或者仲裁未决的债权，管理人应当将其分配额提存。自破产程序终结之日起满2年仍不能受领分配的，人民法院应当将提存的分配额分配给其他债权人。

（4）破产程序的终结

破产人无财产可供分配的，管理人应当请求人民法院裁定终结破产程序。

管理人在最后分配完结后，应当及时向人民法院提交破产财产分配报告，并提请人民法院裁定终结破产程序。人民法院应当自收到管理人终结破产程序的请求之日起15日内作出是否终结破产程序的裁定。裁定终结的，应当予以公告。

管理人应当自破产程序终结之日起10日内，持人民法院终结破产程序的裁定，向破产人的原登记机关办理注销登记。管理人于办理注销登记完毕的次日终止执行职务。但是，存在诉讼或者仲裁未决情况的除外。

自破产程序依法终结之日起2年内，有下列情形之一的，债权人可以请求人民法院按照破产财产分配方案进行追加分配：①发现有依照《企业破产法》的规定应当追回的财产的；②发现破产人有应当供分配的其他财产的。

破产人的保证人和其他连带债务人，在破产程序终结后，对债权人依照破产清算程序未受清偿的债权，依法继续承担清偿责任。

讨论提示

1. 管理人有权请求人民法院予以撤销。根据规定，人民法院受理破产申请前1年内，债务人对没有财产担保的债务提供财产担保的，管理人有权请求人民法院予以撤销。本题中，甲在人民法院受理破产申请前1年内对之前的没有担保的乙的货款设定了担保，因此这是可以撤销的。

2. A银行不能将尚未得到清偿的20万元欠款向管理人申报普通债权。根据规定，如破产人仅作为担保人为他人债务提供物权担保，担保债权人的债权虽然在破产程序中可以构成别除权，但因破产人不是主债务人，在担保物价款不足以清偿担保债额时，余债不得作为破产债权向破产人要求清偿，只能向原主债务人求偿。本题中甲仅仅为丙提供了抵押担保，因此对于抵押物不能够清偿的部分，A银行只能够要求丙清偿，不能够向甲申报债权。

3. 丁公司可以向管理人申报的债权额为5万元。根据规定，管理人依照《企业破产法》规定解除合同的，对方当事人以因合同解除所产生的损害赔偿请求权申报债权。可申报的债权以实际损失为限，违约金不作为破产债权。本题中管理人解除甲、丁之间的合同给丁造成的损失是5万元，因此丁只能够以5万元去申报债权。

4. 戊公司的主张不成立。根据规定，债务人的债务人在破产申请受理后取得他人对债务人的债权的，不得抵消。本题中戊公司是在破产申请受理后取得李某对甲的债权的，因此戊公司不能够主张债务抵消。

能力测试

1. 依《企业破产法》的规定，人民法院受理破产案件后，对债务人财产的其他民事执行程序所带来的法律后果是（　　）。

A. 中止执行　　B. 继续执行　　C. 终结执行　　D. 与破产程序合并执行

2. 人民法院受理了某服装公司破产申请后，下列说法错误的是（　　）。

A. 该公司借用的其他公司的汽车，其他公司可以通过管理人取回

B. 出卖方已向该公司发运货物，则出卖方可以取回在运输途中的货物，除非管理人支付全部价款

C. 对该公司的特定财产享有担保权的债权人，可以对该财产享有优先受偿的权利

D. 管理人不可以取回在债权人处的质物或留置物

3. 下列有关管理人产生方式和组成的说法中，正确的是（　　）。

A. 管理人由债权人会议依法指定

B. 管理人可以由依法设立的律师事务所担任

C. 因故意犯罪受过刑事处罚但已经刑满释放的人可以担任管理人

D. 破产企业的法定代表人可以担任管理人

4. 甲公司租赁乙公司的注塑设备 1 台，在租赁期间人民法院受理了甲公司的破产申请，进入破产程序。乙公司出租的该台设备，应由乙公司（　　）。

A. 向人民法院申报债权　　B. 向甲公司申请收回

C. 向人民法院申请收回　　D. 向管理人申请收回

5. 下列各项中，不属于破产费用的是（　　）。

A. 破产案件的诉讼费用

B. 管理人执行职务的报酬

C. 为债务人继续营业而应支付的劳动报酬和社会保险费用

D. 管理和分配债务人财产的费用

6. 下列属于共益债务的是（　　）。

A. 管理人对破产财产进行分配而发生的费用

B. 管理人为破产财产的估价聘请的资产评估专业人员而支付的劳动报酬

C. 管理人继续履行合同时发生的运送货物的运费和保险费

D. 人民法院受理债务人的破产案件依照职权发生的由债务人负担的调查费用、公告费和文件送达费用

7. 人民法院受理破产申请后，应当确定债权人申报债权的期限。债权申报期限自人民法院发布受理破产申请公告之日起计算，最短不得少于（　　），最长不得超过（　　）。

A. 30 日　3 个月　　B. 30 日　60 日

C. 1 个月　2 个月　　D. 20 日　3 个月

8. 根据《企业破产法》的规定，破产财产分配时，对于诉讼或者仲裁未决的债权，管理人应当将其分配额提存。自破产程序终结之日起满（　　）仍不能受领分配的，人民法院应当将提存的分配额分配给其他债权人。

A. 2 年　　B. 1 年　　C. 6 个月　　D. 2 个月

9. 企业破产时，下列最优先受偿的是（　　）。

A. 企业所欠税款　　B. 破产案件的诉讼费用

C. 企业所欠的社会保险费用　　D. 企业所欠职工工资和养老保险费用

10. 关于债权人会议主席的产生，下列表述符合《企业破产法》规定的是（　　）。

A. 由人民法院从有表决权的债权人中指定产生

B. 由债权人会议成员从有表决权的债权人中选举产生

C. 由管理人从有表决权的债权人中指定产生

D. 由债权人委员会从有表决权的债权人中指定产生

11. L 公司因不能清偿到期债务而申请破产清算。法院受理后，管理人开始受理债权人的债权申报。对此，下列哪一债权人申报的债权属于应当受偿的破产债权？（　　）

A. 债权人甲的保证人，以其对 L 公司的将来求偿权进行的债权申报

B. 债权人乙，以其已超过诉讼时效的债权进行的债权申报

C. 债权人丙，要求 L 公司作为承揽人继续履行合同进行的债权申报

D. 某海关，以其对 L 公司进行处罚尚未收取的罚款进行的债权申报

12. 甲公司严重资不抵债，因不能清偿到期债务向法院申请破产。下列哪一财产属于债务人财产？（　　）

A. 甲公司购买的一批在途货物，但尚未支付货款

B. 甲公司从乙公司租用的一台设备

C. 属于甲公司但已抵押给银行的一处厂房

D. 甲公司根据代管协议合法占有的委托人丙公司的两处房产

正确答案： 1. A　2. D　3. B　4. D　5. C　6. C　7. A　8. A　9. B　10. A　11. A　12. C

任务简析

1. （1）甲公司破产申请人合法。根据规定，债务人不能清偿到期债务时，债权人可以向法院提出对债务人进行重整或破产清算申请。（2）甲公司提出异议的理由不合法。根据规定，企业法人不能清偿到期债务，并且资产不足以清偿全部债务或者明显缺乏清偿能力的，依照《企业破产法》清理债务。股份公司属于企业法人。（3）管理人的产生合法。根据规定，法院受理破产申请的，应同时指定管理人。管理人可以由会计师事务所、律师事务所等担任。

2. 甲公司破产前租用乙公司的设备不属于破产财产。根据规定，人民法院受理破产申请后，债务人占有的他人的财产不属于债务人的财产，该财产的权利人可以通过管理人取回。乙公司作为该财产的权利人，可以通过管理人取回。

3. 丙公司的要求不合法。根据规定，债务人的债务人已知债务人有不能清偿到期债务或者破产申请的事实，对债务人取得债权的，不得抵消，丙公司可以就15万元申报债权。

4. 甲公司的股东应补足未缴纳的出资。根据规定，法院受理破产申请后，甲公司的股东尚未完全履行出资义务的，管理人应当要求该出资人缴纳所认缴的出资，不受出资期限的限制。补缴的出资作为破产企业的财产。

5. （1）破产费用包括：诉讼费80万元、管理人报酬60万元、注册会计师清算费用50万元、评估费20万元，共计210万元。（2）共益债务包括：为继续营业应支付的职工工资28万元、债务人不当得利22万元，共计50万元。以上破产费用和共益债务应当先以甲公司资产的变现财产清偿。甲公司的财产不足以清偿所有破产费用和共益债务的，应当先清偿破产费用。

6. 本案的破产清偿顺序为：（1）甲公司股东补足的出资作为甲公司的财产，则甲公司破产财产共计5310万元（5200-90+200）。（2）以办公楼变现所得740万元，优先清偿所欠工行贷款；以厂房变现所得550万元，清偿欠A公司货款。工行贷款未能清偿的60万元和A公司的未能清偿货款150万元，作为普通破产债权参加分配。（3）剩余破产财产共4020万元（5310-740-550），先用于支付破产费用210万元和共益债务50万元。④剩余破产财产共3760万元（4020-210-50）按下列顺序清偿：所欠职工工资及劳动保险费用470万元；所欠税款220万元；支付其他所欠的普通破产债权。

7. 通过以上程序，普通破产债权为：15800-740-550-470-220=13820（万元）；丁公司可获得的清偿额=（3070÷13820）×230=51.09（万元）。

参考文献

[1] 时建中. 公司法原理精讲、案例与运用［M］. 北京：中国法制出版社，2006.

[2] 王庆军. 新编合同法理论与实务［M］. 北京. 高等教育出版社，2010.

[3] 柳经纬. 商法［M］. 厦门：厦门大学出版社，2012.

[4] 高云. 2014 年新公司法实务操作指南［M］. 北京：法律出版社，2014.

[5] 杨立新. 物权法［M］. 北京：法律出版社，2013.

[6]《中国竞争法律与政策研究报告》编写组. 中国竞争法律与政策研究报告（2012 年）［M］. 北京：法律出版社，2012.

[7]《商事案件裁判要点与裁判依据全书》编写组. 商事案件裁判要点与裁判依据全书［M］. 北京：法律出版社，2013.

[8] 本书编写组. 中华人民共和国商标法解读［M］. 北京：中国法制出版社，2013.

[9] 国家知识产权局条法司. 专利法研究［M］. 北京：知识产权出版社，2013.

[10] 孙鹏. 担保法精要与依据指引. 增订本［M］. 北京：中国法制出版社，2011.

[11] 董彪. 保险纠纷处理［M］. 北京：法律出版社，2013.

[12] 李国光. 新企业破产法条文释义——结合最新司法解释和有关配套规定编写. 2 版［M］. 北京：中国法制出版社，2008.